Le Livre noir de la gastronomie française

DES MÊMES AUTEURS

Aymeric Mantoux

Voyage au pays des ultra-riches, Flammarion, 2010

NRJ, l'empire des ondes, Enquête dans les coulisses de la première radio de France, Mille et Une Nuits, 2008 (avec Benoist Simmat)

Bernard Kouchner vu par..., Calmann-Lévy, 2008 (avec Emmanuel Rubin)

Infiltrés, 403 jours au cœur du PS et de l'UMP, Privé, 2007 (avec Baudoin Eschapasse)

Ségolène Royal, la dame aux deux visages, L'Archipel, 2006 (avec Benoist Simmat)

L'Homme qui s'aimait trop, L'Archipel, 2005 (avec Yves Derai)

Food business, First, 2004 (avec Luc Dubanchet et Emmanuel Rubin)

Souk Food, Agnès Viénot Éditions, 2004

Jean-Pierre Raffarin, L'Homme que personne n'attendait, Le Cherche Midi, 2002

Emmanuel Rubin

Bernard Kouchner ou pas..., Calmann-Lévy, 2008 (avec Aymeric Mautoux)

Cantines, Agnès Viénot éditions/Perrin, 2006 (avec Sébastien Demorand)

Fooding, le dico, Albin Michel, 2004 (avec Alexandre Cammas)

Paris des envies gourmandes, Flammarion, 1999, 2000, 2001, 2002, 2003

Aymeric Mantoux et Emmanuel Rubin

Le Livre noir de la gastronomie française

Flammarion

Ouvrage publié sous la direction de Laurent Léger

ISBN : 978-2-0812-5268-4

Entrée

« Nous commençons par manger de la merde, ce qui contribue à produire l'or des empoisonneurs. »

Michel Onfray, philosophe [1]

1. *Marianne*, n°712, du 11 au 17 décembre 2010.

Dubaï, 26 novembre 2010, 19 heures. Sous le ciel étoilé digne des mille et une nuits, une file de limousines longue comme un jour sans caviar s'étire le long de la palme, jusqu'à l'entrée du One&Only The Palm. Il y a l'affluence des grands soirs pour l'inauguration du Stay, le restaurant que le chef étoilé Yannick Alléno a conçu au sein du nouveau cinq étoiles de l'émirat. En grande tenue traditionnelle, Alléno sourit et accueille chaleureusement les invités. Surtout Cheikh Ahmed al-Maktoum, l'un des membres de la famille princière de Dubaï, en *dish dash*. Mais aussi Yves Carcelle, le président de Louis Vuitton. Autour, une armada de serveurs virevoltent avec leurs plateaux d'argent recouverts de forêts de flûtes de champagne. Des buffets aussi beaux que bons, réalisés par les équipes d'Alléno, rivalisent de créativité, à mi-chemin entre orient et occident. Les six cents invités, émerveillés, déambulent dans ce loft contemporain posé sur le front de mer, aux allures de marina pour jet-setteurs. C'est à l'initiative des propriétaires du groupe hôtelier One&Only que le triple étoilé parisien a élaboré un nouveau concept de « simple table », une gastronomie contemporaine décomplexée, après examen des candidatures de nombreux grands chefs français. C'est ainsi que, loin des regards des critiques gastronomiques français, s'écrit sur le sable une nouvelle page de la mondialisation culinaire.

Au même moment, en France, un peu plus de 5 millions de téléspectateurs regardent *Masterchef* sur TF1 en s'empiffrant de pizzas surgelées. Le constat de ce fossé peut sembler exagéré. Il ne l'est hélas pas tant que cela. C'est ce que ce livre entend démontrer. Derrière le visage riant, sympathique, heureux et inoffensif que présente la gastronomie française, se présente une face moins appétissante où la qualité importe peu et où le profit à tout prix est la règle. C'est le grand paradoxe de cet « art de vivre » que le monde entier semble continuer de nous envier. Ce qui se cache dans l'interstice est l'objet de cette longue enquête. La part d'ombre de la gastronomie française n'avait jamais été investiguée, c'est désormais chose faite.

Officiellement, la folie « food » frappe la France. Des apprentis marmitons en prime time, les émissions de reportages des principales chaînes rivalisant de sujets sur les produits de nos marchés, les coulisses des étoilés Michelin ou les ventes miraculeuses d'un mystérieux robot-mixeur qui, à plus de 1000 euros, s'arrache comme des petits pains chez les ménagères… il n'est pas jusqu'au très sérieux *Figaro* pour consacrer sa une [1] à l'arrivée d'un nouveau chef à la Tour d'argent, le cultissime restaurant parisien. Certes, on savait notre bon vieux pays recroquevillé sur son terroir, sur sa nouvelle cuisine – qui ne l'est plus justement –, sur ses vins, comme un coq sur ses ergots. Seulement le voilà déplumé, le pauvre oiseau, il a perdu de la superbe. Pourtant, on se lance des joutes à la « Dîner presque parfait », entre amis, et les échos des prochains étoilés ou des prochains recalés sont disséqués comme les potins des people. Jamais on a autant vu d'émissions de télévision consacrées

1. *Le Figaro*, 28 août 2010.

à la cuisine, autant publié de livres consacrés à ce sujet, ne se seront autant lus d'articles sur les arts culinaires. Jamais les politiques ne se seront autant emparés du sujet. Jamais les blogs et les recettes de cuisine sur Internet n'auront été si nombreux. Plus de mille deux cents sont ainsi référencés en France.

Pourtant, on n'a jamais cuisiné aussi peu dans les foyers français. Trente-huit minutes en moyenne contre trois heures il n'y a encore pas si longtemps. D'ailleurs, le premier restaurant de France est américain, il s'appelle McDonald's, un géant du fast-food pour lequel l'hexagone est le deuxième marché au monde. Presqu'une insulte à notre patrimoine national. Cela n'a cependant pas empêché l'inscription du « repas gastronomique français » au patrimoine mondial de l'UNESCO. Fin 2010, pas moins de quatre hebdomadaires ont consacré leur une à la cuisine qui « redevient tendance [1] », aux « nouveaux secrets de la France gourmande [2] » en passant par « la folie cuisine [3] » et « le bonheur est dans la cuisine [4] ». Nos pratiques culinaires sont disséquées partout et l'art de la bonne table et de la bonne chère est vanté partout, professionnellement, en famille, dans les médias. Jamais le discours sur « le boire et le manger » n'a été aussi prégnant dans la société française. Que penser de ce soi-disant sursaut gastronomique hexagonal ? Et si comme Hannibal nous nous étions endormis dans les délices de Capoue ?

Pour mieux comprendre, il est bon de rappeler que, dans notre pays, la gastronomie et ses ramifications dans l'agroalimentaire ou le tourisme représentent avant toutes choses

---

1. *Marianne*, n°712, du 11 au 17 décembre 2010.
2. *Le Point*, n°1995, jeudi 9 décembre 2010.
3. *Courrier international*, n°1501-1052, du 22 décembre 2010 au 5 janvier 2011.
4. *Le Figaro Magazine*, 1er janvier 2011.

un business considérable. Car plus de deux restaurants sur trois ne font plus que de la cuisine d'assemblage à base de produits industriels. Avec plus de 175 000 entreprises, le secteur est florissant : cinquième employeur français [1], il réalise chaque année plus de 50 milliards d'euros de chiffre d'affaires [2]. Il est donc temps d'arrêter de croire que le « food business » n'est rien. L'impact du secteur dans notre économie et notre société est déterminant, sa réalité est bien différente des idées reçues, véhiculées par les journaux télévisés. Il n'est pas constitué uniquement de restaurateurs artisans qui travaillent bien et étouffent sous les charges, loin de là.

La restauration, c'est un art, certes, mais cela représente aussi la première sortie des français et un vaste secteur économique où les luttes sont sauvages. Chaque année, 8,9 milliards [3] de repas sont consommés hors domicile, soit plus de cent cinquante repas par an et par Français, un budget de 2 900 euros par ménage. Et un chiffre d'affaires considérable qui fait des envieux : il y a, dans cet univers impitoyable à la Dallas, une concentration et une mondialisation des pouvoirs. Les clients consommateurs doivent donc savoir ce qu'il se passe, en salle comme en cuisine, même si ce n'est pas toujours très propre. Cette enquête, qui vise à rendre transparents les rapports entre les chefs et leurs clients, entre le monde des affaires et de la cuisine, leur est donc dédiée. Nous levons le voile sur ces rapports d'amour-haine, voire de passion, que suscite la gastronomie en France. Le dossier est explosif, car la cuisine, derrière son côté « paillettes », est un secteur économique tenu par les grands groupes et des multinationales, plus puissantes que les artistes ou les journalistes.

1. editions.campusfrance.org/filieres/fr/restauration_fr.pdf.
2. editions.campusfrance.org/filieres/fr/restauration_fr.pdf.
3. www.girafoodservice.com.

Entrée

Jadis déconsidérés, les chefs sont devenus des stars à la tête de richissimes PME. Ils s'affichent à la télévision, dans la publicité, sur des tabliers ou des emballages de plats surgelés, un phénomène qui a considérablement chamboulé l'univers de la gastronomie et de la restauration. Et qui affecte bien plus largement qu'on ne voudrait le croire notre façon de manger et de nous comporter avec la cuisine. Si comme l'écrivait le philosophe allemand Feuerbach, « l'homme est ce qu'il mange », il est urgent de savoir comment et pourquoi. La gastronomie est devenue un sujet si important dans notre société contemporaine qu'elle ne peut se limiter à un repas sur une nappe blanche accompagné de grands crus. Elle est un outil puissant pour modifier la face du monde, comme le souligne Alain Ducasse dans son *Dictionnaire amoureux de la cuisine*[1] : « De tous les phénomènes socioculturels que l'on peut analyser et répertorier, la cuisine, au-delà de l'alimentation, est le phénomène qui rend au mieux compte de la vie d'une communauté, dans l'espace et dans le temps. » Nous voilà bien.

1. Plon, 2003.

1

Trop cathodiques pour être vrais

> « Nous avons tous à gagner de telles émissions. On doit juste arrêter de dire aux gens que cuisiner est facile. »
>
> Eckart Witzigmann [1], chef étoilé allemand

1. *Le Magicien d'El Bulli, une biographie de Ferran Adria*, de Manfred Weber-Lamberdière, Payot, 2009.

Masterchef, *la* Star Ac *de la bouffe*

« Vous voulez changer de vie ? Rien de mieux que *Masterchef*. Bientôt sur TF1. » L'alléchante proposition est passée pendant la finale de la Coupe du monde de football 2010 sur la première chaîne, dans l'écran publicitaire le plus cher de l'année. C'est dire si la une misait sur ce programme de téléréalité adapté d'un format américain. Tout l'été, des milliers de spots publicitaires ont vanté les mérites de ce programme censé être aussi « gonflé que Vahiné », pour reprendre un célèbre slogan publicitaire pour une marque de levures alimentaires. À la rentrée, il était même difficile de passer à côté de l'« autopromo » de *Masterchef*, comme on l'appelle dans le jargon, un clip alternant flammes et roulements de tambour, ou de ses innombrables affiches « 4 par 3 » placardées dans toute la France. La première chaîne avait choisi les écrans publicitaires les plus regardés de sa grille, après le journal de 20 heures et juste avant le film, pour promouvoir son émission phare de la rentrée.

Pourtant, TF1 avait longtemps snobé les émissions de télé réalité culinaires. La faute notamment à Sophie Dudemaine et à l'échec en 2007 de ses recettes filmées, *Allô*

Sophie, qui avait calmé les ardeurs gastronomiques de la Une. Sans aucun doute, le succès en la matière de sa grande rivale M6 avec *Oui chef !* en 2005, *Un dîner presque parfait* en 2008 et *Top chef* en 2010 a-t-il achevé de convaincre TF1. Après tout, la finale de *Top chef* en juin 2010 avait tout de même réuni plus de 4,2 millions de téléspectateurs, de quoi aiguiser l'appétit des dirigeants de TF1. Ajoutez à cela le transfert de Sylvia Kahn, ex-M6, devenue directrice des magazines sur TF1. Et voilà pourquoi la Une bascule en novembre 2009 et fait son « cooking out ». De plus, les dirigeants de la chaîne de Bouygues n'ont pas eu à aller chercher bien loin le concept, la britannique BBC l'ayant déjà mis à l'antenne, avec succès, en 1992. Le principe est simple : il consiste à sélectionner, parmi des milliers de candidats qui s'affrontent au cours d'épreuves filmées, un espoir de la cuisine. Un procédé largement rebattu dans les émissions de téléréalité qui ont fait florès depuis dix ans.

Masterchef est le *Loft* de la cuisine, la *Star Academy* de la gastronomie. L'idée est la même que le célèbre télécrochet : voir s'opposer, entre rires et larmes, des amateurs désireux d'obtenir rapidement une notoriété qui leur permettra de changer de vie et de devenir des professionnels de leur passion. En l'occurrence, la cuisine. Dix huit mille candidats au départ sur le papier, cent seulement à l'arrivée pour l'épreuve télévisée et, *in fine*, après trois mois d'antenne, un seul gagnant (en l'occurrence une gagnante). Celui-ci reçoit la bagatelle de 100 000 euros et se voit offrir six mois de formation dans une grande école de cuisine, ainsi que la possibilité de publier ses recettes dans un ouvrage édité après la compétition. Pour devenir *Masterchef*, les marmitons, ou apprentis, affrontent les épreuves infligées par un jury qui n'arrive pas à la cheville de celui de M6 : là où *Top chef* alignait des restaurateurs trois étoiles, comme Thierry Marx ou Jean-François Piège, chefs médiatiques,

TF1 peine à présenter Frédéric Anton, un inconnu du grand public quoique émérite chef triplement étoilé au Pré Catelan, Yves Camdeborde, chef de file de la bistronomie parisienne, et Sébastien Demorand, journaliste gastronomique, dont le frère Nicolas est l'une des stars d'Europe 1 et de France 5. Des personnalités pas vraiment médiatiques, donc. À tel point que Frédéric Anton, avec ses faux airs de Bruce Willis dans *48 minutes pour vivre*, a déclaré à un candidat trop exubérant à son goût pendant les présélections : « La cuisine n'est pas un show. » Il a tort. Elle l'est devenue et ce depuis belle lurette. D'ailleurs *Masterchef* ne déroge pas à la règle. Une ancienne fonderie de 10 000 mètres carrés a été réquisitionnée pour les besoins du tournage et reconvertie en cuisine géante après avoir été entièrement rénovée. Les membres du jury ont été très soigneusement castés après de nombreux entretiens et des sollicitations tous azimuts, les éliminatoires ont tous été filmés de façon à fixer pour la postérité les larmes ou les cris de joie des candidats. Un savant dosage, un cocktail nécessaire pour assurer le spectacle et susciter l'émotion des téléspectateurs. Ajoutez à cela douze semaines d'émissions en prime time, une promotion colossale, et vous avez les ingrédients indispensables à un pur produit du télébusiness. Rien à voir donc avec la gastronomie. La cuisine dans cette affaire n'est qu'un prétexte.

Prenons par exemple la composition du jury. Jusqu'ici, Frédéric Anton était le trois étoiles le moins connu de France. L'année où il a reçu trois étoiles, la jeune et jolie Anne-Sophie Pic à Valence recevait les siennes, reléguant Anton loin des lumières des sunlights et du star-system. Et voilà qu'Anton accède grâce à *Masterchef* à une notoriété qui a longtemps été réservée à ses pairs. Ce en quelques mois, pour un fait d'armes qui n'a rien à voir avec son talent de meilleur ouvrier de France. Il n'était d'ailleurs pas, loin de là, le premier choix de la production ni de TF1. Approchés, Pierre Gagnaire, Alain Ducasse et un certain nombre de chefs parmi les plus illustres ont refusé de faire partie du jury. « Je n'ai pas que ça à faire, assure Alain Ducasse. Je n'ai vraiment pas le temps. Et cela ne m'intéresse pas [1]. » Anton, qui n'était pas particulièrement partant, a été poussé à participer au jeu par le traiteur Lenôtre, son employeur, propriétaire de son restaurant, le Pré Catelan, qui y a vu une belle occasion de rappeler au public qu'il avait trois étoiles. Ce que confirme l'un de ses proches, restaurateur parisien : « Frédéric m'a dit qu'il n'avait pas eu le choix, qu'il avait dû accepter à cause du groupe Lenôtre dont il est salarié [2]. »

Pour les deux autres personnages du jury, *Masterchef* marque un tournant par rapport à leur trajectoire et à leur respect affiché des traditions. Chef réputé, passé par de grandes maisons, aujourd'hui à la tête de son propre restaurant gastronomique, Yves Camdeborde n'avait pas vraiment besoin de notoriété. « Mais qu'allait-il donc faire dans cette galère ? » se demandent ses amis. Quant à Sébastien Demorand, s'il se félicite aujourd'hui que la cuisine entre dans le champ médiatique, il a toujours été particulièrement critique sur les émissions populaires comme celles de M6 ou de TF1. Lui, le défenseur du travail bien fait, de la patience, des gestes, du goût précis et juste, auteur d'un essai pointu sur l'exigence de la critique gastronomique contemporaine [3], se retrouve désormais ambassadeur d'un programme hyperpopuliste, dont les premières émissions n'ont pas montré une seule recette. Dès les premiers épisodes, on

---

1. Entretien avec l'auteur.
2. Entretien avec l'auteur.
3. *Les Cuisines de la critique gastronomique*, Bénédict Beaugé et Sébastien Demorand, Seuil, 2009.

a en effet pu remarquer que *Masterchef* ne s'intéressait pas au beau tour de main ni à la gastronomie, mais à la dramaturgie se déroulant sur le plateau. « Pourtant, j'ai trouvé le premier épisode très regardable [1] », s'amuse Demorand, interrogé par Luc Dubanchet sur le site d'Omnivore, un mouvement gastronomique avant-gardiste dont il est le compagnon de route depuis sept ans, avant d'ajouter : « Ce qui aurait été étonnant c'est que je dise le contraire [2]. » « C'est très bien écrit, c'est un très bon produit télévisuel », poursuit Demorand. Quitte à faire de lui un méchant dandy de la cuisine, puisque c'est ainsi qu'il a été « vendu » dans la presse. Même son frère avoue dans *Le Parisien* ne pas comprendre la tournure de la carrière que prend son frère, jusque-là très exigeant dans ses choix [3]. Comme celui de Demorand, l'image des deux autres membres du jury a été ciselée et affinée au cours des quatre mois de tournage qui ont été nécessaires pour produire le premier volet de cette saga. Chacun a accepté, pour les besoins de l'émission, d'endosser un costume, de jouer un rôle.

L'ennuyeux dans cette affaire, c'est que *Masterchef*, malgré toutes ses promesses, donne assez peu de plaisir. On y voit ou fait finalement très peu de cuisine. Voilà bien la grande contradiction de ce programme. Alors que les trois membres du jury sont des hommes telluriques qui ont plaidé toute leur vie, chacun à leur manière, pour un métier de labeur, d'apprentissage du goût, ils font le lit d'une émission où la gastronomie est un prétexte à vendre de la publicité et où la scénarisation de la téléréalité prend le pas sur le reste. Une contradiction majeure lorsque *Masterchef* prétend en quelques mois former des amateurs, tandis que les

1. Omnivore.fr.
2. Omnivore.fr.
3. *Médias, Le Magazine*, France 5, 12 septembre 2010.

membres du jury ont eux mis toute une vie pour apprendre. « C'est une caricature du métier, s'agace un cuisinier parisien. Par moments, on verse même dans la délation, c'est dégoûtant [1]. » Camdeborde ne sera pas tendre en privé, en voyant les réactions hostiles que l'émission suscite chez les professionnels, ajoutant : « Je n'ai pas eu le dernier mot, ce n'est pas vraiment ce que je voulais faire. » Pourtant, comme les deux autres, il a tout de suite assuré qu'il recommencerait si on lui proposait une seconde saison. Allez comprendre.

Le résultat est que les membres du jury ont massacré, épisode après épisode, ce qu'ils entendaient défendre. Est-ce pour devenir des stars du petit écran et être reconnus dans la rue, qu'ils ont vendu leur temps de cerveau disponible pour quelques dizaines de milliers d'euros (selon les sources, ils auraient touché entre 40 000 et 200 000 euros) ? Une indécence qui s'est manifestée dès la première émission. Sébastien Demorand évoque alors une quiche lorraine à 100 000 euros, ce qui met la part à 10 000 euros pour les 10 amateurs. « Réfléchissez bien », dit-il à l'adresse des candidats. Indécent à l'heure du pouvoir d'achat qui faiblit, juge Jean-Paul Géné dans *Le Monde 2* [2]. Dans le même temps, Demorand défend l'émission avec un discours bétonné à la TF1, tout en avouant : « Je ne pense pas que le prochain Pascal Barbot, Pierre Gagnaire ou Alain Ducasse sorte de *Masterchef* [3]. » En creux, en examinant les rouages de ces émissions soi-disant culinaires, on comprend ce qu'est en train de devenir la cuisine : un stéréotype. Autant dire que le fumet de ce ragoût télévisuel n'est guère appétissant. Avec ces équipes qui s'éliminent entre eux et

1. Propos recueillis par l'auteur.
2. *Le Monde 2*, 17 septembre 2010
3. Omnivore.fr

ces candidats qui s'étripent, on est même à l'opposé de ce que défendent les grandes toques dans leurs cuisines, un travail d'équipe, solidaire, qui permet à une brigade d'avancer. *Masterchef* est avant tout un concours dans lequel il y a un gagnant. Or, chez les meilleurs ouvriers de France, on prépare les examens à plusieurs, on a des valeurs ; on ne s'élimine pas entre soi.

L'envers du décor

La télévision est un petit monde qui s'arrange de tout, s'affranchit de toutes les règles. *Masterchef* n'échappe pas à la règle et un examen attentif de son fonctionnement et de ses rouages en dit long sur ses intentions supposées. En effet, comment ne pas a priori accorder à TF1 et à son jury une vraie sympathie, au nom du terroir et de sa bienveillance – sur le papier – à l'égard d'un métier artisanal, difficile, défendant les produits français et le savoir-faire national ? Des chefs et un critique qui vont permettre à un anonyme de démarrer une nouvelle vie en tant que restaurateur, c'est sympathique, ça a tout pour plaire. Et surtout ça fait pleurer dans les chaumières, car il y a des rebondissements, de la dramaturgie, de la scénarisation...

Contrairement à ce qu'a affirmé la production, les candidats n'étaient pas tous des amateurs. Le blogueur culinaire Stéphane *Riss* [1], par exemple, a participé aux sélections et fait partie des cent finalistes vus dans la première émission. Fils de restaurateurs, lui-même tient un restaurant.

Comment peut-on imaginer que dans une telle mécanique, en prime time sur TF1, quelque chose soit laissé au hasard ? Ce serait bien mal connaître les rouages de cette

1. www.cuisinerenligne.com.

industrie, pour laquelle l'audience et les recettes générées par la publicité sont tout ce qui compte. La formation du jury elle-même a fait l'objet d'une sélection rigoureuse, portant en elle le germe de son formatage. Du côté des critiques, la production a tenté de s'allier François Simon, éminent critique masqué du *Figaro*, qui a œuvré plusieurs saisons sur Paris Première avant de passer sur Direct 8. Il a refusé, sous le prétexte qu'il souhaitait rester anonyme. Sébastien Demorand, gouailleux, fort en gueule, à l'aise en public, notamment dans les festivals gastronomiques qu'il anime, fait tout de suite une bonne impression. Mais la production le met en concurrence avec François-Régis Gaudry, journaliste à *L'Express*, et Luc Dubanchet, ancien d'Europe 1 et directeur d'Omnivore. Des tests et des essais sont effectués. Les discussions sont longues. D'autres journalistes sont approchés. Alexandre Cammas, fondateur du Fooding® [1], est appelé. Il refuse d'emblée. « Ce n'est pas mon rôle », dit-il. De toute façon, Demorand l'emporte haut la main face aux autres candidats. Son allure, son énergie, son phrasé théâtral qui en fait un mousquetaire de la critique gastronomique, volontiers lyrique, et prêt à croiser le fer, n'ont pas échappé aux professionnels de la télévision.

Du côté des chefs, la production essuie d'emblée de nombreux refus. Parmi lesquels Yannick Alléno, chef trois étoiles du Meurice à Paris, mais aussi Alain Passard. Contactés, la plupart des triples étoilés se défilent. Problème, il faut une personnalité forte, qui incarne le bon goût à la française. Ce sera contre toute attente Frédéric Anton, l'homme qu'on n'attendait pas. Et Yves Camdeborde, la terrine de campagne et les cornichons élevés au rang de chef-d'œuvre. Pour lui, ce n'est pas glorieux, mais finalement cet hyperlibertaire est presque dans sa logique,

1. Contraction de Food (nourriture) et de feeling.

celle d'être là où on ne l'attend jamais, en devenant juré à *Masterchef*. Lui qui, dans ses bistrots, a toujours plaidé pour une cuisine simple, de base, populaire, peut bien enseigner comment faire des omelettes et éplucher des oignons. En revanche, pour quelqu'un qui défend la convivialité de la table et pour lequel la cuisine doit être quelque chose d'heureux, donner des leçons est aux antipodes. Parangon de coolitude, Camdeborde se retrouve un peu à contre-emploi sur le plateau de *Masterchef*, où il passe son temps à morigéner les candidats. Afin de faire monter la sauce, TF1 a dû starifier les membres de son jury. Car pour qu'ils soient pris au sérieux, il était indispensable qu'au moins eux aient l'air d'y croire. D'où ce casting poussé de trois personnalités très fortes : un critique qu'on va faire passer pour un dandy, un chef bistronomique qui a cassé les codes, et un trois étoiles incarnant le culte de perfection du meilleur ouvrier de France (MOF), l'image de l'excellence. Un casting en réalité calqué sur celui de la *Star Ac*, programme à succès de la une, dont *Masterchef* reprend à son compte la rythmique et les codes.

Comme la composition du jury, chaque ingrédient de l'émission a été savamment étudié et orchestré. À un détail près. En promettant de « changer la vie », un slogan qu'on croirait emprunté à un candidat à la présidentielle ayant Jacques Séguéla comme conseiller en communication, TF1 s'est mis à dos les professionnels de la gastronomie et de la cuisine. Et pas seulement. « C'est une hérésie, un mensonge qu'on vend au public crédule, s'emporte un étoilé. On fait croire aux candidats qu'ils vont devenir des chefs en douze leçons, mais rien n'est moins vrai [1]. » Métier de patience, d'apprentissage, la cuisine ne se reconnaît pas dans ce divertissement très éloigné des réalités du terrain. En prétendant

1. Entretien avec l'auteur.

défendre cette discipline, *Masterchef* dresse un véritable réquisitoire à son encontre. « NON, VOUS NE changerez pas votre vie », titre le quotidien régional *L'Alsace*, après avoir enquêté chez les chefs locaux. *Masterchef* est une illusion. Une partie du public voit l'émission comme une pure distraction, mais l'autre y croit vraiment, alléchée par les promesses de TF1. Certains sont allés s'inscrire pour gagner de l'argent et refaire leur vie. Ils y ont cru comme à la *Star Academy*. Le problème c'est qu'on ne s'improvise pas chef. Il faut être structuré dans sa tête, avoir l'étincelle de l'entrepreneur et savoir s'occuper de plein de choses à la fois. *Masterchef*, sous couvert d'amateurisme, vend une transformation instantanée du candidat en professionnel.

Le gros problème de *Masterchef*, c'est qu'il présente un discours en contradiction avec les valeurs de la cuisine. Les jurés sont eux-mêmes de gros bosseurs. Ce sont tout sauf des dilettantes. Ils sont coupables d'endosser le slogan de la facilité tendant à faire croire que c'est parce qu'ils savent réaliser une brunoise de légumes que les candidats sont cuisiniers.

Très prégnante dans la société en raison des audiences qu'elle réalise, TF1 partage cette responsabilité. La chaîne surfe sur l'attrait du public pour la cuisine tout en en bafouant la plupart des principes. À la différence de *Top chef* ou d'*Un dîner presque parfait*, où l'on parle produits, recettes, TF1 montre dans *Masterchef* très peu de véritable cuisine. En réalité, la chaîne déteste profondément la cuisine. Sur les quatre heures de la première émission, pas une seule recette n'a été montrée. On se retrouve donc avec une pure émission de divertissement en prime time, où l'on n'est même pas capable de donner au public la recette de la quiche lorraine. La cuisine est l'alibi, en aucun cas le sujet. Des images se succèdent, sans aucun contenu. On voit des gens courir dans tous les sens, mais on n'apprend rien. Le tout sous couvert de la promesse d'enseigner la cuisine et de changer de vie ! Même dans *Un dîner presque parfait* sur M6, on obtient la recette du candidat. Pour reprendre l'expression de Sébastien Demorand, qui se présente comme un dégustateur professionnel, la gastronomie c'est du temps, de la culture, de l'apprentissage. On ne peut pas s'improviser cuisiner, même en douze semaines ; ce n'est tout de même pas le permis de conduire.

Autre contradiction, et non des moindres, la gagnante de la première édition, en plus des 100 000 euros de la chaîne, s'est vue ouvrir les portes d'un stage de six mois dans une école d'hôtellerie, preuve s'il en est qu'il s'agit d'un amateur d'un niveau bien moyen. Car les écoles hôtelières sont vides : rien de plus simple que d'y entrer. Pourquoi toute cette mise en scène, alors qu'il suffit de se présenter dans un établissement pour y être reçu. Pour couronner le tout, TF1 éditions a promis à l'heureuse élue la publication de ses recettes de cuisine. Un comble alors que son apprentissage n'est pas censé être terminé.

TF1 et M6 à couteaux tirés

Depuis plusieurs saisons, les concours de cuisine ont assuré les belles audiences de M6 grâce à *Top chef* ou encore *Un dîner presque parfait*. La Six a remis au goût du jour en 2005 la cuisine à la télévision, en la déringardisant avec « Oui chef ! », dans laquelle on suivait le jeune Cyril Lignac alors qu'il montait son premier restaurant. Depuis, avec *Chef, la recette*, *Le chef contre-attaque*, ou encore *Vive la cantine*, M6 a creusé le filon avec succès. Il était donc indispensable pour TF1, chaîne leader historique, de reprendre la main. M6 ayant innové avec des formats, la une se devait de sortir la grosse artillerie. Toutefois, en lançant *Masterchef*, TF1 a pris un risque limité, puisque l'émission, produite par Shine, rencontre un grand succès en Angleterre, en Australie et aux États-Unis. À ce jour, le concept a été vendu dans plus de seize pays, il était donc nécessaire à TF1 de mettre les bouchées doubles pour faire oublier son retard. Résultat, quatre heures d'émission pendant trois mois, une campagne d'affichage de dix mille panneaux, des moyens promotionnels jamais vus : la preuve que TF1 misait gros.

Dans la lutte sans merci que se livrent les deux principales chaînes de télévision commerciales, *Masterchef* représente de gros enjeux. Au départ, M6 voulait vraiment diffuser l'émission, mais le producteur, la fille du magnat des médias Rupert Murdoch, a fait surenchérir TF1 qui a obtenu à l'arraché le droit d'adapter le format australien, jugé plus théâtral et plus conforme au public français. M6 s'est alors rabattu sur *Top chef*, sorti en urgence en février 2010, et a également initié la régionalisation de son *Dîner presque parfait*, programme original, emblématique et très populaire.

Parrainée par Carrefour, Beghin Say ou encore Alinéa, la première saison de *Masterchef* aligne un chiffre d'affaires de près de 50 millions d'euros [1] pour douze épisodes, soit plus de 4 millions d'euros par soirée. C'est avant tout une bonne opération pour la régie publicitaire de TF1 qui aura diffusé sur la saison plus de sept heures cumulées de réclames. Pourtant, l'audience, si elle n'a pas été catastrophique, n'a été que moyennement au rendez-vous. La part de marché de TF1 est largement en deçà de ce que la chaîne espérait et elle n'a pas battu, comme prévu, des records d'audience. Or l'investissement de départ a été colossal. À tel point que les contrats des membres du jury, par exemple, prévoyaient dès le départ une exclusivité pour au moins deux saisons,

1. Source Yacast, novembre 2010.

négociée à l'avance, en raison des investissements initiaux. Au cours des premières semaines, l'émission a plafonné à 23 % d'audience, une vraie déception. M6 a même battu un soir TF1 en diffusant une série, *Bones*. Il faut dire que si *Masterchef* est un succès en Angleterre depuis dix ans, c'est parce que l'émission dure une heure seulement, qu'on y fait vraiment la cuisine et que les plans sont courts, en moyenne trois secondes. En France, le programme dure quatre heures et sa scénarisation, larmoyante, est pesante. « Masterchiant » a même titré *Libération* [1], qui rappelle également que l'émission a réalisé un bide total en Allemagne. Difficile de croire que *Masterchef* pourra tenir sept saisons comme la *Star Academy*. Comme si le concept était déjà usé par une surutilisation de la gastronomie à mauvais escient, épuisant un filon pourtant prometteur. Là où M6 offre 52 minutes de recettes pour à peine 1 h 30 d'émission, TF1 propose à peine quelques minutes de recettes pour des heures d'émission. La Une peine à prouver qu'elle s'intéresse vraiment à la cuisine, hormis ses louables intentions, et c'est bien là que le bât blesse. Seule la finale du programme, qui a rassemblé 5,9 millions de téléspectateurs début novembre, a redressé la barre, permettant à TF1 de réaliser 27,9 % de parts d'audience, une très belle performance. Un record même puisqu'aucun des épisodes n'avait réuni jusque-là plus de 5 millions de téléspectateurs. Un semi-échec pour TF1, n'étaient les nombreux produits dérivés imaginés pour doper les recettes du programme. La Une s'est en effet associée à de nombreuses marques pour exploiter *Masterchef* : tabliers et gants de cuisine, casseroles et ustensiles, coffret de sommellerie, vin logoté *Masterchef*, livres de recettes, et même des cours de cuisine élaborés avec l'Atelier des chefs, dans toute la France.

1. *Libération*, 4 septembre 2010.

M6, de la même manière, continue de capitaliser sur ce qui apparaît désormais aux yeux des grands acteurs cathodiques comme une marque de fabrique de la chaîne : la téléréalité culinaire. Cet automne, M6 a remis le couvert pour ne pas perdre la main, avec son concours d'artisans, baptisé *Les Espoirs de l'année*, consacré notamment aux pâtissiers. Dans le ton et le casting, on retrouve des ingrédients proches de ceux vus sur une chaîne concurrente. Seule différence : il y a deux membres dans le jury au lieu de trois ! Et M6 ne compte pas en rester là. La chaîne serait même en train de préparer un jeu télévisé consacré à la gastronomie. Pour ce faire, elle a déjà contacté plusieurs journalistes gastronomiques qui ont refusé d'en être. Dans le jury, il y aurait un critique gastronomique, un grand chef étoilé et un chef bistronomique… tiens, tiens ! Bien évidemment, toute ressemblance avec une émission déjà existante n'est ici pas tout à fait fortuite.

La cuisine ultra-cathodique

C'est à se demander ce qui fait ainsi courir les chaînes, les cuisiniers et les annonceurs. Il ne s'agit pas de faire le procès de la gastronomie à la télévision, puisque tout le monde s'accorde à dire que le fait qu'elle monte en puissance dans ce pays de cocagne est plutôt une bonne chose. On peut même au contraire s'étonner que la cuisine ait mis quarante ans à investir le champ de l'audiovisuel, hormis quelques laborieuses émissions de recettes filmées, quand on voit la vitalité de la production internationale et la dynamique dans d'autres pays, notamment anglo-saxons. Seulement voilà, on a assisté en 2010 à une véritable explosion dont les arts culinaires ne sont pas forcément sortis grandis. Remonter le temps, depuis les leçons du maître Raymond

Oliver en 1968 sur la télévision en noir et blanc de l'ORTF, jusqu'à la catharsis des années 2000 de la cuisine à la télévision est une manière de revisiter l'histoire de la gastronomie en creux.

Dans les années 50, Raymond Oliver est le premier à comprendre le parti qu'il peut tirer de la télévision. *Art et magie de la cuisine*, première émission culinaire en 1953, a par la suite beaucoup été copiée. Oliver jette les bases d'un principe que nous connaissons bien désormais : exécuter une recette sous l'œil d'une caméra, tout en livrant astuces, conseils et recettes. Après lui, tous les chefs de la Nouvelle Cuisine y sont venus. Mais, des années 60 aux années 90, les chefs passent et les programmes demeurent.

Entre-temps, Maïté – de son vrai nom Marie-Thérèse Ordonez – a marqué la mémoire collective avec son émission devenue culte, *La Cuisine des mousquetaires*, démarrée en 1983, au cours de laquelle elle enseigne aux ménagères les bases de la cuisine familiale. Les légendaires prises de bec de l'ancienne garde-barrière devenue restauratrice dans le Sud-Ouest, le fouet à la main, avec sa comparse Micheline, sont une source d'inspiration pour les humoristes. Très populaire, Maïté connaît un grand succès, et multiplie les livres, les vidéos qui se vendent comme des petits pains. Dix ans plus tard, on voit débarquer un Jean-Pierre Coffe excité du bulbe, qui évoque à grands cris sa passion pour la carotte des sables ou le Camembert au lait cru. Ancien restaurateur reconverti en animateur populaire, ce râleur invétéré prône le retour au naturel et aux choses simples, des plateaux de Canal+ à ceux de France Inter où il anime dix ans durant *Ça se bouffe pas, ça se mange*, ni très raffiné, ni vraiment nouveau. Il y a aussi Jean-Luc Petitrenaud dont les *Escapades* sur France 5 réunissent encore plus de 850 000 téléspectateurs pour une bonne rabelaiserie gauloise. Au même moment, Joël Robuchon s'installe en 1996 aux fourneaux de TF1 pour une pastille culinaire quotidienne où le classicisme reste de mise, *Cuisinez comme un grand chef*. Il déménage avec producteur et recettes sur France 3 en 2000 avec son émission qu'il rebaptise *Bon appétit bien sûr*, sans rien y changer. Son aspect désuet, traditionnel, avec cuisinier en toque et tablier, ne manque pas de susciter les moqueries des humoristes, comme Dominique Farrugia. Depuis, *Bon appétit bien sûr* connaît de très bons scores d'audience. Produite et réalisée quasiment par un seul homme, Guy Job, avec des caméras pilotées électroniquement, les émissions sont enquillées les unes à la suite des autres en une seule journée dans un studio de la taille d'une chambre de bonne en sous-sol d'un sinistre immeuble du 15e arrondissement. Décor inchangé, peu de personnel, équipements depuis longtemps amortis, c'est une affaire rentable, longtemps sous la coupe de la fille de Joël Robuchon. À tout casser, chaque émission coûte une poignée de centaines d'euros à produire, alors qu'elle est achetée par France 3 bien plus cher. Les émissions de Robuchon, revendues dans le monde entier, sont encore aujourd'hui très largement rediffusées. Ajoutez bien entendu à cela les inévitables déclinaisons Web, édition et presse. Trente années de recettes filmées à la polonaise, donc, rythmées de temps à autre par l'apparition d'une émission qui parvient à se départir des canons télévisuels du genre, comme celles de Petitrenaud ou du bateleur Vincent Ferniot.

Ce n'est qu'au tournant des années 2000 que l'essor des chaînes thématiques décoincent le PAF et ses habitudes. De nouvelles venues prouvent aux grandes chaînes, d'abord frileuses, qu'il existe un public pour des émissions culinaires d'un genre nouveau. Des chefs très télégéniques émergent, des programmes internationaux à succès sont diffusés en France, la façon de réaliser les grands shows TV évolue. Sur le marché de la vente des programmes, de nouveaux formats inventifs apparaissent. Par exemple, la folie Jamie Oliver. C'est en effet à ce jeune chef britannique tout fou que l'on doit d'avoir réveillé la cuisine à la télévision et bousculé les codes. Un cuisinier talentueux, au physique de jeune premier, allié à un animateur de premier plan qui occupe l'écran, Jamie Oliver est un personnage haut en couleur. À tel point qu'il inspire de nombreuses émissions du même tonneau dans le monde entier.

En France, un petit malin, un certain Cyril Lignac, s'engouffre dans la brèche. Il a été repéré par la productrice Bibiane Godfroid, qui a racheté les droits de l'émission d'Oliver, *Jamie's Kitchen*, et devient la vedette de *Oui chef !*, première émission de téléréalité du genre. *Oui chef !* sera immédiatement suivi de *Chef, la recette !* Calqué sur le modèle Oliver, il francise la gastronomie télévisuelle et fait beaucoup de bien avec sa fraîcheur. Rapidement, Lignac entre à la cinquième place des chefs français les plus connus, au même niveau que les frères Troisgros. L'effet direct de M6 est évident : sa notoriété est deux fois plus forte chez les moins de 35 ans que chez les personnes âgées de 60 ans.

La machine est lancée, elle ne s'arrêtera plus. La folie « food » aussi. Viendront pour Lignac *Vive la cantine !*, ou encore *Le chef contre-attaque*, puis, une émission hebdomadaire sur M6, *MIAM* (Mon invitation à manger), qu'il produit avec sa propre société, Kitchen Factory Productions. Coach dans *Top chef*, toujours sur la 6, il signe près d'une quarantaine d'ouvrages de recettes, et prête même sa voix à un personnage de la version française du dessin animé *Ratatouille* produit par Pixar en 2007. À l'opposé de Cyril Lignac, une jeune et jolie journaliste, Julie Andrieu, se fait remarquer pour son sourire sage et son côté Mme Saint-Ange baroudeuse. Elle fait ses armes sur la toute nouvelle chaîne Cuisine TV. Sur Paris Première, un certain François Simon, jusque-là critique gastronomique au *Figaro*, se distingue par la pertinence de son émission *Les Dessous de table*, et son anonymat. Il officie aujourd'hui sur Direct 8.

Cuisine TV vs *Gourmet TV*

Malgré l'appétence des Français pour la gastronomie, et le développement du câble et du satellite, personne n'avait encore pensé à lancer une chaîne thématique sur le sujet. Jusqu'au printemps 2001 où pas une mais deux chaînes de télévision se succèdent sur le créneau de la gastronomie. Première à se lancer, Cuisine TV, propriété à 51 % de Pathé et à 49 % de Dominique Farrugia. Dotée d'un budget annuel de plus de 7 millions d'euros, « à destination de tous les gourmands », elle avait pour ambition de « désacraliser la cuisine ». Quelques semaines plus tard, c'est Gourmet TV qui voyait le jour, avec un budget annoncé de 9 millions d'euros. Elle était portée par Joël Robuchon, qui n'a pas mis un centime dedans et par Guy Job, son producteur. Dans le capital, France Télévisions et France Telecom à 49 %, Job pour un tiers et des investisseurs anonymes. Un même créneau mais deux publics opposés : Cuisine TV s'intéresse aux 18-35 ans de façon accessible, Gourmet TV s'intéresse surtout « à la ménagère classique », avec des valeurs « sûres » comme Joël Robuchon, omniprésent à l'écran, Michel Oliver ou Jean-Luc Petitrenaud. Gourmet TV a été conçu comme une sorte de LCI, de TF1 de la cuisine : en invitant tous les grands chefs, les producteurs et les industriels, il s'agissait de les fidéliser, de les robuchoniser. L'idée était surtout de diffuser l'esprit « Robuchon », de conforter une image de « chef français international », comme Bocuse avec ses Bocuse d'Or. Cuisine TV voulait, à l'opposé de cette image papier glacé de la cuisine, montrer « la génération montante de la cuisine », « sans critiques en vogue ni stars ».

Très vite, la guerre fait rage entre les deux projets concurrents. Lorsque Guy Job découvre que la chaîne de Dominique Farrugia a été baptisée TV Gourmand, il enrage : « Pour le nom, on a l'antériorité de plusieurs années. Nous, on existe, on a la légitimité. Il ne faut pas mélanger les torchons et les serviettes. Je n'ai aucune légitimité pour faire Comédie, je ne sais pas s'ils en ont pour la gastronomie [1]. » Premier échange de lettres d'avocats. Invité à la télévision, Farrugia lance : « Ma chaîne n'est pas une chaîne chiante dédiée à la cuisine, c'est-à-dire que je n'ai pas envie d'avoir Robuchon les yeux révulsés façon lapin pris dans les phares. » Choqué, le grand chef ? Non, amusé. Car son producteur Guy Job dispose d'un bon de commande signé de... Farrugia lui-même qui avait cherché à acquérir les anciennes émissions de Robuchon pour les rediffuser. La polémique retombe comme un mauvais soufflé. Au départ, sur Gourmet TV, une vingtaine de permanents sont embauchés. Guillaume Crouzet, ancien rédacteur en chef de *Elle à table* et chroniqueur gastronomique au *Monde*, prend la tête de rédaction. Il ne tiendra que quelques mois avant de rendre son tablier. Les objectifs de la chaîne sont très vite revus à la baisse : les sept heures et demie de programmes frais par jour ne seront jamais tenues et, si la grille est effectivement composée essentiellement de programmes réalisés en interne, il s'agit principalement de rediffusions des quatre années d'émissions de Joël Robuchon sur TF1 et France 3 (plus de huit cents émissions). Ses recettes publicitaires restent quasi inexistantes, le sponsoring n'a jamais démarré, le téléachat et les accords avec la grande

1. Propos recueillis par l'auteur.

distribution annoncés ne sont pas à la hauteur des attentes. Cette chaîne recycle surtout les programmes déjà produits par Futur TV, la société de production de Guy Job. Les équipes de Job tournent la plupart des programmes et des images à moindres frais, en profitant de voyages de presse ou d'invitations d'institutions.

Assez vite, les résultats d'audience viennent sanctionner ce qui semblait évident au sein des deux chaînes culinaires : il ne semble pas y avoir un public pour les deux concurrentes. Rapidement, Gourmet TV fait courir des rumeurs de rapprochement avec Cuisine TV, qui dément formellement. Fusionnera, fusionnera pas ? La mauvaise conjoncture frappe de plein fouet les deux chaînes. Et voilà qu'au printemps 2003, après une première vague de licenciements d'intermittents du spectacle, quasiment tout le personnel de Gourmet TV est prié de faire ses bagages. Il n'y avait alors plus en réalité que trois ou quatre permanents pour plusieurs dizaines de collaborateurs plus ou moins réguliers, toutes fonctions confondues. L'explication officielle est la suspension des activités par anticipation pour l'été. Chez Cuisine TV, la situation est également tendue. Certains actionnaires quittent le navire, on tourne moins, ceux qui partent ne sont pas remplacés. Avec l'été, la plupart savent qu'ils risquent de ne jamais revenir. Officieusement, tout Paris le sait, Gourmet TV connaît des difficultés financières et risque de devoir mettre la clé sous la porte. Seulement voilà, Joël Robuchon ouvre au printemps suivant un nouveau restaurant à Paris, L'Atelier. Il n'est donc pas question de tirer le rideau de sa chaîne de télévision, car l'annonce risquerait d'éclipser l'ouverture du bar à tapas robuchonien. Pourtant, quelques semaines plus tard, les studios de Gourmet TV sont fermés, les tournages et les émissions arrêtés. Anne Hudson, ex-madame terroirs sur France Info et troisième rédactrice en chef de Gourmet TV en moins d'un an, rend elle aussi les armes. Elle n'a rien pu faire, car Guy Job s'occupe de tout, supervise tout, se mêle des aspects techniques, éditoriaux, financiers, des problèmes matériels et des querelles de personnes. La direction de la chaîne lui propose un contrat de consultant qu'elle ne recevra jamais.

Robuchon, lui, se tient à l'écart. Il n'a été vu qu'une fois dans les studios, le jour de l'inauguration, par le personnel. En réalité, note un proche du dossier, « Robuchon n'y a jamais mis les pieds parce que tout l'argent investi dedans était à Job. Lui n'y a pas mis un centime. C'est pour cela qu'il ne s'en occupait pas [1] ». La presse, elle, ne pipe mot. Guy Job a embauché la plupart des chroniqueurs de la place pour des émissions diverses et variées : Jean-Claude Ribaut, du *Monde*, Jean-Luc Petitrenaud, Gilles Pudlowski et les autres sont régulièrement conviés sur le plateau pour parler de leurs livres. Un accord et une émission lient aussi *Gault-Millau*. Tout le petit monde de la gastronomie reste muet.

Mais en sous main on s'active depuis quelques mois, notamment auprès des pouvoirs publics. Jean-Pierre Raffarin et Joël Robuchon se connaissent effectivement très bien. Début 2003, le chef écrit au Premier ministre d'alors pour lui demander son soutien et lui faire part de ses difficultés. Jean-Pierre Raffarin, très préoccupé par la question, transmet le dossier à Dominique Ambiel, chargé à Matignon des questions de communication et d'audiovisuel. Quelques semaines plus tard, le chef poitevin est rassuré, les pouvoirs publics sont avec lui, Gourmet TV ne craint rien. À France Télévisions, actionnaire de la chaîne, c'est Marc Tessier, le président, qui reçoit une lettre de Raffarin lui demandant de soutenir le tandem Guy Job/Joël Robuchon. Le problème est que la holding publique, pour des

1. Propos recueillis par l'auteur.

raisons juridiques, ne peut renflouer Gourmet TV en procédant à une augmentation de capital. Comment faire ? Le conseiller de Tessier chargé des questions du câble et du satellite confirme alors l'existence de ce courrier ministériel. Il y a parfois des coincidences heureuses. Puisque Guy Job, le patron de Gourmet TV dispose d'une société de production, Futur TV, celle-ci recevra miraculeusement des commandes de programmes pour des chaînes publiques, augmentant ses recettes et son bénéfice, ce qui lui permettra de faire face à ses pertes sur Gourmet TV. Quel étonnement, donc, de retrouver à l'été 2003 Marc Veyrat en héros d'une série documentaire sur France 5, série produite par Job et Gourmet TV. La boucle est bouclée, avec son herbier gourmand, véritable ode à la gloire du cueilleur d'herbes, c'est-à-dire 12 épisodes de 26 minutes, voilà un peu d'air frais pour Job. Et incidemment de nouveaux programmes pas trop chers pour Gourmet TV. Mais cette bouffée d'oxygène n'aura pas suffi. La chaîne de Robuchon subsistera encore quelques mois, sans plus rien produire, et s'éteindra en 2005.

Cuisine TV, elle, demeure dans le paysage du petit écran. Dans ce face-à-face fratricide, elle a su tirer son épingle du jeu. Mais le paradoxe est que la chaîne survivante n'en remporte pas un grand succès pour autant. Cuisine TV achète plus de programmes étrangers qu'elle n'en produit, alors que la gastronomie fait le plein sur toutes les autres chaînes. En son temps, la direction de Cuisine TV avait pris de haut Cyril Lignac et a laissé filer toutes les stars des fourneaux. L'état-major de la chaîne a même refusé le programme *Top chef*, avant qu'il ne soit proposé à M6, arguant du fait qu'il ne correspondait pas « à l'ADN de Cuisine TV ». Peut-être le format coûtait-il trop cher pour une petite chaîne. En tout cas ce fut une belle erreur stratégique.

Les chaînes ont de l'appétit

Jamais la gastronomie n'a autant intéressé le grand public à la télévision. De *Top chef* qui fait les belles heures des soirées de M6 à *Masterchef* sur TF1, le sujet passionne les Français. Les nouvelles stars des fourneaux sont cathodiques, de Cyril Lignac à Julie Andrieu en passant par Sophie Dudemaine. Même Public Sénat possède son programme, *À table avec les politiques*, au cours duquel le journaliste gastronomique de *Marianne*, Périco Légasse, cuisine des produits régionaux avec les politiques du coin. France 3 a récemment cédé à la mode des émissions dédiées à la cuisine. Chaque samedi et dimanche, à 20 h 10, elle diffusait *Repas de famille*, dont le concept rappelle celui de la téléréalité. L'idée consiste à se faire rencontrer deux familles très différentes, dans l'esprit *L'amour est un long fleuve tranquille*. Une bonne louche de décalage donc. Même punition sur France 5, qui a proposé à la rentrée 2010 une nouvelle édition de son émission *Fourchette et sac à dos*, au cours de laquelle Julie Andrieu fait découvrir les spécialités d'une ville ou d'une région. Le programme a réalisé en prime time les meilleurs scores de France 5, en plein été 2010, des audiences historiques pour la chaîne avec plus de sept cent quarante mille téléspectateurs. Dernières nées en date, *Cuisinez le chef*, sur France5.fr, où les internautes sont conviés à réaliser leur recette en compagnie de grands chefs, Thierry Marx ou encore les frères Pourcel. France 5 a également diffusé en décembre un documentaire sur *La Revanche des pâtissiers*, le magazine de Jean-Luc Petitrenaud *Le Banquet*, ou encore un portrait du trublion Jean-Pierre Coffe, aujourd'hui compositeur de plats pour Leader Price. Même des animateurs du petit écran réputés pour la qualité de leurs émissions envahissent la cuisine, d'Élisabeth

Tchoungui à Maïtena Biraben dont l'émission *Maïtena cuisine* a débarqué en janvier dernier sur Cuisine TV. Quant à Direct 8, elle lance *L'Amour au menu*, une émission de cuisine-dating, qui mélange préparation d'un dîner et rendez-vous amoureux, dans la plus pure tradition de la téléréalité.

Quand François Simon quitte Paris Première pour Direct 8, le suivant, François-Régis Gaudry, reprend aussi sec le concept simplement en changeant le nom de l'émission, rebaptisée *Très très bon*. À l'écran, c'est même punition, même motif. Peu novatrice, la cuisine télévisuelle devient un programme très ordinaire, une sorte de soupe bien épaisse dans laquelle tout le monde a l'air de vouloir tremper sa spatule. Surtout qu'au petit jeu des fourneaux à la télévision, les bons clients sont souvent les mêmes. Le chef étoilé Benoît Bernard (La Laiterie, à Lambersart) a été vu deux fois dans *Masterchef* cette année, et il a également été l'un des protagonistes d'un documentaire diffusé sur France 3 [1] quelques jours plus tard. L'acmé de la gastronomie à la télévision est derrière nous. C'est le cynisme des grandes chaînes, déjà à la recherche du prochain filon. Elles vont laisser sur le carreau des dizaines de milliers de jeunes qui ont cru à leur discours mobilisateur en faveur de la cuisine et des métiers de bouche, alors qu'elles n'en ont cure. La folie « food » ne disparaîtra pas pour autant de la petite lucarne, mais la mode de la cuisine risque de passer plus vite que la crise.

Surtout que la France, qui s'enorgueillit du classement au patrimoine immatériel de l'UNESCO, de son « repas gastronomique », est incapable de produire ses propres formats télévisuels culinaires et encore moins de les exporter. Elle a accumulé un retard incroyable en matière de télégastronomie, là où de nombreux pays étrangers produisent de

1. *Le Festin de Noël*, France 3, 13 décembre 2010.

bien meilleurs programmes. La cuisine y est un show comme les autres, mais décoincé, pas sacralisé, qui ne donne pas de leçons. On trouve des émissions ambitieuses, des chefs stars, plus jeunes, plus contemporains, plus modernes, comme *Panique en cuisine* du Britannique Gordon Ramsay qui cartonne dans le monde entier et sur RTL 9. La France s'est essentiellement nourrie des programmes de cuisine et de gastronomie australiens ou américains. Les mêmes qu'on accuse chez nous de ne pas savoir manger ont prouvé que, dans l'univers cathodique, ils savaient faire mieux que nous. Au pays du foie gras et des grands vins, nous nous sommes contentés d'adopter des formats anglo-saxons. Et lorsque M6 s'essaie à produire une émission couleur locale, avec Jean-Pierre Coffe et le chef Christian Etchebest s'invitant chez des particuliers, c'est un flop. Problème de moyens, de technique, de charisme, nous manquons cruellement de savoir-faire dans ce domaine. La France est encore loin d'avoir trouvé sa voie téléviso-gastronomique et ce n'est pas la rediffusion de *Fourchette et sac à dos* sur TV5 qui va changer grand-chose.

Le succès de la cuisine, notamment à la télévision, est le fruit d'une heureuse conjonction. Nos concitoyens ne sont guère rassurés par le nouveau siècle, fragilisés par la crise ; alors ils se réfugient devant ou derrière les fourneaux qui renvoient à leurs racines, à leurs traditions, à une certaine idée de la nostalgie. Pour les sociologues, l'explication est simple : je me nourris, je passe du bon temps parce qu'il fait froid dehors et que c'est la crise. Les émissions de cuisine à la télévision, c'est la contraction moderne de l'ancienne maxime romaine : « Du pain et des jeux. » En donnant cela au bon peuple, ce dernier fait le dos rond même si les temps sont durs. Ce que confirme Silvia Kahn, directrice des magazines sur TF1 : « On a remarqué que les familles se resserrent sur la maison. Les gens se sont rendu compte que tout ce qui touche à l'art de vivre, déco et cuisine, a pris une importance grandissante [...] Quand on demande aux gens quels sont leurs souvenirs d'enfance, ils citent souvent une odeur ou une recette. Cuisiner, se rassembler autour d'un plat fait partie des moments agréables et chauds [1]. » Puisque les gens vivent plus vieux, qu'ils ont plus de temps libre grâce à leurs RTT, il faut bien les occuper et tant qu'à faire, devant la télévision.

Parallèlement, le grand barnum de la food academy télévisuelle, en prétendant trouver des solutions à l'insécurité de l'époque, promet aux téléspectateurs de réinventer leur vie. Il assure à longueur d'émissions qu'il n'y a rien de mieux pour repartir à zéro que d'ouvrir un restaurant et communique sur le renouveau des métiers manuels et la satisfaction du travail artisanal bien fait. Le chef est ainsi devenu une icône dans un monde en perdition, à la fois moderne et ancré dans le terroir et ses racines. C'est un personnage parfait pour la télévision contemporaine. Auto-entrepreneur à la mode, il glorifie le « travailler plus pour gagner plus » individualiste de notre temps. Seulement cela prend beaucoup plus quelques semaines. Répéter qu'on va réenchanter l'époque avec la cuisine et son côté manuelo-intellectuel est bien prétentieux. Et le costume trop large pour la gastronomie.

1. *La Voix du Nord*, 21 octobre 2010.

2

My chef is rich

« De grâce ne nous prenez pas pour des imbéciles en nous disant que votre diversification ne nuit pas à la qualité de votre cuisine. J'ai payé assez cher pour le savoir. »

Simon Majumdar, célèbre blogueur culinaire [1]

1. *The Observer*, Londres.

Saga d'une Nouvelle Star

Jusque dans les années 70, les héritiers d'Escoffier sont encore aux fourneaux. Pour le grand public, ces gens en tablier blanc ne sont pas encore des chefs mais juste de bons marmitons. Ils apparaissent peu en salle, jamais dans la presse et interviennent encore moins dans le débat public. C'est dans ce contexte que des cuisiniers comme Pierre Gagnaire, Paul Bocuse, Joël Robuchon, Pierre Troisgros ou Alain Chapel inspirent à deux critiques gastronomiques, Henri Gault et Christian Millau l'expression « Nouvelle Cuisine » qui va faire florès. La Nouvelle Cuisine va propulser les cuisiniers sur le devant de la scène, montrer qu'ils ne sont pas seulement bons à préparer des fonds de sauce. La période qui s'ouvre alors impose le chef comme un créateur et non plus comme un simple exécutant. Il devient personnalité à part entière, inspirée, dont l'originalité des idées trouve à donner du sens aux sens. Les clients, au lieu de privilégier la cuisine d'un lieu, d'une région, viennent alors chercher celle d'un chef inspiré, qu'il se nomme Michel Guérard ou Paul Bocuse. La Nouvelle Cuisine consacre le statut du cuisinier, en tant que figure de la société contemporaine.

En sortant enfin de leurs cuisines, les chefs se métamorphosent en personnages publics et médiatiques. Parfois même en véritables stars à la tête d'empires flamboyants. Symboles d'une France moderne et conquérante, débarrassée des oripeaux de la tradition, ils deviennent rapidement des icônes médiatiques importantes et respectées. Du journal télévisé aux photos glamour des magazines people, les cuisiniers frayent désormais avec les capitaines d'industrie, les politiques, les stars et l'univers scintillant du show-biz. Des rubriques cuisine des magazines, ils passent sans transition aux pages consacrées aux célébrités, accroissant leur notoriété de façon phénoménale. Ainsi Michel Guérard, chantre de la cuisine minceur, se voit-il offrir la très prestigieuse une du magazine américain *Time* en 1976... Un honneur rare.

Mais ça ne s'arrête pas là. À l'image de Raymond Oliver, le chef du Grand Véfour, qui fut également conseiller culinaire de la Compagnie des wagons-lits et chef de la restauration des jeux Olympiques de 1964, Robuchon, Senderens, Loiseau et les autres découvrent également que l'argent peut être facile. Soutenus par une notoriété croissante, le succès aidant, ils sont encouragés par des investisseurs privés et publics. Jusqu'alors simples cuisiniers, ils s'improvisent entrepreneurs, n'hésitant pas à développer lourdement leurs restaurants. Comment ? En rénovant luxueusement leurs modestes maisons, en employant un personnel de plus en plus pléthorique, en achetant des produits toujours plus nobles et coûteux. En devenant surtout souverains, propriétaires des murs de leur restaurant qui portent désormais leur nom, les chefs veillent aux moindres détails, des assiettes désormais composées en cuisine, jusqu'à la relation avec les clients. Le maître d'hôtel ou le personnel de salle se trouvent relégués au rôle de simple porteur d'assiettes. « C'est la modernité qui a changé la donne [1], explique Guy Savoy. Les cuisiniers ne sont pas

1. Entretien avec l'auteur.

plus bêtes que les autres. Ils ont eu aussi des velléités de se développer. » Assez vite, certains se préoccupent plus de construire un héliport pour faire venir les vedettes et les capitaines d'industrie que de leur cuisine. La gastronomie entre alors dans le show-biz par la grande porte. Elle devient un spectacle à part entière. Les chefs se rêvent en managers. Une véritable fuite en avant qui a conduit à de faramineux excès et à de nombreuses faillites. Christian Millau lui-même a pointé du doigt la démesure des grands chefs dans les années 80 et la course effrénée dans laquelle ils s'étaient lancés [1] : « La starisation des chefs n'a pas été une bonne chose : ça préparait une nouvelle forme de tromperie. Dans les années 80, on est passé de la nouvelle cuisine au grand n'importe quoi sous prétexte de renouvellement avec une envolée des prix. »

Les « gros bonnets » des fourneaux

Malheureusement, nous ne sommes pas revenus à plus de modération aujourd'hui. Les médias ont fait croire aux chefs qu'ils étaient des intouchables. La Nouvelle Cuisine française a conforté la gastronomie hexagonale comme leader mondial, certains chefs étant même accueillis à l'étranger comme de véritables chefs d'État. Un piédestal fragile où les cuisiniers ont, pour beaucoup, oublié leur cuisine. Profitant de leur notoriété et de leur prestige, tant en France qu'à l'étranger, une poignée de chefs sont devenus des multinationales, parmi lesquels Paul Bocuse, Joël Robuchon, Georges Blanc, Bernard Loiseau ou encore Alain Ducasse, Marc Veyrat et les frères Pourcel. En se basant sur la réussite de leur restaurant trois étoiles, appelé

1. *C'est arrivé cette semaine*, Europe 1, 1er mars 2003.

« produit premium » dans le jargon des affaires, ils ont bâti des empires aux ramifications mondiales, de New York à l'île Maurice, en passant par Tokyo. La plupart disposent de secondes adresses où ils ne sont pas physiquement présents mais « en esprit », font du commerce dérivé pour financer leur restaurant ou leurs danseuses, travaillent sur l'image de marque de produits industriels moyennant espèces sonnantes et trébuchantes, orchestrent conseils, licences et concepts déclinables dans le monde entier, publient des livres – plus de 1 682 ouvrages nouveaux ont ainsi été publiés en 2009, soit une hausse de la production de 13 % [1]. « Ma haute-couture, c'est Saulieu, avait coutume de dire Bernard Loiseau, et je vends mon savoir-faire dans des produits de grande consommation. » D'une simple récompense, l'argent est devenu vital pour les chefs. Selon les produits et leur environnement concurrentiel, la signature d'une grande toque peut faire monter le chiffre d'affaires de 30 %. Pas étonnant que les marques leur concèdent des contrats mirobolants et bien assaisonnés de sauce à l'oseille, jusqu'à 700 000 euros pour certains contrats. Les cuisiniers ont mué : ils ont troqué toques et tabliers pour le costume-cravate des hommes d'affaires. Ils vont donc chercher l'argent où il est, c'est-à-dire ailleurs que dans les assiettes de grandes tables guère rentables. « Il n'y a guère que le vin qui nous permet de tenir, souligne un étoilé. S'il n'y avait que les plats, qui demandent beaucoup de travail, on ne s'en sortirait pas. Heureusement qu'on marge encore sur les vins qu'il suffit juste de sortir de la cave ! » Pour faire marcher les affaires et les rentabiliser, il faut investir. Une mécanique entrepreneuriale qui connaît comme les cours de bourse des hauts et des bas. Souvent très endettés, les cuisiniers ont voulu trouver d'autres

1. *Livres Hebdo*, 29 octobre 2010.

sources de revenus, en créant de véritables complexes gastronomiques. « Les étoiles n'ont leur raison d'être que grâce aux chambres, au thermalisme, à l'histoire des lieux [1], explique Michel Guérard. Mais aujourd'hui aucun financier digne de ce nom n'investirait dans une telle aventure. » Pour autant, dans le monde très feutré et policé de la haute gastronomie, parler finances ou revenus est presque vulgaire : « Je n'aime pas parler d'argent [2] », avoue Guy Martin. « M. Robuchon ne répond jamais aux questions concernant les chiffres ou les affaires », répond-on invariablement au secrétariat du chef poitevin depuis des années. Pourtant, c'est lui-même qui disait de Jean Delaveyne, célèbre propriétaire du Camélia à Bougival de 1956 à 1986 : « Le Van Gogh de la cuisine s'est éteint. Non sans avoir vendu ses conseils culinaires très chers, pour ne pas passer pour un con [3]. » Tous en ont visiblement pris de la graine. Il y a une dizaine d'années, le magazine *GaultMillau* a enquêté sur l'argent de la cuisine française. Même Alain Ducasse commence par refuser de répondre avant de se laisser convaincre : la rédaction menaçait de laisser un grand blanc en face des questions restées sans réponse. Quelques années plus tard, pourtant, il avoue sans détour : « Je suis à la fois un cuisinier et un entrepreneur qui a mis au point un modèle économique moderne, basé sur une transmission du savoir et une vision pertinente de l'industrie [4]. » Question de modestie, peur de la concurrence, de la réaction du personnel ou de ses employeurs ? Non, surtout un manque de transparence caractérisé qui rend difficile la compréhension de l'économie de la grande cuisine.

1. Entretien avec l'auteur.
2. Entretien avec l'auteur.
3. Olivier Nanteau, *Portraits toqués*, L'Archipel, 1999.
4. Entretien avec l'auteur.

Sur ces sujets-là, les chefs veulent empêcher les médias d'enquêter, à l'instar d'un Jacques Pourcel qui s'exclame : « Que l'on arrête de montrer du doigt les chefs qui se diversifient, qui innovent, qui ont des entreprises saines. Ils créent de la richesse, des emplois, ils sont des chefs d'entreprise utiles pour le pays. » Une véritable loi du silence règne en cuisine dès qu'on parle gros sous. Demandez « combien gagnez-vous ? », la plupart des chefs vous répondent « l'art n'a pas de prix ». L'art oui, mais l'agroalimentaire ? Les honoraires des cuisiniers y dépassent souvent les 150 000 euros, avec une partie en fixe et une partie en variable sur les ventes… qui vont bien, merci ! Les contrats sont tabous. Jalousies, rivalités, autant d'excuses qui poussent en tout cas au mutisme des grandes toques qui gagnent à partir de 10 000 euros par jour selon les prestations. Aujourd'hui, beaucoup le taisent, sans vraiment le dissimuler.

Pendant plusieurs années, Pierre et Michel Troisgros ont collaboré avec Casino, craignant pour leur prestige, avant de faire leur « cooking out » en 1996. En 2008, Michel Troisgros a ainsi créé une gamme de plats au packaging noir et or pour l'enseigne de grande distribution. De même, Guy Martin, qui a élaboré les plats de la gamme Monoprix Gourmet, a longtemps tenu à rester discret en ne signant pas les surgelés. Il ne souhaite pas non plus divulguer le montant de ses royalties.

Les rivalités entre les chefs étoilés ont depuis longtemps délaissé le cadre de leurs cuisines pour s'étaler dans les linéaires de supermarchés et dans les médias. Ils n'ont qu'une obsession : faire parler d'eux, en s'offrant les services d'une attachée de presse, parfois de géants mondiaux de la communication comme Havas ou Publicis. Ainsi, par extension, ils comblent le manque de clients parisiens depuis deux ans par des déjeuners de presse consentis au rabais (100 euros par invité chez Passard, pourtant l'un des plus chers de Paris), soit plus de 25 % de remise, pour des journalistes invités par une grande marque désireuse de marquer d'une pierre blanche et d'un bon repas gastronomique ses relations avec le Landerneau journalistique.

Selon l'institut Ipsos [1], la notoriété assistée des grands chefs était encore récemment de 8 sur 10 pour Joël Robuchon et Paul Bocuse, suivi de 6 pour Alain Ducasse, juste devant Marc Veyrat, avec 5 sur 10. Plus loin, Michel Troisgros, Michel Guérard puis les autres. Ce qui explique sans doute la propension de chacun à afficher son nom partout et sur tout. À l'insu de leur plein gré peut-être, les cuisiniers sont devenus des machines médiatiques.

Ce succès des cadors de la Nouvelle Cuisine a fait rêver la relève. Yannick Alléno, aujourd'hui trois étoiles à l'hôtel Meurice, a été élevé dans le bar-tabac que possédaient ses parents. Ses motivations ont toujours été claires : « Dans un magazine, je me souviens être tombé sur la photo d'un chef qui faisait ses courses en voiture de sport. Ce jour-là, je me suis dit que je voulais être cuisinier. » Et de la même manière que la haute couture déteint sur le prêt-à-porter, les grandes tables ont imposé partout leur gastronomie et leurs pratiques. Résultat, certains perdent la main. « Il y a quelques années, un magazine avait organisé une séance photo chez un grand chef, confie un photographe. Il lui avait fallu appeler à la rescousse le second, parce que le chef ne se souvenait plus comment réaliser le plat. » C'est le risque encouru par ceux qui se préoccupent plus de développer leurs activités que de cuisine. Alain Ducasse confirme l'anecdote : « La plupart de ces cuisiniers n'ont pas réalisé un plat depuis 20 ans. » Pour se justifier, Ducasse

1. Ipsos, 31 mai 2007.

assure qu'il passe « un tiers de son temps à faire (la cuisine), un tiers à faire faire (déléguer et expliquer) et le dernier tiers à faire savoir (communication et médias) [1] ». De quoi devenir légèrement schizophrène.

Bibliothèque gourmande

L'édition est un bon exemple de la lutte à couteaux tirés entre les chefs. Le nombre de livres de cuisine publié a littéralement explosé ces quinze dernières années. La demande du public est très forte et les tirages peuvent parfois atteindre des proportions astronomiques. Jamais les chefs n'ont autant intéressé. Et chacun espère rééditer le coup du maître, Michel Guérard, dont le best-seller, *La Grande Cuisine minceur* [2] s'est vendu à plusieurs millions d'exemplaires dans ses éditions successives, traduites dans le monde entier, et lui aurait rapporté près de 4 millions d'euros ! Dernier grand succès en date, même si on en est encore loin, les 20 000 exemplaires de *Scook 2*, le livre de cuisine pour les enfants réalisé par la jeune Anne-Sophie Pic, trois étoiles à Valence, chez Hachette et par ailleurs auteur des menus de première classe de la compagnie aérienne allemande Lufthansa. Les journaux et magazines, surtout féminins, se battent pour publier les premiers des extraits des livres stars. *Elle*, *L'Express styles* ou *Madame Figaro* rivalisent pour être les premiers à dévoiler les nouvelles recettes des coqueluches des fourneaux. Du coup, les stars les plus prolifiques pondent ainsi presque un livre par an, voire plus, comme Yannick Alléno, qui en est à trois livres en quatre ans. Le dernier en date, un coffret splendide

1. Entretien avec l'auteur.
2. Robert Laffont, 1976.

consacré aux produits et aux producteurs parisiens, élaboré avec Jean-Claude Ribaut, le journaliste du *Monde*, l'a même édité à compte d'auteur. « Je suis distribué par Glénat, mais j'en avais assez de faire des livres pour les autres. Aujourd'hui, je maîtrise tout le processus et l'intégralité des recettes est pour moi [1]. » Le pionnier du genre ? Un certain Alain Ducasse, qui a créé AD éditions il y a un peu plus de dix ans, pour publier des ouvrages très ambitieux, chers et lourds à produire, vendus sur souscription, avant de transformer l'essai avec des versions plus grand public, plus accessibles. Une entreprise à part entière. Et des dizaines de milliers d'exemplaires. Il y a aussi les autres, auteurs prolifiques, comme Guy Martin. Son livre *Toute la cuisine* a accroché la deuxième place des ventes du secteur à sa sortie. Il a été depuis réédité à plusieurs reprises.

Pour lui comme pour les autres, un livre reste la meilleure façon de construire une image, de prendre la parole et de se poser comme « donneurs de sens », à une époque où la cuisine est vraiment soumise à la question. Une façon aussi d'arrondir les fins de mois, avec de confortables droits d'auteur et avances sur recette comme l'avouait Bernard Loiseau : « Je ne publie pas un livre à moins de 40 000 exemplaires. Heureusement, les droits d'auteur me sont directement versés. » Guy Martin, lui, dément : « Une assiette moyenne c'est environ 200 euros. Il faut en moyenne un bon mois de réservation à l'avance pour avoir une table et on est plein tout le temps. Moi, ce que je gagne, c'est surtout le restaurant. Le reste, les livres, c'est ma passion. J'en ai toujours un en cours. Je bosse dessus l'après-midi et les week-ends [2]. » Les éditeurs sont très demandeurs et, pour eux, les livres de cuisine restent stratégiques, efficaces et très peu coûteux. Tout le développement

1. Entretien avec l'auteur.
2. Entretien avec l'auteur.

du livre, la conception des recettes et leur réalisation, n'est pas payé par l'éditeur : il se déroule le plus souvent dans les cuisines où officie le chef.

Des livres de grands chefs, il y en a de toutes sortes : superbes, pratiques, futés ou plus mal ficelés. Certains émanent de cuisiniers eux-mêmes, d'autres sont l'œuvre de journalistes gastronomiques : parmi les spécialistes, Jean-François Mesplède et Gérard Gilbert, pour leurs livres avec Veyrat, Loiseau, entre autres. *L'Envolée des saveurs*, l'un de ses premiers livres, a été un véritable phénomène d'édition. Ces derniers mois auront vu passer *Cuisine en famille*, de Jean Sulpice, plus jeune chef deux étoiles, *Les Desserts qui me font craquer* de Christophe Michalak, chef pâtissier du Plaza Athénée, réimprimé deux fois, *À pleine bouche*, de Gilles Choukroun, *Julie cuisine le monde*, de Julie Andrieu, chez Alain Ducasse édition, Pierre Gagnaire, Jean-François Piège et Paul Bocuse, mais aussi André Daguin et son fils Arnaud, Thierry Marx, Cyril Lignac, Jamie Oliver, les frères Pourcel, Yves Camdeborde, Michel Rostang et ses filles, ou encore *En cuisine avec Sophie*, célébrant dix ans de succès d'édition de Sophie Dudemaine, et *Dans la cuisine de Grégory*, du vainqueur de l'émission *Un dîner presque parfait*. Sans compter les rééditions permanentes, les préfaces et les collaborations sur les ouvrages de tiers ou de commande. Même Alain Passard, qui avait jusque-là résisté aux sirènes de l'édition, a publié à l'automne 2010 *Collages & Recettes*, son premier livre. Début 2011, Ducasse publie son ouvrage *J'aime Paris*, ainsi que *Le Grand Livre de cuisine de Joël Robuchon*. Cela n'arrête pas. « J'écris toujours deux ou trois livres à la fois [1], explique Jacques Le Divellec. J'ai besoin de faire des choses à l'extérieur. Dans ma maison, j'ai trop de frais. On me demande, je fais. » À ce jour, il a publié

---

1. Entretien avec l'auteur.

ou contribué à plus de vingt ouvrages. Les raisons sont multiples : la présence de plus en plus forte des chefs en dehors de leurs cuisines, la critique de la malbouffe et de la mondialisation qui ramène au terroir et aux produits bio, entre autres. Dans les années 80, les chefs sont devenus des stars, dans les années 90, ils sont des modèles, des people. Ils représentent la France et son exception culturelle, qui rassurent et qui gagnent contre le grand méchant loup américain. Les 35 heures et la loisirisation de la société offrent un terreau propice à cette culture culinaire. D'autant que le livre demeure, en France, le Graal pour « se faire un nom » : tout cuisinier ou restaurateur digne de ce nom se doit donc de publier. À propos de rien. De tout. Et parfois même de rien du tout.

Hormis quelques ouvrages prestigieux, beaux livres soignés et personnels, la plupart des bouquins de recette griffés sont quasi entièrement exécutés, sinon conçus par d'autres. Comme ce livre signé d'un grand chef étoilé où ce dernier n'a strictement rien fait. Le photographe dit n'avoir « même pas rencontré le chef », dont les recettes ont été exécutées par quelqu'un d'autre. Pourtant, le livre est présenté comme le sien. En réalité, ce sont une styliste culinaire et un photographe sous-payé qui font tout le boulot. La plupart demeurent d'une qualité éditoriale pauvre, parce qu'ils sont bâclés et que les recettes ne sont pas toujours testées avant publication. On est loin des recettes de poisson dues à Archestrate, seul rescapé des traités de cuisine de la Grèce antique. « Il faudrait faire ça sérieusement [1], explique le directeur de collection d'un grand éditeur parisien, prendre du temps pour le concevoir, avoir quelque chose à dire et ne pas sortir un livre pour sortir un livre. » « De toute façon, renchérit une éditrice parisienne, si le sujet du livre n'a pas

1. Entretien avec l'auteur.

déjà été traité, c'est que ça n'intéresse personne. » Résultat : une floraison de titres sur les soupes, ou les glaces, ou la cuisine aphrodisiaque, selon les saisons, une tripotée de livres sur la cuisine du soleil, l'huile d'olive ou la tomate, alors même que des sujets inédits sont laissés de côté. En fait, de livre de recettes ou d'ouvrage témoignage, le livre de chef ou de grand chef est devenu un simple produit dérivé. On est dans une logique de business, pas même un choix d'éditeur : ça ne coûte pas cher et ça peut rapporter gros.

En cosignant le livre d'Alain Ducasse, de Yannick Alléno ou de Marc Veyrat, un journaliste gastronomique va non seulement accroître sa notoriété, mais aussi gagner de bons droits d'auteurs. Servir de nègre ou de styliste est également rémunérateur mais dans des proportions moindres. Les tarifs varient de 1 à 10 selon la qualité du rédacteur, c'est-à-dire selon ses états de service, le nom du journal dans lequel il écrit et la nature du travail demandé : Jean-Claude Ribaut, du *Monde*, Gilles Pudlowski du *Point*, Claude Lebey, François Simon du *Figaro*, par exemple. En moyenne, ils vont toucher entre 1500 et 5000 euros selon qu'ils soient journalistes vedettes, jeunes rédacteurs aux fins de mois difficiles. À l'arrivée, le chef, en accord avec son éditeur, fait acheter plusieurs centaines ou milliers d'ouvrages par son restaurant, mis en vente à la caisse. Ainsi, Michel Troisgros a-t-il sauvé de la Bérézina son premier livre en vendant 800 exemplaires à ses clients sur les 2 000 ventes réalisées. Mais, dans ce cas précis, on est loin du plus ancien livre de cuisine connu, un pot-pourri de recettes d'Apicius, qui date de l'époque romaine. Ce livre, comme *Le Viandier de Taillevent*, *Le Cuisinier de Charles V* ou *Le Grand Cuisinier*, a été depuis constamment réédité depuis et étudié par les historiens de la gastronomie.

Le « business model » Bocuse

Dans l'édition comme partout ailleurs, « le grand Paul », comme le surnomment ses confrères étoilés, est la première grande toque à avoir véritablement utilisé son image comme une marque. Bercé par ses origines rurales, ce cuisinier surnommé l'« empereur de Collonges » a démarré sa carrière de patron dans l'auberge familiale en 1956, à l'âge de 29 ans. Toqué de cuisine, il l'est aussi de business. Dans la mouvance de Raymond Oliver, Bocuse a compris très tôt l'importance de la communication et de la télévision pour développer ses affaires. Émissions, livres, tout est bon. Déjà, dès les années 60, Bocuse a une gamme de plats à son nom aux États-Unis. Ce n'est qu'un début : il lui faut aussi compter sur le restaurant ouvert au Japon en 1970 avec la complicité du brasseur nippon Suntory. Et sur le Disneyland d'Orlando, où il est associé à Roger Vergé (le Moulin de Mougins, à Mougins) et Gaston Lenôtre dans son « pavillon de France » où plus d'un million et demi de repas sont servis par an.

Paul Bocuse a certes forgé un style de cuisine française traditionnelle contemporaine, mais il sait parfaitement bien user de son nom. Comme un épicier de luxe, il est partout, aux fourneaux et à la caisse. Un jour il a même raconté qu'il avait monté une société dans laquelle Gault et Millau sont entrés et qui a obtenu « de gros contrats, en partie avec Air France ». Dans les années 80, certains chefs lui trouvent déjà un air « affairé ». Rien d'étonnant à cela, Paul Bocuse dispose de contrats publicitaires avec d'innombrables grandes marques. Et surtout la chaîne Daimaru auprès de laquelle il est consultant depuis vingt-cinq ans pour des boulangeries et des boutiques de produits à son effigie dans le pacifique. À partir de 1994, ce sera au tour des bistrots lyonnais, dupliqués aux quatre points cardinaux de la cité des Gones. Aujourd'hui, l'empereur de Collonges, propriétaire d'une auberge à son nom (10 millions d'euros de chiffre d'affaires) et de l'Abbaye (200 banquets annuels, 2 millions d'euros investis), possède également 52 % de ses quatre adresses lyonnaises, Le Nord (2,3 millions d'euros de chiffre d'affaires), le Sud (2,6 millions d'euros), l'Est (3,2 millions) et l'Ouest (3,5 millions de chiffre d'affaires pour 4,6 millions d'euros investis). Il y a également l'Argenson avec l'Olympique lyonnais, l'Ouest Express et le Part Dieu Express, montés avec son associé de toujours, Jean Fleury. L'été 2010, à 84 ans, il cède à un fonds d'investissement une partie du capital de ce groupe de brasseries pour 4 millions d'euros. Mais il reste majoritaire dans cette affaire dont le chiffre d'affaires dépasse 20 millions d'euros, pour 550 000 repas servis en 2009 par une centaine de collaborateurs.

Bocuse, c'est plus de dix-huit établissements dans le monde et une valorisation d'environ 50 millions d'euros, dont 10 millions pour son trois étoiles. Ce qui lui permet de dire : « Aujourd'hui la cuisine appartient aux cuisiniers, ce n'est peut-être pas plus mal, avant elle appartenait aux financiers. » Il a passé des contrats avec Badoit, Rosières, le Savour Club, Staub ou encore William Saurin et Marie. Sur le dossier de presse de ses plats cuisinés, on peut lire sous le slogan « Bocuse, la passion de transmettre » : « Paul Bocuse a lui-même travaillé à l'élaboration et à la mise au point de tous les plats. » Le chef publie également des livres aux États-Unis et au Japon. « Je n'ai plus beaucoup d'années à gagner de l'argent, explique-t-il [1]. J'ai de nombreuses propositions tous les jours, mais je trie. Je suis très cher et très gourmand. » Bocuse est un véritable mastodonte de la

1. Entretien avec l'auteur.

gastronomie. Et, comme tel, pèse lourd. Dans cet océan de royalties et de contrats, ses deux véritables restaurants gastronomiques à Lyon ne représentent qu'une goutte d'eau. Pour obtenir d'autres chiffres, « le grand Paul » recommande d'aller voir sur Internet. Sauf que, constitué en holding, la vérité de ses revenus est impénétrable. Le business du chef se porte bien.

Infatigable, Bocuse est devenu officieusement le grand mamamouchi de la cuisine française. Plus qu'un simple chef, il est le manitou de la cuisine mondiale, grâce à son École des arts culinaires d'Écully, récemment rebaptisée « Institut Paul-Bocuse », largement soutenue par la fondation William Saurin (plus de 1 million d'euros). Cette école, installée dans un parc très chic et qui forme des professionnels « sur les racines de la tradition française », a déjà diplômé des milliers d'étudiants de plus de cinquante pays différents. Moyennant plus de 10 000 euros par an en frais de scolarité, le « château » accueille de plus en plus d'étudiants, même s'il assure que « deux candidatures sur trois sont refusées ». Quatre cents élèves y reçoivent chaque année une formation. Autre instrument de puissance du chef ; les « Bocuse d'Or », concours culinaire international très prestigieux, dont il est à la fois le créateur et le propriétaire. Tous les deux ans, il élit « le meilleur cuisinier du monde », ce qui offre au pape de Collonges des amitiés sur toute la planète et lui permet de garder la haute main sur une belle partie de la jeune garde. Laquelle considère qu'elle doit à Bocuse d'avoir été remarquée ou distinguée dans son concours. Voilà pourquoi de nombreux chefs l'ont pris pour modèle. Une notoriété que le cuisinier de Collonges a fortement contribué à entretenir depuis trente-cinq ans. Doyen vénéré de la cuisine française, il fut le premier à adhérer à son propre mythe, renforcé par une vie personnelle compliquée. À pareille hauteur, plus rien n'atteint la statue.

Les affaires sont les affaires

« Il n'y a guère que 5 chefs, 10 au maximum qui font vraiment du business [1], s'emporte Guy Martin qui a racheté début janvier 2011 son restaurant, le Grand Véfour, après vingt ans à sa tête, preuve que son business marche bien. Parmi les autres, il y en a beaucoup qui rament. Heureusement qu'il y a ce business extérieur qui maintient la maison mère. Au fond, c'est tant mieux. C'est tellement français de critiquer les gens qui réussissent. » Parmi les restaurateurs étoilés, seule une vingtaine a accès à la plus haute distinction et une poignée à la célébrité et à l'argent. Dans les restaurants gastronomiques, les marges sont très faibles, elles tournent entre 2 et 5 % selon les maisons. Au Carré des Feuillants, à Paris, Alain Dutournier évoque, lui, « une marge bénéficiaire de quelques euros par plat [...], compte tenu des charges fixes [2] ». Ce sont surtout les investissements qui plombent les comptes et font grimper les additions : il faut bien payer la folie des grandeurs. Gagnaire, Loiseau, Veyrat sont de ceux qui ont investi plusieurs millions d'euros pour transformer, rénover, moderniser, agrandir souvent luxueusement leurs établissements. Mais à quel prix ? La banqueroute pour l'un, la mort pour l'autre, la fatigue physique pour le troisième. Les difficultés en terme d'exploitation sont donc réelles, quel que soit le talent du chef.

En 1996, la faillite de l'audacieux Pierre Gagnaire à Saint-Étienne a été une première : pourtant plein, son restaurant était structurellement déficitaire, compte tenu des investissements colossaux réalisés pour obtenir les trois étoiles. L'affaire a fait grand bruit et Gagnaire, qui, depuis,

1. Entretien avec l'auteur.
2. Entretien avec l'auteur.

a accepté d'aller « là ou était l'argent », c'est-à-dire à Paris, connaît un succès qui ne se dément pas. Le chef, qui a également fait quelques concessions à la publicité, comme pour la société De Dietrich à laquelle il prête son image, dispose désormais d'un restaurant à son nom rue Balzac, ainsi que de nombreuses tables à Tokyo, Dubaï ou ailleurs : « Un marchand de parapluies doit choisir la ville la plus arrosée, puis la rue où il y a le plus de magasins et enfin la partie de la rue où il y a le plus de marchands de parapluies. L'emplacement... plus que jamais, c'est la règle de notre métier ». Gagnaire ne veut d'ailleurs plus entendre parler de Saint... L'homme a été fortement marqué par la faillite de son restaurant au décor pharaonique. Une pression fruit « de la combinaison du commerce et de l'art ».

Comme lui, de nombreux restaurateurs connaissent ou ont connu de très sérieuses difficultés financières. Car, comme la haute couture, la haute gastronomie paie peu ou mal. « En province on investit beaucoup pour faire venir des clients [1] », reconnaissait Marc Veyrat, désormais orphelin de toutes ses adresses. Il y a en effet un monde entre Paris et la province. Les hommes d'affaires sont moins légion à l'heure du déjeuner du côté de Saulieu ou de Saint-Étienne, alors que les repas sur notes de frais réalisent un pourcentage non négligeable du chiffre d'affaires des tables de la capitale. Pour André Daguin, aujourd'hui à la retraite, « être propriétaire du fonds de commerce n'est d'ailleurs pas confortable [2]. Je suis beaucoup plus tranquille aujourd'hui, après avoir revendu mon fonds, que quand j'y étais. Ça paraît peut-être la solution la plus simple, mais c'est la plus difficile à assumer ».

En refusant d'accorder de petits prêts à des restaurateurs indépendants mais artisanaux et en leur préférant de grands

1. Entretien avec l'auteur.
2. Entretien avec l'auteur.

projets à la Loiseau, les banques ont aussi poussé nombre de chefs à se développer dans la surenchère. « De toute façon, renchérit Daguin, Il vaut mieux devoir à un banquier 10 ou 15 millions d'euros que 1 ou 2 [1]. » Il est en effet plus confortable pour une banque de se dire qu'il prête de l'argent à une multinationale de l'agroalimentaire en gestation qu'à un restaurateur de quartier. L'ambition des cuisiniers a accompagné cette stratégie.

Loiseau, le roi du marketing

Pas étonnant en tout cas que Bernard Loiseau et son épouse Dominique aient dans les années 90 réorienté leur stratégie pour développer leur Relais&Châteaux : « Avoir trois étoiles ne résout pas tout [2], explique Dominique Loiseau. Construire un Relais&Châteaux était indispensable, c'était la base. Mais il fallait de l'argent, et Bernard a eu des soucis financiers. On mettait tout dans les travaux. » Alors le couple avance étape par étape. La première tranche est complétée en 2000. Pour ce faire, Bernard Loiseau fait un emprunt. Tous les six mois, ses créanciers lui font passer un contrôle de santé. Car il y avait beaucoup de remboursements, trop, selon certains connaisseurs de la maison. « Faux, rétorque Dominique Loiseau, c'est comme quand quelqu'un achète un appartement. Si la banque vous prête, c'est qu'elle pense que vous pouvez rembourser [3]. » Mais pour entrer en bourse, seule façon de sortir de l'engrenage des prêts, il fallait autre chose. Avoir un hôtel restaurant qui fonctionne, c'est bien, mais ça ne donne pas une dimension

1. Entretien avec l'auteur.
2. Entretien avec l'auteur.
3. Entretien avec l'auteur.

industrielle à l'affaire. Qu'à cela ne tienne, pour Bernard Loiseau, la chose est vite entendue : pour étoffer son « groupe » et faire avancer son projet, il rachète coup sur coup trois restaurants à Paris qu'il transforme en brasseries haut de gamme. Des anciens de chez lui y feront la cuisine, son second se rendra à Paris une fois par semaine et le tour est joué. Dominique Loiseau confirme : « Paris, ce n'était pas vraiment un gros souci, il faisait tout faire faire à d'autres [1]. Il ne s'obligeait pas à un aller-retour par semaine. Il s'est bien dégagé de tout ça. » Et tant pis pour ceux qui croyaient naïvement que le chef venait de temps en temps en cuisine ou qu'on y mangeait la même chose qu'à Saulieu.

Un restaurant gastronomique, un Relais&Châteaux, des boutiques de produits dérivés (CD-Rom, textiles, arts de la table, parfums, vins, épicerie), trois bistrots à Paris, des plats sous vide et des contrats en or, le tout couronné par une introduction en bourse du cuisinier en 1998... Il y a bien un système Loiseau, un royaume, même. Et il était bien rodé. Seul problème, il a toujours reposé sur les épaules d'un seul homme. « Je suis le seul cuisinier au monde à être côté en bourse », disait Bernard Loiseau. « Tout est pensé, calculé. [...]. Je suis comme Yves Saint Laurent. » Pour lui, il fallait que tout aille vite, et surtout plus haut que Bocuse, son modèle. En 1982, Bernard Loiseau rachète le fonds de commerce de l'hôtel-restaurant la Côte d'or dont il est directeur depuis 1975. En 1985, il annexe l'établissement mitoyen, refait tout, rénove, s'agrandit, avec trente chambres et suites luxueuses supplémentaires. Plus tard, ce sera la piscine extérieure et le spa. En tout plus de 11 millions d'euros ont été investis pour en faire l'un des huit relais et châteaux les mieux classés de France. Pourquoi ? « Le *Guide Relais&Châteaux*, c'est deux tiers d'étrangers en plus », fait remarquer Dominique Loiseau. C'est

1. Entretien avec l'auteur.

bien pour ça que le but de son mari était de faire de cet ancien relais de poste « un petit bijou », très luxueux et donc très rentable.

Et ça a marché. Le groupe Loiseau réalise bon an mal an 8 millions d'euros de marge brute, soit 77 % du chiffre d'affaires, des performances rarement égalées dans ce secteur d'activité. Ceci alors que le restaurant gastronomique totalisait 3 millions d'euros de chiffre d'affaires pour 25 000 couverts par an à un prix moyen de 130 euros.

La clé de cette réussite ? Une audacieuse stratégie de diversification, sur les pas de Bocuse, un business aux nombreuses ramifications. Mais Dominique Loiseau refuse de parler de son mari en ces termes : « Le rôle d'aubergiste lui convenait bien [1]. Ce n'était pas un businessman. Il ne préparait jamais rien, jamais une note pour une réunion, un speech pour le conseil d'administration. C'était quelqu'un de simple et un aubergiste dans l'âme. Il était dans la vérité. » Mais dans les chiffres aussi… Ceci notamment grâce à des contrats qui reposaient entièrement sur le chef et la notoriété due à ses trois étoiles : du conseil pour Unilever, géant mondial de l'agroalimentaire et pour la carte des vins du Savour Club, de la vente par correspondance avec les Trois Suisses, ou encore de la publicité pour Royco (Unilever) – qui lui a rapporté 450 000 euros –, et pour la mayonnaise Bénédicta. Sans oublier la formation pour le compte du groupe hôtelier Suisse Manotel, qui, avec « un ambitieux partenariat basé sur le conseil en restauration », représente près de 10 % du chiffre d'affaires total de la machine à cash mise en place par Loiseau. Cerise sur le gâteau, un contrat en or avec Agis, pour des plats cuisinés sous vide au nom du chef de Saulieu. Le contrat, de la conception des recettes au tournage des publicités, lui

1. Entretien avec l'auteur.

aurait rapporté plus de 3 millions d'euros. Pas étonnant, le nombre d'unités vendues ne cessait de croître, pour dépasser les 4 millions dès le début des années 2000. Une affaire initiée au printemps 1998. Alors invité du journal télévisé de France 2, Bernard Loiseau avait profité de la tribune qui lui était offerte pour lancer un véritable appel d'offres en direct aux fabricants de plats cuisinés, comme s'il s'agissait d'un téléachat. Résultat, les candidats se sont bousculés au portillon. De quoi assurer des revenus confortables au maître de Saulieu, plusieurs centaines de milliers d'euros chaque année. Il n'y a pas de quoi cracher dans la soupe, fût-elle en sachet ! Loiseau avait aussi signé avec sa femme Dominique une chronique dominicale dans *Le Journal du dimanche* et une émission hebdomadaire sur RTL ou encore vendu sa licence pour l'ouverture d'une Côte d'or à Kobé, au Japon. Ce qui ne l'empêchait pas d'affirmer en octobre 2002 : « Si je perds une étoile Michelin, je n'ai plus qu'à "me faire Vatel". Avec mes différentes activités, j'ai souvent l'impression d'être un funambule avec des gens armés de ciseaux et prêts à couper le fil sous mes pieds. »

Plus de sept ans après le décès tragique du fondateur, La Côte d'Or vivote. La photo du maître est partout. Une chose est sûre, Dominique Loiseau ne perd pas le nord : « On était obligé de continuer. La question ne s'est même pas posée [1] », confie-t-elle. À défaut de pouvoir ressusciter son mari, elle veut continuer à lui donner vie, en faisant comme il lui a appris, « contre mauvaise fortune, bon cœur ». Forcément, quand on a sacrifié sa vie, ses amis, son temps libre, ses enfants et son train de vie pour assurer la pérennité de son entreprise, la seule chose qui compte c'est de continuer, coûte que coûte. De toute façon, impossible d'arrêter une locomotive lancée en vitesse de croisière, sa

1. Entretien avec l'auteur.

force d'inertie est trop grande. Pas un seul moment Dominique Loiseau, qui assure que son mari lui « dicte ce qu'il faut faire », n'a pensé quitter la Côte d'or, qu'elle a rebaptisée depuis Relais Bernard Loiseau, pour capitaliser sur le nom de son célèbre mari. L'inverse donc, de la stratégie habilement menée ces dernières années pour rassurer les investisseurs, inquiets que le groupe ne repose que sur une seule personne. Le projet de Dominique Loiseau n'est pas de faire du Loiseau sans Loiseau, mais de développer le Relais&Châteaux qu'elle juge « très viable ». Le problème, c'est que tout semble dire le contraire : difficile d'accès, Saulieu est avant tout une étape gastronomique. Les clients venaient pour le restaurant et Bernard Loiseau. Séduits, certains y faisaient étape. L'établissement est certes luxueux, mais il est isolé et n'a pas de parc. Le jardin est petit, la piscine aussi, il ne sera donc jamais un lieu de villégiature prolongée. Jusqu'à présent, le restaurant Bernard Loiseau drainait la clientèle pour l'hôtel. Dominique Loiseau a tout fait pour allonger la durée des nuitées. La moyenne des séjours était de 1,2 jour il y a quinze ans et elle s'établit aujourd'hui près du double grâce à des chambres luxueusement aménagées et d'un « modeste » spa qui a coûté plus de 450 000 euros.

Aujourd'hui, sa veuve a toujours trois étoiles et a même reçu en mars 2010 une étoile pour son établissement secondaire, Loiseau des vignes, ouvert à Beaune. Son chiffre d'affaires est en augmentation de 16 % et, même mort, Bernard Loiseau continue de signer des opérations de consulting et des partenariats au Japon !

Touche pas au grisbi

On l'a vu, les besoins en cash de la haute gastronomie française, qui vont de pair avec l'ambition des cuisiniers, ont été croissants depuis vingt ans. Dès lors, la cuisine n'a pas seulement aiguisé l'appétit des maisons d'édition et des ménagères : celui des financiers également. Souvent, les banques se sont révélées insuffisantes pour subvenir aux problèmes rencontrés par les chefs. Les chiffres confirment une crise réelle. Rares sont ceux qui, à l'instar du génial espagnol Ferran Adria pourraient dire : « Si je voulais, je pourrais ajouter un zéro à l'addition, le restaurant serait toujours plein. » S'il ne l'a d'ailleurs pas fait, c'est que son entreprise est tout entière financée par l'industrie agro-alimentaire. En tout, une vingtaine de partenaires publicitaires pour développer des produits de la grande distribution, des plats surgelés, ainsi que de la restauration rapide à Madrid. Adria a même décidé pour le moment de fermer son restaurant, comme Robuchon il y a quelques années... Comble d'une certaine réussite, le catalan n'en a désormais plus besoin pour exister.

Si, après des années difficiles, les trois étoiles s'en sortent encore, c'est que la plupart des maisons sont devenues propriété de grands groupes ou d'investisseurs. Il y a encore quinze ans, un restaurant majeur pouvait trouver des financements privés qui lui permettaient de durer quelques années, suffisamment en tout cas pour attirer clients et critiques : Groupe Accor, Groupe Taittinger, Elior, Champagne Vranken... Bien qu'ils s'en défendent, les chefs qui appartiennent à ces groupes ne sont pas propriétaires de leurs murs et parfois même pas du fonds de commerce : une situation délicate à vivre que de devoir assurer le meilleur service, peu rentable, tout en assumant une gestion optimale vis-à-vis de leur patron et actionnaire. Financiers, grands capitalistes, industriels de l'agroalimentaire, vedettes, nombreux sont ceux qui coiffent des grandes toques. Pour des intérêts divers, image, prestige ou tactique. Guy Martin, longtemps salarié d'un groupe qui appartenait à la famille Taittinger, s'en satisfaisait très bien : « Être comme moi dans un grand groupe, ça apporte une grande liberté [1]. On n'est pas chez soi, donc on n'a pas le problème de revendre le jour où on veut s'en aller. Et quand on est dans une société comme Concorde, il y a une assise au niveau de la trésorerie, si des investissements sont nécessaires, ils seront faits, la direction générale vous suit, en plus c'est un groupe familial. Là, ça marche, ça fonctionne très bien avec mes 42 employés. On fait à peu près 20 millions de francs de chiffre d'affaires. C'est une petite maison, pas une multinationale. » Cela ne l'a pas empêché de changer d'avis en devenant entrepreneur. Ce n'est pas Alain Senderens qui dira le contraire, lui qui au bord du dépôt de bilan en 1998, a racheté avec les champagnes Vranken son restaurant aux Japonais, avant, quelques années plus tard, d'abandonner la course aux étoiles. Incarnation jadis idolâtrée de la Nouvelle Cuisine, Senderens, aujourd'hui à la tête d'un restaurant qui porte son nom (et qui a quand même deux étoiles) baptisé par certains le « révolutionnaire institutionnel » exerce pourtant depuis vingt ans des activités de consulting chez Carrefour pour qui il crée plus de dix nouveaux plats cuisinés par an. Ses voyages réguliers au restaurant du Sofitel de Lyon, les Trois Dômes, dont il est « conseiller culinaire », ou auprès du groupe de restauration branchée suisse Arthur's, lui rapportent beaucoup plus d'argent que tout le reste, restaurant compris. Aujourd'hui à la retraite, Gérard Boyer (ex-les Crayères, Reims) qui avait dû recourir aux champagnes Pommery (propriétaires à 70 %) puis à Danone pour l'aider à acquérir sa « folie » et à la développer ne le contredira pas. Une liberté qui a un prix selon Flora Mikula, actuellement à la recherche d'une nouvelle adresse parisienne : « Il n'y a pas que les grands

1. Entretien avec l'auteur.

groupes qui la permettent, la preuve [1]. Si je devais un jour aller travailler pour un grand groupe hôtelier, ce serait un échec total. Je crois vraiment à l'avenir de la restauration indépendante. Si je me plante ici ou avec un autre, je suis prête à prendre la fuite et à remonter autre chose ailleurs. Je ne pourrai pas rester sur un échec, je serais vraiment mal. Aller travailler pour quelqu'un, c'est bien beau, mais dès qu'il s'agit de pognon, on est plus maître chez soi. »

Mécènes ou actionnaires ont pris sous leur aile un artiste que la crise économique contrariait. En tête, les chaînes hôtelières ou les groupes de restauration collective qui s'offrent à peu de frais une « danseuse », aussi prestigieuse qu'utile en termes d'image et de communication. De gros groupes comme Vivendi et sa filiale CGIS, depuis revendue à Accor, ont eu jusqu'à 11 restaurants et 50 hôtels. Engager de grands chefs connus comme ce fut le cas pour Alain Ducasse au Plaza Athénée il y a dix ans, ou plus récemment pour Yannick Alléno, permet de doper l'hôtellerie ou la fréquentation de tel ou tel site. « À l'avenir, regrette André Daguin, les restaurants étoilés devront s'adosser aux palaces, aux grandes chaînes thermales. Les grands chefs indépendants sont une espèce en voie de disparition ». Mais, au fond, la plupart du temps, ils n'ont pas leur mot à dire, ce sont les patrons des groupes auxquels ils appartiennent qui décident. Le cuisinier devient un salarié presque lambda, avec des obligations à remplir, une rentabilité à fournir et une gestion qui n'a rien à voir avec la grande restauration traditionnelle. L'argent prend le pas sur la création, la financiarisation de la cuisine est en marche. Jean-Claude Marcel, auteur de *La Sale Bouffe*, confirme : « L'agroalimentaire [...] condamne les cuisiniers indépendants à se satisfaire de devenir des salariés dociles et impuissants de l'industrie [2]. »

1. Entretien avec l'auteur.
2. *La Sale Bouffe*, Jean-Claude Marcel, Barrault, 1990.

C'est ce qui s'est semble-t-il passé lorsque la nouvelle directrice générale de l'hôtel Crillon à Paris a décidé il y a quelques années de remplacer le chef de son restaurant, témoigne alors un des candidats qui avait été approché : « Ils avaient vu tout le monde, des semaines durant. Je savais que je tenais la corde, mais en dernier recours, c'était Albert Frère, le milliardaire belge premier actionnaire du groupe, qui décidait. » Dans les groupes, seul le propriétaire parle. « Le restaurant c'est le seul moyen de faire parler d'un hôtel [1], explique un conseil en communication qui souhaite rester anonyme. Pour les grands hôtels, l'actualité et la notoriété à un instant du chef est le principal vecteur de communication. C'est une des raisons pour lesquelles les groupes ont longtemps toléré des restaurants gastronomiques déficitaires. La rentabilité des principaux gastros des grands hôtels n'est plus une priorité. Tant mieux car ça coûte toujours une petite fortune. Pour les propriétaires, il n'y a que les étoiles qui comptent. »

Ces derniers mois, les transferts allaient bon train à Paris. Un vrai jeu de bonneteau, comme en 2008 au Trianon Palace à Versailles, Gordon Ramsay, célèbre chef anglais multi-étoilé à travers le monde, avait pris la succession de Gérard Vié sur le déclin. Au printemps 2010, plusieurs mois avant l'ouverture du nouveau palace parisien le Mandarin Oriental, ses promoteurs ont communiqué sur l'événement que représentait l'arrivée de Thierry Marx, 2 étoiles à Cordeillan-Bages, recruté pour tenir le restaurant de l'hôtel. Philippe Labbé, chef à la Chèvre d'or à Eze, a rejoint en 2009 l'équipe du nouveau Shangri-La de la capitale. Au Royal Monceau, on ne lésine pas sur les moyens : Laurent André pour la Cuisine, Roberto Rispoli pour le Carpaccio, et Pierre Hermé pour les desserts. C'est dire si

1. Entretien avec l'auteur.

l'affaire a son importance. Au Park Hyatt Paris-Vendôme, on compte par exemple beaucoup sur le chef, Jean-François Rouquette, apprécié des rédactrices de la presse féminine et des journalistes gastronomiques, pour faire parler de l'hôtel dans le monde entier. « Les grands groupes en jouent, confirme François Simon. Ils engagent les chefs les plus en vue comme des *boosters* pour leur activité. »

Une chose est sûre, ceux qui sont aujourd'hui la propriété de grands groupes doivent faire du profit à court ou à moyen terme. Michel del Burgo, l'ancien chef de Taillevent, savait ce qu'il disait lorsqu'il parlait il y a déjà dix ans des investisseurs du secteur : « Juste parce qu'ils ont des millions, ils pensent qu'ils connaissent parfaitement le business. » Mais il ne s'attendait sans doute pas à connaître pareils déboires. Auparavant, il avait été appelé par le propriétaire de la Bastide de Gordes, Jean Mazet. Del Burgo s'est installé sur place et déménagé de Paris une partie de sa brigade, avant de constater des divergences insurmontables entre ses vues et celles du propriétaire de cet hôtel-restaurant provençal. Résultat, il a dû quitter les lieux après quelques mois à peine.

Ce type de divergences entre le propriétaire d'un établissement et son chef est fréquent. À Lyon, le chef étoilé Nicolas Le Bec était il y a quelques années encore gérant salarié de son établissement dont les murs appartenant à la famille Sibuet [1]. Il a fermé presque du jour au lendemain. « C'est un courrier qui lui a appris la nouvelle. » Dans un communiqué, le propriétaire a fait état d'une « vision non partagée sur la gestion de la restauration », souhaitant axer la gastronomie sur le snack et les séminaires, « tout cela étant difficilement compatible avec la stratégie de haute

1. Compagnie des hôtels de montagne, présente à Megève, Saint-Tropez et Ménerbes.

gastronomie et le produit élitiste mis en place par Nicolas Le Bec ». Frais de personnel, achats de produits haut de gamme ont obéré la rentabilité du restaurant, en perte, alors que le bar et la cafétéria rapportent de l'argent : « Il s'agit du problème économique d'un ensemble », résumait à l'époque Georges-Eric Tischker, alors gérant de la Cour des Loges. Une vision que ne partage pas le jeune chef : « L'affaire était bénéficiaire avec un chiffre d'affaires de 3,05 millions d'euros, et nous travaillions à guichets fermés tous les soirs [...] Je ne me sens pas responsable de la rupture du contrat. » Depuis, Nicolas Le Bec a ouvert son propre restaurant à Lyon, « une maison d'amis avec le respect du client », qui affiche deux étoiles, ainsi qu'un second établissement, Rue Le Bec, un complexe de haute gastronomie. La haute cuisine est devenue un sport commercial à l'instar du football et de la Formule 1, les mercato vont bon train, saison après saison. Voilà qui en dit aussi long sur les rapports entre les chefs et les propriétaires, qu'ils soient ou non hôteliers.

La mondialisation gastronomique

Poser la question de l'argent de la cuisine, c'est inévitablement poser celle du statut du cuisinier, qu'il soit restaurateur indépendant, gérant salarié, simple salarié ou consultant. Entre eux, sur ces sujets, les chefs sont en effet impitoyables. Notamment entre les propriétaires en noms propres, de plus en plus rares, et les autres : « Pierre Gagnaire est employé [1]. Bernard, lui, quand il est arrivé à Saulieu, la maison était en décrépitude, remarque Dominique Loiseau. Personne en France n'avait mis la barre aussi

1. Entretien avec l'auteur.

haute. Tenez, Ducasse, il n'est propriétaire de rien, il est salarié partout. Même la Bastide à Moustiers, dont on dit qu'il en est propriétaire, je serais curieuse d'en avoir la preuve. Nous, on a essayé d'être bons partout. »

Homme d'affaires pointilleux, et plus riche cuisinier français après Bocuse, Alain Ducasse a en effet une recette : sous contrat de salarié ou de consultant avec des groupes hôteliers de par le monde, il développe ses restaurants sans débourser un centime, dans l'enceinte de palaces de renommée internationale : Hôtel de Paris à Monaco, Plaza Athénée à Paris, San Regis à New York, mais aussi Saint-Géran à l'île Maurice, ou Dorchester à Londres, Hong Kong, des bistrots, des brasseries, des boulangépiceries. Un véritable empire mégalomaniaque. En tout, près de 29 établissements et 19 étoiles Michelin, avec 1 600 salariés. « On fait à manger de 7,50 euros à 300 euros, en passant par quelques dollars et quelques livres, puisque nous avons quelques établissements à l'étranger [1]. »

Alain Ducasse fut un pionnier en matière de relations contractuelles entre un cuisinier et ses patrons, inaugurant un nouveau genre de collaboration mondialisée. Le contrat est simple : le propriétaire gère son hôtel et amène des clients, Ducasse s'occupe du restaurant où il les soigne aux petits oignons et encaisse les additions. Alain Ducasse peut ainsi travailler concomitamment ou successivement avec les plus grands groupes hôteliers du monde comme Accor, la Société des Bains de Mer, Raffles International ou Sun International.

Ducasse est rarement présent aux fourneaux et n'en fait pas mystère. « Enzo Ferrari ne vissait pas tous les boulons de ses Ferrari [2] », répond-il crânement à ses détracteurs qui

1. *On va déguster*, France Inter, 28 août 2010.
2. Entretien avec l'auteur.

le lui reprochent. Car l'homme a réponse à tout. Propriétaire de la chaîne Châteaux et Hôtels Collection, de deux écoles de cuisine, Alain Ducasse a amassé au cours de sa carrière une immense fortune qu'il a soigneusement mise à l'abri des curieux avec l'aide de Laurent Plantier, son conseiller et homme d'affaires, via une myriade de sociétés à travers le monde. Classé en 2010 quatre-vingt-quatorzième au rang des personnalités les plus influentes par le magazine américain *Forbes*, Ducasse est, selon le magazine, le cinquième chef le mieux payé au monde, avec 5 millions de dollars de revenus personnels annuels [1]. Encore loin, très loin du Californien Wolfgang Puck dont l'empire fait tomber dans ses poches plus de 16 millions de dollars par an.

Une part prépondérante de la gastronomie mondiale est aux mains des colosses de l'hôtellerie de luxe. Starwood, Jumeirah, Dorchester, Four Season's, Hyatt, Taj, Mandarin Oriental, Shangri-La, Peninsula, voici les concurrents qui s'arrachent les chefs étoilés à coups de contrats mirobolants dans un combat certes feutré, mais pourtant sans merci. Des géants dont les chiffres d'affaires se mesurent en milliards d'euros et dont les actionnaires – souvent des fonds de pension – réclament chaque année leur part de bénéfices et de dividendes au profit des retraités de Californie ou d'Australie. Des monstres froids, gourmands, suffisamment puissants pour investir dans des palaces, moins rentables certes, que l'hôtellerie économique à court terme, mais tellement plus prestigieux, et qui présentent de réelles potentialités de plus values à long terme. Propriétaires des fonds de commerce et des murs, capables de supporter les travaux titanesques régulièrement nécessaires au maintien de pareils établissements, ils font appel à des chefs comme Alain Ducasse pour faire briller leur enseigne au firmament

1. *Forbes*, 8 août 2008.

de l'hôtellerie mondiale, devenu un marché compétitif global. Pas de palace sans grand chef.

Il ne s'agit plus seulement de faire venir pour une quinzaine française tel ou tel chef comme dans les années 70, mais de s'offrir durablement la signature de l'un ou de l'autre avec de mirifiques contrats de « consulting » à la clé. À Las Vegas ou à Macau, pour remplir les casinos, les magnats du jeu veulent leur Ducasse, leur Atelier Robuchon ; dans les quartiers les plus huppés de Tokyo, on s'arrache Pierre Gagnaire ou Michel Troisgros. Mais les chefs qui ont les premiers compris l'émergence d'une cuisine mondialisée de qualité ne sont pas français, ils sont américains : Daniel Boulud et Jean-Georges Vongerichten. Formé chez Haeberlin en Alsace, Jean-Georges, comme il se fait appeler, a créé dans les années 90 un style fusion franco-asiatique qu'il vend de New York à Bora-Bora, en passant par Shanghai, Las Vegas et même Paris. Et, bien entendu, comme il ne peut être dans tous les endroits à la fois, il forme les managers, fournit aux investisseurs des menus qu'il compose et garantit leur exécution à sa sauce, comme s'il était là, en cuisine, chaque soir. De la gastronomie ? « C'est d'abord un business, note une de ses responsables. C'est avant tout une histoire de rentabilité. À Las Vegas, par exemple, nous devons réaliser plus de 27 000 euros de chiffre d'affaires par jour pour commencer à trouver une rentabilité [1]. »

Cette mondialisation, contrainte et de plus en plus forte, menaçant leurs intérêts, les chefs français, longtemps recroquevillés sur leur terroir, ont fini par suivre le mouvement. Ils ont mis près de vingt ans à comprendre qu'ils devaient aller vers le monde, puisque le monde n'allait plus à eux. Non pour défendre l'image de la cuisine française, mais bien leurs intérêts financiers propres. Un retard comblé à

1. *Les Cuisiniers et les Étoiles*, Arte, 26 septembre 2010.

vitesse accélérée. Ces dernières années, les ouvertures se sont multipliées : Gagnaire, après avoir longtemps résisté aux sirènes, s'est lancé coup sur coup à Londres, Tokyo, Hong Kong, Courchevel et Las Vegas. Mais contrairement aux Guy Savoy, Robuchon, Bocuse ou Ducasse, les Pourcel par exemple ont du mal à placer leurs chefs durablement. Ces derniers (deux étoiles au Jardin des sens à Montpellier) ont essaimé à Bangkok, à Dubaï ou encore à Shanghai, multipliant les ouvertures, les contrats… et les fermetures. Car cette mondialisation a des incidences sur le fonctionnement des entreprises : soit elle est structurée à la manière du big boss Ducasse, et alors les signatures de partenariats s'avèrent durables, soit les lendemains se révèlent plus douloureux. Il y a beaucoup de casse. Dans cette surenchère, les exigences sont bien souvent celles de la rentabilité. Pas celles de la haute gastronomie française.

Le chef 2.0

Paradoxalement, alors que l'horizon gastronomique contemporain paraît bien bouché et occupé par ces parrains qui trustent les tables étoilées, les plateaux télé et les rez-de-chaussée de tous les grands hôtels de la planète, une nouvelle génération est arrivée aux manettes ces dix dernières années. Celle qui a reçu la Nouvelle Cuisine et les fast-foods en héritage, qui zappe et vit avec son temps. Mais pas question de faire du jeunisme à tous crins et d'expédier les maîtres dans des boîtes en sapin. Les cuisiniers d'aujourd'hui et de demain ont un état d'esprit d'entrepreneur, au sens où ils s'investissent, prennent des paris et des risques, à la fois économiquement et gastronomiquement parlant. Ils ont le business dans les gènes. Question de survie. Yannick Alléno, chef trois étoiles du Meurice à Paris, nommé « chef le plus sexy de l'année » de 2009, a ainsi créé il y a deux ans Groupe Yannick Alléno, une structure qui « a vocation à diffuser les concepts et produits signés par le chef en France et à l'étranger ». Autour de son nom, devenu une marque, Alléno commercialise son savoir-faire, ses créations et son management à travers le monde. « Pour cela, j'ai créé le principe de Simple Table, qui revisite les standards de la gastronomie. L'idée était de bousculer les codes avec une gastronomie accessible, moderne, adaptée à la clientèle d'aujourd'hui, tout en étant fidèle aux valeurs traditionnelles [1]. » Yannick Alléno a essaimé à Courchevel, au Royal Mansour à Marrakech ou encore au One&Only The Palm, le dernier né des palaces de Dubaï ; parallèlement l'une de ses sociétés multiplie les contrats de *catering*, comme à Beyrouth. L'étoilée parisienne Hélène Darroze, elle, s'est vu offrir une adresse londonienne, au Connaught, dès lors qu'elle a obtenu deux étoiles à Paris. Mais à force de faire des publicités pour la bière Leffe et de passer son temps dans l'Eurostar, Hélène Darroze a perdu son second macaron à Paris. Verdict du Michelin : elle a délaissé sa table parisienne. Dernièrement, Jean-Pierre Vigato, le chef deux étoiles d'Apicius à Paris, par ailleurs conseiller des Yachts de Paris et de l'hôtel La Mamounia à Marrakech, est monté à bord du Paul Gauguin, un navire de croisière pour lequel il a élaboré de nouvelles cartes et formé les cuisiniers.

C'est pour toute la nouvelle génération une évidence : derrière l'aspect artisanal de la haute cuisine, il y a 80 % de business. Parler de beau geste ou de beau produit, décrocher des étoiles ne suffit plus. Il convient de soigner l'influence et sortir de sa cuisine, monter sur les planches et faire son numéro, multiplier les contrats, les partenaires. Après avoir longtemps mariné dans les arrière-cuisines, les

1. Entretien avec l'auteur.

nouveaux chefs sont encore plus boulimiques que leurs aînés. « Je travaille depuis que j'ai 14 ans 18 heures par jour, a coutume de dire Yannick Alléno. Les anciens ne nous ont pas laissé la place, alors maintenant qu'on est là [1]... » Certes, ils n'ont pas encore la main sur tout, comme leurs aînés, mais en attendant ils ramassent de jolies miettes. Jeune chef talentueux de Dijon, incarnation de la dynamique nouvelle « nouvelle » génération, David Zuddas a même rendu son étoile Michelin en juin 2008 pour se consacrer à une cantine pop chic à Dijon et à de multiples « piges » culinaires dans diverses manifestations. Un virage à 180 degrés, hypermoderne, mais très intéressé, car, en devenant consultant culinaire et en lançant un service traiteur, DZ Events, Zuddas devient davantage entrepreneur que véritablement cuisinier.

Gilles Choukroun, autre membre de cette génération pas vraiment spontanée, longtemps la coqueluche des journalistes gastronomiques, a lui aussi laissé tomber les étoiles pour multiplier les projets et le conseil, à Marrakech et dans le monde entier. Avant de reconnaître qu'il s'était oublié, un peu perdu, et de rouvrir une adresse bien à lui à Paris, où il renoue avec la haute cuisine. D'autres s'activent publicitairement pour des marques de fours ou de produits ménagers en négligeant leur métier de base. Même le grand Jean-François Piège, encore il y a peu aux manettes du Plaza Athénée puis du Crillon, a envoyé valser les étoiles pour s'associer avec les Costes. Les jeunes chefs occupent donc le terrain, mais plus dans le champ médiatico-financier que sur le plan gastronomique. Consulting, éditing, démonstrations... Les cuisiniers y sont rémunérés pour leurs apparitions et leurs participations à des ateliers, et n'oublient jamais, lors des barbecues du grand Fooding® d'été, de

1. Entretien avec l'auteur.

repartir avec leur appareil. Mais ce n'est rien à côté des grands gagnants de la décennie 2000, les petits chimistes de la cuisine moléculaire.

Les « fous dingues » moléculaires

Au début des années 2000, un curieux mouvement part à l'assaut de la gastronomie mondiale, « la cuisine moléculaire », élaborée à partir des travaux de deux scientifiques : Nicholas Kurti et Hervé This. Que je te gélifie à base d'agar-agar, ou d'additifs plus ou moins naturels, que je te vaporise une brume de fraise, que je te cuise à base pression... On a vu des savants fous, comme l'Anglais Heston Blumenthal ou l'Espagnol Ferran Adria se livrer à de fort curieuses expériences au nom de la modernité, modifiant génétiquement la haute gastronomie pour en faire un spectacle précieux et parfois ridicule. Ce « label », dont l'heure de gloire est désormais en phase d'éclipse, relève davantage du mouvement scientifiste curieux d'explorer les possibilités gustatives des aliments et la densité de leur matière que du réel sacerdoce gastronomique. Le principe en est simple : réduire en pipettes, fumées, bulles et textures obtenues sous azote dans des froids extrêmes, les plats traditionnels de la cuisine. Voilà en tout cas Adria et Blumenthal propulsés chefs de file d'une nouvelle avant-garde culinaire.

Et tous de suivre, comme les souris le joueur de flûte. En 2003, Arthur Lubow, éminent journaliste du *New York Times*, signe dans le supplément du week-end de l'influent quotidien américain un long papier à la gloire de Ferran Adria, le magicien de Cadaqués. « L'Espagne détrône une France engourdie sur son piédestal [1]. » Dès lors le monde

1. *New York Times*, 10 août 2003.

entier fait la queue pour obtenir une table chez le Catalan. La liste d'attente s'allonge. Alors qu'il ne peut servir que 8 000 couverts dans son restaurant El Bulli à Cadaqués, voici que plus de 2 millions de personnes se manifestent. Il faut des années d'attente pour obtenir une table... Un vrai plan marketing basé sur la pénurie. Les industriels se pressent au portillon, des sponsors s'offrent des contrats publicitaires, des livres en pagaille...

En 2004, voyant les proportions prises par le mouvement, Adria publie un communiqué dans lequel il refuse de se laisser réduire à la cuisine moléculaire. Façon de se désolidariser d'un mouvement qui a pris une ampleur mondiale. Trop tard. « Pour en revenir à mon rôle supposé de pionnier de la gastronomie moléculaire, celle-ci n'est rien d'autre qu'une grande opération marketing planifiée et ne désigne aucune forme culinaire précise [1]. »

En 2005, une dépêche suffit à mettre le monde de la gastronomie en ébullition : Ferran Adria obtient la première place du classement des meilleurs restaurants du monde, orchestré par le magazine anglais *Restaurant*. L'information met « officiellement » fin à trois siècles de domination de la cuisine française et permet au business Adria de tourner à plein. Tant et si bien qu'en février 2009 il annonce la fermeture d'El Bulli : « On ne servira pas de repas à El Bulli en 2012 et 2013 [2]. » Ceci au motif que la charge de travail ne lui permet plus de créer. El Bulli n'était déjà ouvert que six mois par an, le soir seulement...

La vérité est bien plus terre à terre, une sombre histoire d'associés et d'héritage, puisque les fils d'un associé malade d'Adria le soupçonnent d'avoir dissimulé bénéfices et activités de conseil, ce qu'il conteste. Et comme il est bardé de

1. Communiqué de Ferran Adria, 2004.
2. Conférence de presse à Madrid, 26 janvier 2009.

contrats – une vingtaine de ce qu'il qualifie de « sponsors » –, auxquels il doit consacrer au moins 4 jours par an chacun, voilà qui ne laisse plus beaucoup de temps pour le reste. Sans compter que la polémique sur l'utilisation par les moléculaires de produits dangereux pour la santé a éclaté sur la place publique, lorsque le restaurant de Blumenthal, The Fat Duck, a dû être fermé en mars 2009, car des clients se sont plaints d'intoxications alimentaires. Et le cas est loin d'être isolé.

3

Le food bizz

« Comme tous les grands restaurants de l'époque Nouvelle Cuisine, celui-là était un peu surdécoré. Les papiers peints à motifs, les rideaux en lourde imitation de brocart, les murs portant des oléographies de natures mortes célèbres dans des cadres d'or. Les assiettes de présentation étaient trop grandes, leurs teintes trop vives, les couverts trop peu maniables et les verres trop originaux. »

Martin Suter, *Le Cuisinier*[1].

1. Christian Bourgeois éditeur, 2010.

Un business comme les autres

« Aujourd'hui, le marché de la restauration en France c'est 300 millions d'euros [1], constate André Daguin – qui fût longtemps président de l'UMIH [2]. Les restaurants gastronomiques ou considérés comme tels, c'est-à-dire les tables au-dessus de 60 euros, représentent seulement 2 % du marché. Un marché qui se coupe en deux : le très haut de gamme et le reste. Des chefs médiatiques, il y en a cinquante, ceux dont on parle, deux mille ou trois mille, et cent cinquante mille qui sont des restaurants et pas de la restauration collective. » Des chiffres confirmés, à quelques nuances près, par les statistiques gouvernementales : « Il existe en France cent soixante et un mille restaurants. Ils génèrent un chiffre d'affaires annuel de 30 milliards d'euros. La restauration gastronomique concerne un peu plus de six mille deux cent cinquante restaurants dont l'addition moyenne est au-dessus de 30 euros. Ils pèsent

1. Entretien avec l'auteur.

2. Union des métiers et des industries de l'hôtellerie, syndical patronal qui représente le secteur de l'hôtellerie, de la restauration, des cafés et des discothèques en France.

2 % du total mais pèsent 4,5 milliards d'euros, soit 15 % du marché en valeur [1]. »

Les artisans indépendants, dont on a vu que certains étaient de redoutables hommes d'affaires, représentent la majorité dans le secteur, mais ce chiffre tend à diminuer. La cuisine a en effet toujours attisé l'appétit des chaînes et des groupes financiers qui grignotent des parts de marché aux restaurateurs indépendants. Lesdites chaînes représentent aujourd'hui près de 30 % [2] de la part de marché de la restauration, soit trois fois plus qu'il y a vingt-cinq ans. Devant les difficultés économiques, les problèmes divers et variés de TVA, de personnel ou parfois de succession, de nombreux restaurants indépendants ont ainsi vendu leur âme au diable, les chaînes. Pendant des années, l'immobilisme de la restauration traditionnelle, ses prix trop élevés et son incapacité à se remettre en cause ont favorisé l'essor de marques et de chaînes comme Buffalo Grill, Courte Paille, Léon de Bruxelles, la Criée ou la Taverne de Maître Kanter, pour n'en citer que quelques-unes. Certaines disent leur nom, en affichant sur leur devanture une dénomination commerciale, mais le plus souvent, leurs réels propriétaires, des holdings ou des financières, se dissimulent derrière les acronymes ou des noms bidons. Qui connaît Groupe Bertrand, Acto, Bodegon Colonial, ou encore Bars&Co ? Ce sont pourtant eux aujourd'hui les géants du secteur de la restauration en France. Des entreprises pour certaines parfaitement inconnues, sous le radar des médias et du public, mais dont la croissance et l'essor sont incroyables. C'est le cas par exemple du propriétaire des Maître Kanter, Restoleil, créée en 1995 autour de sept restaurants. Il dispose à ce jour de cinquante et un établissements et réalise plus de 20 millions d'euros de chiffre

1. Source : ministère des Affaires étrangères.
2. www.girafoodservice.com.

d'affaires [1]. Restoleil s'est notamment emparé de brasseries haut de gamme dans toute la France. C'est l'un des principaux groupes de taille moyenne de son secteur et il se garde bien de trop le crier sur les toits. Pour vivre heureux vivons cachés. D'ailleurs, pour avoir le classement par chiffre d'affaires des principales sociétés de restauration en France, il faut se procurer une étude confidentielle réalisée par un cabinet spécialisé comme Xerfi. Pêle-mêle dans le peloton de tête, on trouve Flunch, Casino, Buffalo Grill, la Holding de restauration, Flo (Hippopotamus, brasseries...), Select service, Autogrill, Serare, Brioche Dorée ou encore Pizza Paï. On est là bien loin de la cuisine à la française et de toute gastronomie.

Ces chaînes commerciales qui rivalisent davantage avec McDonald's qu'avec les étoilés *Michelin*, sont soutenues ou reprises petit à petit par des fonds d'investissement depuis 2005. Ce n'est qu'à cette condition qu'elles peuvent continuer à se développer et à déployer plusieurs dizaines d'ouvertures par an. Or les fonds placent généralement leur argent dans des entreprises destinées à être rentables, pas dans de l'artisanat ou des œuvres d'art.

Contrairement à une idée bien reçue, le marché de la restauration hors domicile en France est aux mains des chaînes et les grands groupes franchisés détenus par des fonds anonymes et non des restaurateurs traditionnels. Leurs moyens et leurs méthodes sont sans commune mesure avec la restauration dite « traditionnelle ». Et le mouvement a tendance à s'amplifier, car la durée moyenne d'un repas pris à l'extérieur du domicile a fondu, passant de une heure et vingt deux minutes en 1975 à trente-huit minutes aujourd'hui. Peu de gens ont désormais le loisir de vérifier cet aphorisme de Brillat-Savarin qui écrivait : « La table est le seul endroit

1. Source : site du groupe, octobre 2010.

où l'on ne s'ennuie pas pendant la première heure[1]. » D'ailleurs, un Français sur quatre ne va jamais au restaurant, qu'ils jugent trop onéreux. Même Michelin s'inquiète de ces chiffres : « L'activité au déjeuner se réduit d'année en année et des formules de restauration rapide, notamment en ville, se mettent en place tandis que des restaurants à vocation gastronomique tendent parfois à n'ouvrir qu'au dîner[2]. » La clientèle de déjeuner est devenue de plus en plus sensible aux prix. De surcroît, le contrôle sur les notes de frais est de plus en plus drastique dans de nombreuses entreprises. À une nuance près, Paris, qui a toujours fait figure d'exception. Le temps moyen de déjeuner y est beaucoup plus élevé qu'en province, et les frais de repas y sont davantage tolérés, notamment par de grosses entreprises qui peuvent absorber un bon niveau de frais généraux.

« Il est urgent de sortir de notre culture ancestrale pour faire du business[3]. » En 1997, Jean-Paul Bucher, alors P-DG du groupe Flo, partait au combat, la fleur au fusil. Pour lui, le message était clair : la cuisine française, sans se départir de ce qui fait son succès dans une économie de plus en plus normée, devait, pour attirer de nouveaux consommateurs dans ses filets, apprendre à utiliser de nouveaux codes, à surfer sur les tendances, faire de la food attitude une règle.

Trop codée, vieillotte, compliquée et hermétique, la grande cuisine française, celle du grand restaurant, fait aujourd'hui peur aux jeunes générations. Seuls les anciens, les plus riches ou les gens « éduqués » au genre y ont accès,

1. *Physiologie du goût*, Jean Anthelme Brillat-Savarin, Champs Flammarion, 2009.

2. Dossier de presse Michelin.

3. Entretien avec l'auteur.

et seuls les connaisseurs ou les amateurs éclairés s'y retrouveront dans le maquis des guides et des tables recommandées. La cuisine s'est longtemps enfermée dans une sphère et dans un monde que seuls ses clients les plus fidèles pouvaient comprendre et décoder. Difficile dans ces conditions de séduire les derniers arrivés ou les néophytes. De plus, son imaginaire et ses rituels demeurent pour la plupart des consommateurs beaucoup trop liés à la tradition, jamais à la modernité. Cela, y compris chez les moins de 40 ans qui se disent pourtant attachés aux traditions culinaires françaises [1]. Ces consommateurs ont fait imploser les frontières de la restauration, se rendant avec ravissement dans des petits bistrots ou des grandes brasseries où ils ont l'impression qu'il se passe toujours quelque chose et qu'ils en ont pour leur argent. Les clients réclament davantage de décontraction. Ils veulent des restaurants décrispés. La cuisine française traditionnelle, trop formelle, rebute le client, pour qui l'esprit, l'atmosphère d'un lieu compte pour au moins 50 % dans le choix, selon les études de la presse professionnelle. Parmi les critères susceptibles d'attirer les Français dans un restaurant, si la qualité de la nourriture l'emporte toujours, l'accueil vient en second, devant la sympathie du personnel et la recherche de sécurité. C'est dans ce contexte que, depuis quinze ans, les grandes tables mythiques de la capitale, les brasseries célèbres, les cafés branchés sont devenues la propriété de chaînes ou de familles puissantes qui ont fait main basse sur la restauration indépendante parisienne. Encore plus que dans d'autres secteurs de l'économie, la concentration s'est sérieusement accélérée ces dernières années.

1. Voir les enquêtes de l'INSEE.

Main basse sur la ville par les Auvergnats

Le food business ne cesse d'attirer les convoitises. Au festin du marketing et de la tradition, les convives rivalisent de gloutonnerie. Parmi les bâtisseurs d'empires gastronomiques, Jacques et Pierre Blanc, 64 et 62 ans ont eux aussi longtemps fait figure de papes. Mieux, encore, de pionniers. Jusqu'à ce qu'ils cèdent leur capital à CDC Entreprise Capital, filiale de la Caisse des dépôts et consignation, au milieu des années 2000. Dans leur escarcelle bien remplie, une chaîne, Chez Clément, devenue une référence et surtout plus de trente restaurants à Paris, en province et à l'international, parmi lesquels l'Arbuci, Au Pied de Cochon, Chez Jenny, le Petit Zinc, le Procope, l'Alsace, la Lorraine, Charlot, le Grand Café, la Taverne ou encore la Fermette Marbeuf. Pourtant, avec plus de 105 millions d'euros de chiffre d'affaires, et plus de mille cinq cents employés, on est bien loin de l'auberge traditionnelle.

À une époque où les entreprises familiales connaissent quelques vicissitudes face aux puissants groupes financiers et aux investisseurs anonymes, les frères Blanc apparaissaient comme les *Leader Maximo* d'une restauration très parisienne en satisfaisant quelque six mille appétits quotidiennement, aussi bien de jour que de nuit, soit environ 3 millions de couverts par an… Leur appétit insatiable, ils le doivent à leur père, Clément, qui acheta entre les deux guerres ce qui devait devenir le fameux restaurant des Halles : Au Pied de Cochon. Pour prendre sa suite, Jacques a fait une école hôtelière et quelques bonnes maisons, son frère l'École supérieure de commerce de Paris, l'ESCP. Un cuisinier et un patron, voilà qui explique la réussite en affaires de ce tandem qui, au début des années 80, possède déjà cinq brasseries et un appétit immodéré pour les rachats de restaurants et de fonds de commerce. Leur secret ? N'avoir jamais laissé passer une bonne affaire. Et surtout avoir misé sur des maisons en bonne santé, dotées d'excellentes zones de chalandise de jour comme de nuit. Ne pas racheter tout ce qui coule. En 1988, c'est au tour du Procope, en 1995 de la Fermette Marbeuf, en 1998 de la brasserie La Lorraine. En tout, ils possèdent douze des plus prestigieuses brasseries de la capitale. Et un dogme, « l'emplacement, l'emplacement, et l'emplacement ». Puis c'est l'aventure Chez Clément au début des années 90, en hommage à leur père : un concept franchouillard, des planches de rôtisseries, des prix bas et un décor traditionnel. Depuis 1993, ouverture du premier à Opéra, il s'en crée deux par an. À travers ce produit, les frères Blanc ont misé sur la lassitude des consommateurs des autres chaînes et l'aspect ludique de la décoration et des additions plutôt modestes pour des nourritures pas complètement ordinaires : huîtres, rôtisserie... La réussite a été immédiate, ne s'est pas démentie depuis et assure un bon relais de croissance au duo. Côté développement, pas question pour eux de s'introduire en bourse. Ils ne veulent pas sacrifier leur indépendance. Prenant le relais, les frères Blanc ont progressivement acquis, sans publicité tapageuse, la dix-huitième place parmi les « quatre-vingts leaders de la restauration en France », et la cinquante-huitième place en Europe. Leur groupe figure ainsi au troisième rang de la restauration commerciale indépendante en France. Et ils viennent d'ouvrir, début 2011, une nouvelle adresse à Paris, le Grand B, une brasserie contemporaine. Il ne vont donc pas en rester là.

Mais il y a mieux. Beaucoup mieux. Et beaucoup plus gros aussi : le Groupe Bertrand. Rejeton d'une dynastie de brasseurs auvergnate bien connue qui après être restée longtemps indépendante est devenue une filiale d'Heineken, Olivier Bertrand affirme qu'il « n'a aucun lien capitalistique avec sa famille ». Il est aujourd'hui à la tête de dizaines de restaurants à thème, de la chaîne Eris qui possède des cafétérias, de douze fast-foods Quick, de brasseries parisiennes, comme la mythique Lipp, d'enseignes comme Charlie Birdy, Bert's, Toastissimo, Tsé ou le salon de thé Angelina. Il réalise 145 millions d'euros de chiffre d'affaires et gère mille huit cent cinquante employés, ce qui en fait l'un des tout premiers groupes européens du secteur.

Olivier Bertrand a démarré très jeune [1], puisqu'à vingt ans il ouvre une chaîne de pizzerias avec son ami Jean-Pierre Mialet, également auvergnat, devenu son associé. Endettés, ils ont du mal à faire tourner leur affaire. L'idée leur vient alors de lieux de vie, d'endroits où la clientèle peut du matin au soir consommer ce qu'elle veut : petit déjeuner, restauration légère, boissons, bar nocturne. Ce sera le Chesterfield Café en 1995, thématisé autour de la musique rock. Le concept connaît un grand succès. « L'idée, explique Olivier Bertrand, c'est de faire les choses en profondeur, pas de façon superficielle. On essaie de faire de la qualité, de s'inscrire dans le temps et de se diversifier. » Suivront une kyrielle de restaurants et de bars à thèmes parisiens, le Sir Winston, le MAOH, le MCM Café, l'Impala Lounge, le Kiosque ou encore un restaurant fusion asiatique. Seules deux exceptions dont Olivier Bertrand, à 38 ans, n'est pas peu fier, Lipp et l'Écu de France, plus proches de la brasserie et de la restauration traditionnelle. Son dernier succès en date ? Les discrets Bert's, une chaîne de sandwicherie haut de gamme spécialisée dans les soupes et les sandwichs pour cadres dynamiques affamés. Leur point de vente le plus fréquenté, place de l'Alma, fait plusieurs centaines de « couverts » à midi.

En tout, Olivier Bertrand possède plus de cent vingt restaurants dans la France entière. Le « petit prince des restos

1. *Capital*, sur M6, lui a consacré un reportage en mars 2003.

branchés », comme l'a surnommé Emmanuel Chain, a été chercher ses idées aux États-Unis. Son credo ? Pour rentabiliser très vite ses activités, rien n'est artisanal, tout est calculé : le ratio du personnel par rapport au chiffre d'affaires, le grammage des assiettes, le nombre de feuilles de salade, le temps passé par un client en salle, la durée de vie d'une carte ou d'un plat avant rotation. Le résultat est impressionnant.

Dans la « limonade », comme on avait coutume de surnommer le secteur, il faut également compter sur le discret Jean Richard. Aveyronnais pur souche, il est le fils d'un bougnat venu à Paris dans les années 20 dans l'espoir de monter son affaire, comme beaucoup d'autres. Non seulement il a réussi, mais en plus beaucoup mieux que les autres. Employé d'un négociant en vins de la capitale, le père Richard a petit à petit lancé son affaire, avant de bâtir une fortune colossale dans la distribution et le négoce de vins et de cafés. Ensuite vint le tour des restaurants. Premier fournisseur de bon nombre d'établissements en liquides, la société Richard est rapidement devenue leur interlocuteur privilégié, pour le café comme pour le reste. Aujourd'hui encore, Richard se partage le juteux marché francilien avec quelques confrères aveyronnais. Un maillage très serré du territoire et des bonnes relations savamment entretenues avec les clients à coups de visites sur le terrain permettent de savoir ce qui se passe, de connaître les affaires à vendre, celles qui marchent, celles qui ne marchent pas. Et comme Richard est souvent le premier créancier, c'est lui qu'on vient voir pour négocier, discuter, demander un délai, un peu de trésorerie. Voilà comment la famille Richard s'est développée dans la restauration jusqu'à créer un véritable empire. Aujourd'hui, la troisième génération de Richard au pouvoir s'est partagé les différentes branches dans laquelle les petits-enfants du patriarche peuvent s'épanouir. À 69 ans, Jean Richard dirige ainsi un hôtel et huit restaurants, situés pour la plupart dans des quartiers bourgeois et huppés comme le 7e, le 8e et le 16e : Chez Francis acheté en 1975, le Bistrot de Marius, Marius et Janette, l'hôtel Montaigne... Ses dernières acquisitions dans le triangle d'or en font l'un des papes des adresses modeuses de la capitale, avec plus ou moins de réussite.

Autre figure emblématique, Jean-Paul Bucher, propriétaire notamment de Hippopotamus, racheté dans les années 90, de Bistrot Romain, acquis en mai 2002 et infernal dévoreur du groupe Flo, mangeait tout ce qui se trouvait sur son passage ; avant de se faire lui-même croquer en 2005 par un consortium d'investisseurs composé de Gib SA et de Tikehau Capital, à la tête duquel est le milliardaire belge Albert Frère via sa holding CNP. Dans son escarcelle : Bofinger, Julien, le Bœuf sur le Toit, le Vaudeville, Terminus Nord, la Coupole, le Balzar, les Grandes Marches... Flo, avec environ 310 millions d'euros de chiffre d'affaires était l'un des rares groupes français de restauration cotés en Bourse, ce qui n'amène pas forcément, comme chacun sait, que des avantages. D'ailleurs Bucher avoue « n'avoir pas su transformer la gastronomie en restaurants et les restaurants en business [1] ».

Apprenti cuisinier en Alsace dès l'âge de 14 ans, Jean-Paul Bucher sait pourtant de quoi il parle. Il a tout fait dans ce métier, exercé tous les postes avant de racheter sa première affaire en mai 1968. Il jette alors son dévolu sur Flo qui deviendra l'emblème et le nom de son groupe. Sa technique est simple : s'emparer d'une brasserie de taille importante, à caractère historique, réputée pour son décor ou son ambiance, et qui sommeille gentiment. « Pour

1. Entretien avec l'auteur.

gagner sa vie, explique-t-il, il faut de grands restaurants pour avoir beaucoup de clients [1]. » Ensuite, Bucher restaure ou rénove lorsque c'est nécessaire, repense la carte de façon simplifiée et la plus authentique possible tout en n'hésitant pas à sacrifier aux modes du moment. Dernière étape avant l'ouverture, le recrutement d'une équipe de salle au top et d'un responsable qui gère son établissement de façon autonome. Enfin presque… car il y a des fournisseurs et des plats imposés. C'est d'ailleurs ce qui a suscité l'inquiétude du personnel et des clients lors de la très médiatique reprise du Balzar (5e). Tous étaient inquiets de voir partir en fumée la patine des lieux et de la voir remplacée par une industrialisation et une standardisation à outrance.

Ses rachats successifs de brasseries permettent à Jean-Paul Bucher de s'emparer ensuite successivement d'Hippopotamus (plus de trente établissements) et des Bistro Romain (près de quarante). Il y a aussi les six restaurants à Disneyland Paris, les comptoirs restauration du Printemps, d'Habitat et d'autres grands magasins. Et également le développement international, à Londres, Tokyo, Osaka et Barcelone. Sans oublier l'essor des boutiques traîteur Flo Prestige (quinze unités). Rien de vraiment commun donc avec les grandes brasseries traditionnelles, et ce développement dans toutes les directions inquiète à la fois investisseurs et analystes. D'autant plus que les petit Bofinger, venus renforcer la présence du groupe sur le segment du bistrot, connaissent une situation financière tendue depuis quelques années. Certes, avec plus de 8 millions d'euros de chiffre d'affaires, ils ont connu une croissance élevée, mais leur développement et la recherche de part de marché coûtent cher au groupe. Chahuté en bourse, pas toujours bien géré, le groupe connaît une baisse de fréquentation

1. Entretien avec l'auteur.

avec la crise au début des années 2000. « Jean-Paul Bucher et sa grande carcasse n'impressionnent plus, écrit *Le Point*. La soif de grandir a coulé le groupe. » La revente en septembre 2002 à Fauchon des traîteurs Flo et la cession des vingt-deux Bistro Romain ne colmatent pas la brèche. Le 1er octobre 2003, Bucher n'est plus le principal actionnaire de son groupe qui compte alors cent cinquante adresses. Depuis, le chiffre d'affaires du groupe Flo n'a cessé de grimper, atteignant un record de 389 millions d'euros en 2008 et se permettant même de lancer de nouvelles enseignes, comme Chez Cochon.

C'est une évidence, la restauration parisienne est davantage entre les mains d'une poignée de familles puissantes et de quelques entrepreneurs influents qu'entre celles des chefs et cuisiniers indépendants. Surtout à Paris où les rivalités font rage. Concessionnaire du Palais des Congrès, porte Maillot, et surtout propriétaire de nombreux restaurants et brasseries parisiens, Gérard Joulie est l'un des premiers, dans les années 80, à avoir anticipé le renouveau des bistrots parisiens et de la restauration de chaîne. Ses Batifol, les bistrots dont on raffolait, ont longtemps égayé les soirées et les nuits parisiennes, avant de fermer les uns après les autres. Joulie possède encore aujourd'hui l'Auberge DAB, les deux Sébillon, Chez André, l'Auberge du Mouton Blanc, Au Bœuf Couronné, le Montparnasse 1900, le Bar de la Mer, l'Européen et le célèbre Bouillon Chartier, connu des étudiants et des touristes, racheté en 2007. En y regardant de près, on constate donc que toutes ces adresses qui comptent ou ont compté dans le panorama de la table parisien remplissent les caisses de véritables empires de la restauration. Ces giga-restaurateurs collectionnent les tables ou les concepts avec un appétit d'enfer, recherchant le profit avant tout.

L'empire Costes

Avec l'ouverture pour cette seule saison de quatre nouvelles adresses parisiennes qui viennent s'ajouter à leur galaxie, les Costes sont de ceux-là. Ils n'en finissent plus de bousculer le paysage gastronomique. Un quart de siècle que cela dure sans faiblir. Les désormais fameux frères Gilbert et Jean-Louis ont non seulement conquis le paysage gastronomique de la capitale mais l'ont, à leur façon, redessiné. Montés de leur Aubrac natal, ils occupent aujourd'hui la tête d'un empire d'une quarantaine d'adresses contrôlées plus ou moins directement et sur lequel il reste délicat d'enquêter tant le « no comment » vaut communication. Une machine économique, puissante et secrète, où se partagent le sens de la famille, l'impact de la connexion aveyronnaise, la science des réseaux, l'art des montages financiers, le flair, l'opportunisme et, par-delà, un certain talent pour ne pas avouer l'inverse. Du coup, la capitale est en train de se « costiser », presque sans s'en apercevoir.

Un succès basé sur le refus des schémas classiques de la gastronomie : décor, service et carte new look, absence de chef star, et distanciation par rapport à la critique gastronomique et la presse en général. En quelque trente ans, ils ont connu une réussite sans égale : leur groupe réaliserait plus de 100 millions [1] d'euros de chiffre d'affaires et ils servent plus de six mille couverts par jour dans leurs trente établissements parisiens. Autant dire qu'ils ont pas mal de casseroles sur le feu. Autre particularité des deux frères, ils cultivent un secret à la hauteur de leur ambition dévorante. À 60 et 61 ans, Jean-Louis et Gilbert Costes refusent de recevoir les journalistes, quels qu'ils soient, ou alors leur racontent les sempiternelles banalités sur leur enfance dans

1. Estimation.

la ferme familiale, où Marie-Josèphe, leur mère, tenait « une belle maison, où le moindre détail était pensé ». C'est, disent-ils, ce qui leur donne envie de monter tenter leur chance dans la capitale. En 1980, Gilbert manque le Flore qui est à vendre. Il finit par aider son frère à lancer, en 1984, le Café Costes, designé par Philippe Starck, en plein cœur des halles. Un coup de génie. Le quartier est à la mode, la cuisine à mi-chemin entre la gastronomie et le fast-food chic, fait mouche. Le service « in » attire une clientèle branchée. Les ingrédients de la recette du succès sont donc déjà réunis, le sens inné du marketing des Costes fera le reste. À deux pas de là, Gilbert va aussi lancer son propre business, le Café Beaubourg, dessiné par Christian de Portzamparc. Ce café branché du centre de Paris fait aujourd'hui plus de 4,5 millions d'euros de chiffre d'affaires et réalise une marge de 7 %. Le succès du second établissement ne s'est pas démenti depuis, mais le Café Costes a rapidement été remplacé par une boutique de vêtements. Ce sera leur seul vrai échec.

Il faudra attendre plus de dix ans pour que les deux frères rouvrent un établissement à leur nom rue Saint-Honoré, l'Hôtel Costes, devenu le temple de la branchitude parisienne, très prisés des Américains. Entre-temps, les deux cafetiers qui se présentent comme des « acharnés de l'esthétisme » ont racheté ou lancé l'Avenue, le K, le Café Marly, le Café de la musique à La Villette, chez Georges à Beaubourg, cogéré par Thierry, le fils de Gilbert, le Murat, l'Esplanade, la Grande Armée... Avenue Montaigne, leur restaurant l'Avenue est une véritable machine à cash : plus de 6,6 millions d'euros de chiffre d'affaires, soit le double d'avant sa reprise. Son taux de bénéfice est très élevé, plus de 16 % et les bénéfices avant impôts représentent 133 % des fonds propres ! Au Marly qui réalise plus de 6 millions d'euros de chiffre d'affaires, le bénéfice d'exploitation est de plus de 800 000 euros, c'est-à-dire environ 11 %. C'est deux à trois fois plus que dans la restauration classique.

Leurs recettes ? De l'assiette au business, rien n'est laissé au hasard. Hormis un noyau dur d'environ dix adresses détenues personnellement par les frères (l'Hôtel Costes, le Costes K, le Café Marly, le Café Beaubourg, la Société...), le business Costes relève de la galaxie, pour ne pas dire de la nébuleuse, via des associations et des participations dans une quarantaine d'établissements dirigés par des membres de la famille, des amis ou d'anciens employés du groupe. La géographie de leur implantation est également particulièrement soignée. Chaque fois, ce sont des endroits stratégiques, très fréquentés par les parisiens comme par les étrangers : le Louvre, Beaubourg, la Villette. De l'art d'observer le terrain ! La plupart des établissements sont installés le long de la ligne 1 du métro, intraveineuse historique du Paris qui bouge et qui a les moyens, depuis la Bastille jusqu'à l'Étoile. Lorsqu'ils dérogent à la règle, les Costes optent pour les arrondissements « sûrs ». Comprenez bourgeois, actifs et solvables. Avec la nouvelle génération incarnée par Thierry et la « boboïsation » de la capitale, la géographie costienne lorgne désormais plus à l'est, vers les nouveaux quartiers de la réussite.

Depuis la première adresse, en 1984, les frères Costes misent sur une clientèle soucieuse d'aller au restaurant pour manger et sont attentifs aux décors soignés. Depuis lors, ils ont fait appel aux stars ou futures stars de l'archi-design pour griffer leurs acquisitions : Portzamparc (Café Beaubourg), Olivier Gagnère (Marly), Jakob-McFarlane (Georges), Boffil (Costes K), Garcia (Hôtel Costes, l'Esplanade...) et plus récemment, India Mahdavi (Germain) ou Christian Liaigre (la Société). Dans l'assiette, ni menu ni formules, mais des plats fixes à prix plutôt gonflés. À la carte, une judicieuse ventilation de recettes pour les 7-77 ans, mixant esprit brasserie, bistrot amélioré, snacking chic, fusion contrôlée. Les Costes ont su offrir au public parisien une expérience et des produits qui marchent, avec des plats consensuels : tartare, croustillants de gambas sweet&spicy, carpaccio comme à Venise, risotto aux langoustines, steak de thon rouge, « thiou », le tigre qui pleure, crevettes rôties à la thaï, moelleux au chocolat, tarte au citron vert... La « Costes food » ? Un goût large et générique, où le cœur de laitue côtoie le bœuf à la thaï, le tartare aller-retour et les nems. Le tout traité avec un maximum de rationalité via un laboratoire à Ivry-sur-Seine et des partenariats comme le Moulin de la Vierge pour la boulangerie.

Mais Costes ne serait pas Costes sans un service sévèrement looké. Certes, le personnel d'encadrement est rompu aux exigences du métier, souvent puisé à la source aveyronnaise. En revanche, en salle, les Costes appliquent sans l'avouer officiellement la théorie du casting. Résultat : un personnel jeune, sexy, alluré qui séduit ou agace sans jamais laisser indifférent. Dans la coulisse des cuisines, difficile d'y voir clair ! Rappelons tout de même l'épisode du Café Ruc, en 2004, où neuf cuisiniers obtinrent satisfaction sur leurs conditions de travail après 31 jours de grève. Dans le cas de cet établissement, il est vrai, les Costes n'étaient qu'actionnaires et ne géraient pas directement.

Hormis cette mauvaise publicité passagère, les Costes savent que l'art de l'entregent et un solide carnet d'adresses VIP valent mieux que toutes les promos traditionnelles pour propulser une adresse. Aucune relation avec la presse, aucune publicité directe mais quelques collaborateurs zélés et investis dans les cercles pipolo-médiatique, un réseau d'influence dormant mais actif, des associations habiles (le graffeur André, le grand chef Jean-François Piège...) et des produits dérivés (de la compilation musicale au magazine « maison » en passant par la commercialisation grand public de plats préparés ou de sauces *made in* Costes...). Chez les frères Costes, pendant que Gilbert gère les grandes brasseries, Jean-Louis développe désormais le nom de famille comme une marque de luxe : parfums, bougies, bagages, montre, plats cuisinés, soupes, pâtisseries... qui rapportent une petite fortune, moyennant des investissements très modestes.

Par-delà le sens des affaires, l'intuition des Costes est d'avoir réinventé le moment de la consommation d'un repas, comme l'explique Marc Bougery, analyste de tendance : « Le vécu du manger est plus important que le manger lui-même. » Ils ont revisité la grande tradition de la brasserie parisienne, mais aussi son hôtellerie. Ils ont senti venir le vent de la mode et des bobos avant l'heure. Ils seront beaucoup copiés, rarement égalés. Et aucun actionnaire extérieur n'est jamais accepté. Pas question en effet que quiconque vienne mettre le nez dans leurs affaires ni dans les recettes de leur succès.

En tout cas, lorsqu'en janvier 2000 Gilbert Costes devient le président du tribunal de commerce de Paris, l'affaire fait grincer des dents. Certains considèrent qu'il y a conflit d'intérêts : le président n'est-il pas le premier averti des affaires qui périclitent ? Son frère et lui ne seront-ils pas à même de déposer opportunément une offre ? Dans ce contexte, d'aucuns ont eu beau jeu de se demander si à partir de cette date, comme par magie, la croissance du groupe et son emprise sur les lieux les plus branchés de la capitale ne s'est pas sacrément accélérée. Des accusations toujours démenties par les Costes – et jamais établies – qui ont, quoi qu'il en soit, initié un mouvement qui ne s'est pas encore ralenti. Sans strass et sans paillettes, ils n'ont pas eu la folie des grandeurs et ont su calculer leurs risques. C'est « de la rentabilité raisonnée, une gestion très aveyronnaise, presque paternaliste », écrit *Le Figaro*. Ils ont poussé le raisonnement jusqu'à aider des membres de leur famille à reprendre Le Paris sur les Champs-Élysées et d'anciens employés pour le Café Ruc. C'est d'ailleurs Thierry Costes, le fils de Jean-Louis, qui gère les derniers-nés de l'empire.

Pendant que son père était président du tribunal de commerce, c'est lui qui a assuré l'intérim. Les Costes ont également tissé une toile immense autour de leur galaxie, puisqu'ils sont présents dans les caves Saint Gilles (3e), le Sanseveria (1er), le Sanz Sans (11e), le Lounge (4e), avec des participations entre 25 et 75 % selon les cas. En tout, une douzaine d'affaires, souvent familiales, comme l'Hôtel du Bourg-Tibourg, propriété de leur frère Guy ou le Café Ruc, qui appartient à leur sœur Geneviève. Seule diversification, les Costes possèdent une partie de la chaîne de restauration tex-mex Indiana Café. L'autre part appartient à un ami d'enfance, issu du même village qu'eux. On ne se refait pas. Toujours est-il qu'en rajeunissant des brasseries ou des restaurants parisiens, en les dépoussiérant et en les américanisant, les Costes ont fini par convaincre qu'ils avaient inventé « une nouvelle façon de manger ». Dans les faits, il n'en est rien, reconnaît Jean-Louis Costes : « Nous n'avons jamais prétendu faire de la restauration, mais du snack-bar de luxe. » Un style qui se paie cher : de 40 à 80 euros en moyenne par personne. Dans certains restaurants, jusqu'à quatre cent cinquante ou cinq cents personnes sont servies par soir. Allez savoir si, plus tard, plus loin, on ne lancera pas : « On se fait un Costes » comme on le dit d'une pizzeria ou d'une table étoilée.

Tout est dans le décor

En vingt cinq ans, les Costes ont redessiné le paysage de la table parisienne avec un certain type d'adresse, le restaurant branché, mélange savamment orchestré réunissant tous les genres sans en retenir véritablement aucun. Comme dans la mode où la frontière entre la haute couture et le prêt-à-porter est de plus en plus ténue, le marché de la « bouffe » est aujourd'hui entre les mains des *fashion victims*, consommateurs zappeurs et paradoxaux. La cuisine fusion, les tables à la mode et les restaurants « trendy » connaissent un succès important au détriment des chefs, fussent-ils créatifs. Brasserie chic, bistrot d'en haut, boui-boui d'en bas, repaire branché, dînette glamour, café mondain, cantine de palace décoincé ? Un restaurant branché, c'est tout cela à la fois, le reste et parfois son contraire, selon une imparable équation où le quartier, le décor, le service, la cuisine, l'atmosphère et le public sont méticuleusement étudiés pour offrir un climat idoine aux airs du temps parisiens. Plébiscités par les uns, boycottés par les autres, ils sont souvent tenus par des visionnaires lorgnant un peu plus loin que le bout de fourchette, des influents ou des imposteurs. Satans en velours uniformisant goûts et couleurs pour leurs contempteurs, rédempteurs d'un certain Paris à table pour leurs thuriféraires… Les tables branchées sont devenues des produits comme les autres.

C'est en tout cas ce que se sont dit, dans le sillage des Costes, des architectes et des designers comme Terence Conran, fondateur d'Habitat et des Conran Shop qui a, à sa manière, également bouleversé le paysage. Le créneau de Conran ? Pas le gastro de Ducasse, qui fait à la fois très bon, très beau et très cher. Non, le truc de sir Terence, ce sont les « gastrodromes », des tables au décor impressionnant, à destination de clients riches et tendance. Son credo ? Miser sur des zones en friche, à fort potentiel et faire venir les clients pour quelque chose qui mérite le détour. Résultat, alors qu'il était déjà milliardaire, Conran s'est imposé au début des années 90 comme le pape de la branchitude de la gastronomie londonienne. Au départ étaient les Conran restaurants, qui ont révolutionné l'art de vivre à l'anglaise, loin des pubs enfumés et fatigués. Puis Conran s'est emparé de New York et de Paris – l'Alcazar en 1998 – où il a réhabilité des adresses mythiques désaffectées en restaurants immenses, modernes et ultrachics. Le premier, il a ouvert la cuisine sur la salle, seulement séparée par une immense baie vitrée, théâtralisant ainsi le repas. Une bonne dose de design en prime, un certain sens de l'ambiance et sir Terence peut assurer : « Un repas est encore meilleur s'il est servi dans un bel endroit. » En reprenant l'Alcazar – un ancien cabaret parisien –, il a misé sur les mêmes recettes de son succès outre-Manche, le transformant en cantine mode et branchée. Avec l'Alcazar, le premier établissement d'une nouvelle génération était né.

À sa suite, l'ébullition modeuse de la capitale a permis de littéralement réinventer le restaurant, à la fois sur le fond et sur la forme. Le moindre petit bistrot a été revu et corrigé pour devenir un lieu tendance pour les *beautiful people*. La cuisine n'y est plus vraiment une priorité. Une nouvelle mode est lancée : on va au restaurant pour s'amuser et pas forcément pour bien manger. Sanctuaire de la bonne cuisine française, le restaurant à l'ancienne a vécu. D'Andrée Putman à Rem Koolhaas, en passant par Gilles et Boissier, on ne compte plus les designers ou les architectes appelés à la rescousse par des investisseurs pour embellir une adresse et faire parler d'elle. À l'automne 2010, la réouverture du restaurant Mini Palais, dans l'enceinte magique du Grand Palais à Paris, a fait couler au moins autant d'encre pour son superbe décor signé Gilles et Boissier, les jeunes architectes qui montent, également auteurs de la Villa, avenue de Friedland, que pour sa cuisine supervisée par Éric Fréchon, le chef étoilé du Bristol. L'éminence grise de la Villa, l'entreprenant Olivier Demarle, n'en est pas à son premier coup d'essai, puisqu'il a ouvert à la suite en à peine un an le Magnifique et le Secret, ainsi que courant janvier 2011, une adresse bio à la Cité de la musique de la Villette, ce qui en fait l'un des gastro-animateurs du moment.

Alain Ducasse le reconnaît honnêtement, les clés du succès existent. Il avoue d'ailleurs avoir beaucoup travaillé sur ses concepts avec le designer Patrick Jouin : « Au Mix, à New York, on a laissé peu d'espace pour se faire accrocher. La première fois avec Essex House, on a survécu à New York avec plus de 1 500 papiers négatifs. C'est notre expérience passée qui nous a appris à survivre » [1]. Guy Savoy, lui, confie la conception et l'aménagement de tous ses restaurants et de ses projets à l'archi-star Jean-Michel Wilmotte. Indispensable quand on veut promouvoir une adresse. Ce fut le cas également pour Michel Rostang qui a convié en septembre 2010 toute la presse gastronomique pour « inaugurer la nouvelle décoration du restaurant Dessirier par Rostang père et filles [2] » (sic) ! Ou pour Equi'Wok, un nouveau concept au décor conçu par le designer Mathieu Lehanneur au printemps 2010, dont « un ancien de chez Ducasse » (mais un ancien quoi ?), Antoine Magnien, est responsable culinaire. Star d'entre les stars, Philippe Starck, lui, n'en finit pas de looker ou de relooker des restaurants, de New York à Pékin. À Paris, on lui doit notamment Bon, Kong, le lifting du Meurice et du Dali, la refonte du Royal Monceau, événement gastronomico-mondain de l'automne 2010, ou encore le Mama Shelter, hôtel-restaurant branché et abordable, vendu comme un « kibboutz urbain », financé par des entrepreneurs comme Cyril Aouizerate ou Serge Trigano. Avec 10 millions d'euros

1. Entretien avec l'auteur.
2. Dossier de presse Dessirier 2010.

de chiffre d'affaires, c'est deux fois ce qui était prévu et le concept pourrait se dupliquer à Marseille ou à Lyon.

Paris est une fête

Entre autres événements, la capitale va accueillir en 2011 une nouvelle cantine chic à l'Opéra Garnier, et assister à l'emménagement de Guy Savoy dans l'Hôtel de la Monnaie entièrement rénové. Sans oublier les nouvelles tables étoilées de Thierry Marx, entre autres, aux manettes d'un des nouveaux palaces parisiens du moment, en plus d'être l'image et le consultant de la marque d'ustensiles de cuisine Kitchen Aid. Ces dix dernières années, Paris a bougé comme jamais. « Avant, pour sortir, on allait dans les boîtes de nuit, mais elles ouvraient tard, affirmait en 2000 Michel Besmond, directeur général de l'Alcazar première version. De nouveaux lieux ont pris leur place. » Une tendance qui a radicalement bouleversé l'usage du restaurant. Et c'est cette effervescence qui attire dans la capitale de nombreux projets de restaurants, de concepts élaborés par des non puristes. Les années 2000-2010 ont en effet vu les branchés et les stars de la nuit réinvestir Paris, surfant sur cette tendance de manger beau et cher, dans des espaces plus grands, plus éclatants, plus modernes. Le Barfly, la Villa Barclay, Lô Sushi, le Barrio Latino, Asian, le Renoma Café, le Man Ray, le Findi, le Nobu, le Tanjia, la Suite furent un temps les icônes du retour de ces années branchées, la gastronomie en moins. Lumière tamisée, musique électronique et déco crypto-exotique, climat « lounge », le ton était donné, dans la foulée des incontournables Costes. Il ne se passe plus une semaine sans l'ouverture d'une table « du moment ». En 2010, il fallait surtout voir et être vu à la Société, au Ralph's, cantine chic et yankee lancée en grande pompe par la maison de mode Ralph Lauren, ou du côté du Thoumieux (Paris), où le prince des tables modeuses, Thierry Costes, s'est associé avec Jean-François Piège (ex-Plaza, ex-Crillon), un Ducasse boy en pointe, pour redonner du poil de la bête à une brasserie endormie et célébrer à l'étage le talent pur de la gastronomie revisitée.

Les ouvertures se succèdent avec frénésie, selon un refrain désormais d'usage, boire, manger, se détendre et surtout rester longtemps pour faire tourner les compteurs. Au restaurant, le décor est devenu au moins aussi important que l'assiette, si ce n'est plus. On ne parle plus de restaurant, mais de « lieu ». Et des mouvements comme le Fooding ® l'ont amplifié. Chaque année, ils remettent ainsi le prix du meilleur décor. En 2011, ils l'ont remis au Dauphin, avant même que cette adresse ne soit officiellement ouverte, « par anticipation, sur plans [1] ». Orchestrée par le grand chef Inaki Aizpitarte et son associé Fred Peneau, ce bar à tapas new look a été designé par l'une des stars du milieu, l'architecte néerlandais Rem Koolhaas. Joli coup de name dropping qui a permis de convier blogueurs et journalistes pour s'assurer du « buzz » et du futur succès de l'adresse. Le chroniqueur du *Figaro*, François Simon, ne s'est d'ailleurs pas laissé abuser par ce qu'il qualifie de « meilleur hold-up de l'année » : « Il n'y avait personne. Fermé. Mais attendez-vous à voir les bloggeurs, les foodistas, des beaux garçons et des jolies filles [...] Faut-il y aller ? Ça va valoir le coup. » S'il le dit...

Le coup d'éclat permanent

Pour attirer le chaland dans les restaurants branchés, on multiplie les micro-événements, en s'inspirant des techniques

1. www.chrisoscope.com, 14/12/2010.

du monde de l'art contemporain pour faire venir les curieux dans les galeries. Concert, « spécial mix » d'une starlette de la télévision, défilé, soirée caritative, vente aux enchères, grand chef invité, parrainages, lancements de produits et privatisations en tout genre. Cela sert le buzz, de « teasing » en veux-tu en voilà pour les journalistes, les prescripteurs et les bobos. L'important est de créer l'événement, de « faire de la presse » pour aimanter les gogos. Pour le lancement d'un restaurant, certains patrons utilisent une débauche de moyens, de publicité, de promotion, de parrainages proche de celles des superproductions américaines ou des lancements de produits de grande consommation. L'ingrédient indispensable pour que la sauce prenne dans un restaurant, c'est les people : à chaque maison son « people ». D'ailleurs, ce n'est pas pour rien qu'à l'instar des Costes, la plupart des patrons de restaurants embauchent un « ami des stars » au carnet d'adresse épais qui font venir les animateurs du petit écran, les mannequins et les grandes stars internationales du septième art. Puisque les stars, Leonardo DiCaprio, Mick Jagger ou Kate Moss ont pris comme QG tous ces restaurants dans l'air du temps, et que le péquin moyen suit, les investisseurs se sont engouffrés dans la brèche. Voir et être vu demeure l'objectif principal d'une soirée réussie dans un établissement branché. Chacun doit d'ailleurs choisir son camp, puisque les célébrités sont de plus en plus nombreuses à posséder un restaurant. Gérard Depardieu a ainsi racheté et relancé La Fontaine Gaillon (à Paris), aidé au lancement par Carole Bouquet pour la décoration et la carte des vins. Robert de Niro, actionnaire de la chaîne nippo-péruvienne Nobu (cinquante-trois restaurants), s'est brièvement essayé à Paris avec Jean-Luc Delarue et Hubert Boukobza, ex-patron des Bains-Douches. Luc Besson possède des parts du Market (Paris), Johnny Hallyday a été longtemps associé au chef Michel Rostang dans Rue Balzac

(Paris) avec l'un de ses vieux amis, Claude Bouillon. Mise de départ : 5 millions d'euros et pour la promotion, Johnny avait donné de sa personne au démarrage.

Les people se veulent les architectes du nouveau goût. Sean Penn, Johnny Depp et John Malkovitch s'étaient eux associés dans le Man Ray. Leur ambition ? Recevoir tout ce que le show-business comptait. Résultat : une cuisine très décevante, des additions particulièrement salées, des comptes mal gérés et un restaurant qui met la clé sous la porte après quelques saisons. Carton au box-office du navet cuisant, la restauration fait désormais son cinoche.

4

Réseaux en cuisine

« Toute innovation apparaît comme la perversion d'une perfection première. »

Auguste Escoffier [1]

1. *Le Guide culinaire*, Flammarion, 2009.

La bouffe, pétrie de réseaux

Pour tenter de contrebalancer l'offensive de la gastronomie espagnole, scandinave, et l'hégémonie de plus en plus forte de la restauration rapide – McDonald's avec plus de 1,2 million de clients par jour est devenu le premier restaurant de France –, les cuisiniers français assurent qu'il est important de défendre notre patrimoine et d'assurer « son rayonnement international ». Les tenants de la cuisine dite bourgeoise ou à l'ancienne sont encore aujourd'hui imprégnés du folklore qui l'accompagne et du diktat de la haute cuisine « michelinisée ». La chose est louable, mais ce semblant d'unité de façade cache mal en réalité la volonté de quelques-uns de verrouiller toute velléité d'émancipation, toute volonté d'évolution, et d'apparaître comme les seuls légitimes. De solides rancœurs ou animosités empêchent en effet la haute cuisine de se présenter unifiée. De syndicats en association variées, en passant par les clubs, nombreux sont les cuisiniers ou les gastronomes à prétendre incarner le seul bouclier contre les ravages de la mondialisation et de l'industrialisation.

Cela ne date pas d'hier. Héritées de traditions parfois ancestrales, les confréries dont raffolent les cuisiniers et les amateurs de bonne chère ont été sanctifiées par Curnonsky.

De 1872 à 1956, le « prince des gastronomes » a glorifié le provincialisme dans la cuisine et ses traditions, se faisant le porte-parole des confréries bachiques, de l'ordre de la tête de veau et d'autres, sans oublier, pour ce qui le concerne, de l'Académie des gastronomes. Le credo de ces rassemblements de goinfres : des nourritures riches, abondantes, souvent rôties ou mijotées pendant des heures, d'innombrables plats, les plus roboratifs possibles, et des vins à vous faire tourner la tête. Les libations de ces confréries confèrent en effet parfois à l'orgie et sont abondamment arrosées de nectar. Elles incarnent l'archétype de la France replète, rougeaude et avinée, à l'opposé de la simplicité et du naturel. Il faut cependant y distinguer les clubs d'influence, où grands chefs étoilés côtoient patrons du CAC 40, industriels et célébrités, comme c'est le cas du Club des 100, et d'autres clubs, bien moins fréquentables.

Les toqués en tablier

Première de toutes les associations professionnelles : la franc-maçonnerie. Un réseau plus utile à un cuisinier que n'importe quel apprentissage en école hôtelière. Les grandes toques ont en effet toujours été très présentes chez les maçons. Il faut dire que les liaisons dangereuses entre chefs et frères ne datent pas d'hier. Elles remontent même aux origines du mouvement maçonnique. Historiquement, les assemblées de maçons se retrouvaient en effet dans des auberges de Paris ou de Londres pour des banquets appelés agapes. Manger et boire ensemble n'étaient alors pas vus comme des plaisirs épicuriens, mais comme une manifestation de fraternité. Autour, se constituait tout un rituel, avec l'idée qu'« à table, l'homme devient le maître du monde ». Les aubergistes, en tant qu'hôtes, organisateurs et parfois complices, sont devenus les témoins privilégiés de l'essor de la maçonnerie et de ses engagements.

Rapidement donc, la gastronomie et les arts culinaires sont devenus une composante indissociable de la pratique maçonnique. Et puis en cuisine, on le sait, les tâches sont très hiérarchisées et l'autorité est de mise. Comme dans les métiers historiques dont les effectifs fournissaient les loges. D'ailleurs, on n'appelle pas un cuisinier « chef » pour rien. À partir de 16 ans, c'est l'apprentissage, puis le tour de France des bonnes maisons. Une sorte de « compagnonnage » qui ne veut pas toujours dire son nom. Un métier manuel de tradition millénaire, un respect pour l'autorité et un « chef-d'œuvre » ou une réalisation hors du commun, presque tous les jours dans les grandes maisons, voilà de quoi en tout cas entretenir la comparaison entre les cuisiniers et les corporations aux rites maçonniques. Aux fourneaux, le travail d'équipe, comme chez les ébénistes ou les tailleurs de pierre, mène à la franc-maçonnerie. Ajoutez à cela un recrutement par cooptation chez les étoilés qui l'emporte sur tout le reste.

De surcroît, la franc-maçonnerie recrute traditionnellement dans des métiers manuels, souvent techniques, qui vivent du produit du travail de leurs mains. Des individus assez indépendants qui restent maîtres de leur libre arbitre et subissent moins que d'autres les influences extérieures. Tous concourent de surcroît chaque année au prestigieux concours des MOF, les meilleurs ouvriers de France. Arborer au revers de sa veste la fameuse distinction bleu blanc rouge c'est comme revendiquer son appartenance. « Le monde des MOF fraye avec la franc-maçonnerie, assure d'ailleurs *Libération* [1]. Sur la médaille figurent en effigie le grand architecte du temple et son compas. » En cuisine, on

1. *Libération*, 24 juillet 2007.

est dans la droite ligne de la philosophie maçonnique : il faut écouter et respecter les anciens, pratiquer la solidarité voire le corporatisme, et croire dans le progrès et l'amélioration de l'homme. C'est un secret de polichinelle : de nombreux chefs sont francs-maçons. Qui par intérêt, qui par envie.

Il est généralement considéré que, lorsqu'on est maçon, il vaut mieux rester discret sur son appartenance. Professionnellement, cela peut en effet avoir des coïncidences fâcheuses. En cuisine, il semblerait que ce soit tout le contraire. Surtout que, dans le monde de la gastronomie, la franc-maçonnerie a toujours eu le monopole de l'idéologie. À défaut d'être organisé dans les organismes professionnels, le débat a lieu dans les loges, et les recrutements aussi. Mais, comme pour de nombreuses professions, la disparition des compagnons a fait chuter les taux de recrutement. Aujourd'hui, ce sont surtout les chefs les plus âgés ou les plus confirmés qui sont maçons. Moins les plus jeunes. Informations, coups de main circulent entre les cuisiniers dans les différentes loges.

Dans certaines villes de province, des Club des 50 existent, qui réunissent hommes d'affaires, entrepreneurs, professions libérales. Les cuisiniers, souvent proches des élites locales comme du président de la chambre de commerce, y sont régulièrement représentés. Les chefs qui accueillent de nombreuses personnalités chez eux sont souvent au centre de réseaux d'influence importants. On s'y aide beaucoup. En Bourgogne, la tradition de la franc-maçonnerie est assez importante. Il est de notoriété publique que, parmi les six restaurants qui y affichent deux ou trois étoiles, la plupart des grands chefs sont membres d'une loge. Pour autant, cela permet-il d'obtenir plus facilement des distinctions dans les guides ? « Ça ne fait pas de mal mais ne sert pas à grand-chose car aucun des patrons successifs du *Guide* (*Michelin*, NDA) n'a appartenu à une obédience », expliquait *Le Figaro Magazine*.

En tout cas, les obédiences recrutent beaucoup en cuisine. C'est *Le Nouvel Observateur* qui l'assure : « Pas étonnant que les chefs français deux et trois étoiles et les chefs concierges des palaces soient majoritairement francs-maçons. La franc-maçonnerie est née dans l'arrière-salle d'une auberge de Londres, l'Oie Grill, où a été constituée la première loge ».

Reste que parmi les grands, seul Joël Robuchon revendique son appartenance maçonnique. Il a été vénérable maître de la GLNF, Grande Loge nationale française. Il n'y a pas jusqu'au nom de sa chaîne, l'Atelier, qui évoque les réunions des francs-maçons. La presse se fait régulièrement l'écho des « planches brillantes consacrées à la nourriture et à la terre » du grand chef. « Et, comme dans sa cuisine, il y est intransigeant et rigoureux », écrit un observateur. S'il a choisi la GLNF, c'est parce qu'il est croyant. Son objectif : « Le bien-être de l'être et l'amour du travail bien fait », c'est-à-dire « devenir quelque chose pas comme les autres ». Tout a commencé à l'âge de 19 ans lorsqu'il sort du séminaire, un peu perdu. Les compagnons, traditionnellement francs-maçons, le prennent sous leur aile. En janvier 1966, à 21 ans, Joël Robuchon est « reconnu par ses pairs », « dans le respect du travail et la recherche de la perfection ». Plus tard, il dira : « J'avais appris à être droit. » Pour les compagnons du devoir uni qui lui enseignent aussi l'amour du métier, il est « Poitevin la Fidélité ». « Depuis quelques années, explique Robuchon, je ne cache plus que j'appartiens à la GLNF. Sur le plan culturel et spirituel, j'y ai appris beaucoup, cette expérience m'a permis d'être plus en harmonie avec ma foi chrétienne. Sur un plan personnel, je me suis épanoui, j'ai vaincu ma timidité, j'ai appris à parler en public. Mais le fait que je sois franc-maçon n'a jamais eu d'incidence directe sur ma carrière. De toute façon, je peux vous dire une chose : les cuisiniers qui deviennent francs-maçons dans le but de servir leurs carrières s'éliminent tout seuls[1] ! ».

Comment comprendre les jeux d'influence ? Par exemple, il est amusant de constater que les anciens élèves de Joël Robuchon obtiennent plus facilement leur première étoile du *Michelin* que les autres. À Paris, un jeune chef connu pour être un protégé de Robuchon l'a obtenu en quelques mois, alors que William Ledeuil, le talentueux chef de The Kitchen Gallery, à Paris, a attendu huit ans son étoile, pourtant réclamée à cor et à cri par les critiques parisiens, unanimement enthousiastes devant sa cuisine. Comment expliquer ces écarts ?

Les francs-maçons n'aiment pas qu'on dise qu'ils font des affaires entre eux, par « affinités électives ». Mais certains faits sont troublants. Particulièrement dans le milieu de la gastronomie où tout semble toujours s'arranger entre la poire et le fromage.

Dans les loges, on se côtoie, on se tutoie, on se serre la main. Entre frères, on se rend mutuellement service, une entraide qui prévaut sur toutes les autres. « La franc-maçonnerie en cuisine, on y revient toujours, souligne une attachée de presse d'un étoilé parisien[2]. Les chefs subissent une pression sur le choix des fournisseurs, et surtout, dans leurs cuisines, lorsqu'ils doivent embaucher quelqu'un ou passer d'une maison à une autre. Il faut bien entendu être du sérail quand on travaille chez Robuchon ou chez Ducasse et ceux qu'ils ont formés. Les apprentis s'échangent entre initiés qui font avant tout travailler les leurs ou leurs enfants. » Par ce biais, ils peuvent veiller attentivement sur

1. *L'Express*, 11 juin 2009.
2. Entretien avec l'auteur.

leurs ouailles et sur leur parcours professionnel. Et plus si affinités. On se souvient ainsi qu'au début des années 2000, le chef du Crillon, avec deux comparses de grandes tables parisiennes, avaient été épinglés pour des dessous-de-table supposés avoir été versés par leurs fournisseurs. Tous maçons, ils étaient suspectés d'avoir organisé un système qui permettait à tout le monde de s'enrichir sur le dos des restaurants et de leurs clients. Révélée par la presse, cette affaire n'a pas eu le retentissement qu'on aurait imaginé. Aucune poursuite. Les chefs, qui contestent les faits, ont poursuivi leur carrière sans être vraiment gênés. D'aucuns y ont vu l'étendue du pouvoir de la franc-maçonnerie sur la cuisine, d'autres, « un système de protection réciproque ». La vérité est sans doute entre les deux dans ce cas précis. D'ailleurs il n'est pas superflu de noter que Jean Miot, ancien patron du *Figaro*, de l'AFP et de l'influent syndicat de la presse parisienne, longtemps responsable de nombreux organismes professionnels et chroniqueur gastronomique au *Figaro*, est considéré comme l'archétype du « grand maçon d'influence ».

Les gastronomes influents du Club des 100

Défenseur « d'une cuisine nationale », le Club des 100 a lui été fondé le 4 février 1912 par Louis Fourest, un journaliste du *Matin*, après une excursion automobile à Évreux qui avait pour objectif un repas au restaurant La Biche. On dit qu'à l'époque il fallait faire plus de 100 kilos pour en faire partie, ce qui en dit long sur la philosophie des fondateurs. Formé de gastronomes, ce club se réunit une fois par semaine depuis plus de 80 ans, au départ surtout chez Maxim's. Pour Forest, ce sont « quelques hommes d'esprit, dégoûtés des palaces et fervents de bonne cuisine ». En réalité, il s'agit bien là du cercle le plus secret de la gastronomie. Par le biais de la cooptation et des parrainages, ne s'y retrouvent que des journalistes, éditeurs, restaurateurs, politiques et riches industriels. Le principe est simple : pour chaque repas, un membre volontaire, appelé ce soir-là le brigadier, choisit le menu et organise la fête. Ce sont alors de véritables agapes, avec plus de sept plats rarement légers, terrines, gibiers, fromages, chariot de desserts. But avoué du Club des 100, « défendre le goût de notre vieille cuisine nationale, tristement menacée par les formules chimiques toutes importées de pays où on n'a jamais su préparer même une poule au pot ». Il fait la promotion, comme les chefs et la critique gastronomique de l'époque, du passé culinaire français, de son côté patrimonial et non de sa vivacité. Un point commun à bon nombre de confréries persuadées que c'était bien mieux hier. L'idée au départ est de garder secrète la liste des membres, venus de tous les horizons et que regroupe la passion de la table. Mais, rapidement, les noms sont connus. Pierre Messmer, ancien Premier ministre du général de Gaulle, Bernard de Nonancourt, alors propriétaire des champagnes Laurent-Perrier, en ont été d'éminents compagnons. Des repas hors du commun en bon voisinage, c'est le credo de cette « docte compagnie ». L'éditeur de toute la planète food, Claude Lebey, a longtemps été l'animateur du Club des 100. Y participaient également de nombreux industriels de l'agroalimentaire, davantage gastronomes qu'amateurs de gastronomie. C'est surtout « leurs visages réjouis » qui témoignent de leur amour pour la bonne chère, plus que leur connaissance. « Gueulards avertis », ils sont membres de toutes les confréries. À la suite, un certain André Robine créera le Club des pur-cents, puis l'Académie des gastronomes, ou encore le cercle des gourmets, qui servaient à banqueter sous de fallacieux prétextes. Très sélectif, le Club des 100 rassemble aujourd'hui cent gourmets qui ont fait leurs preuves (et leurs dix-huit stagiaires), comme Marc Ladreit de Lacharrière, Louis Schweitzer (ex-P-DG de Renault) et Jean-Marc Simon (ancien vice-président exécutif du groupe Accor). Jean-Paul Lespinasse (président de Lenôtre), Jean-Louis Beffa (ex-P-DG de Saint-Gobain), Philippe Bouvard en font également partie. On y croise aussi Jean-Pierre Raffarin, Xavier Darcos, Robert Peugeot, Bernard Pivot, Erik Orsenna, Jean-François Cirelli, Daniel Bouton (ex-P-DG de la Société générale), Claude Bébéar (AXA), Patrick Ricard, Martin Bouygues ou Claude Imbert (*Le Point*). Selon *Le Figaro* [1], « C'est le seul endroit où on se fait des copains d'enfance à 60 ans », a coutume de dire le banquier Bruno Roger (Lazard) qui y côtoie Serge Michel, parrain de Jean-Marie Messier (ex-Vivendi) et de Philippe Camus (Alcatel-Lucent).

Un déjeuner a lieu le jeudi de 12 h 30 à 14 h 30, mais diverses manifestations sont organisées pour les membres chaque année. Deux fois par an, ils peuvent inviter amis et femmes à partager un banquet. Rendez-vous important également, la cérémonie de couronnement des chefs. Le diplôme du club est un prix reconnu dans l'univers de la gastronomie et est remis aux meilleurs chefs et « à tous ceux qui comptent en l'art gastronomique ». Depuis 2003, le président du Club des 100 est Jean Solanet, expert immobilier reconnu. Éric Fréchon, le chef virtuose de l'hôtel Bristol à Paris, a été l'auteur d'un repas remarqué pour les 100 et d'autres restaurateurs comme Paul Bocuse sont membres d'honneur de cette confrérie qui avait pour but d'« arrêter l'affligeante décadence de notre art culinaire, le défendre non point par de vains discours mais par des actes ». Tout un programme.

1. 30 avril 2010.

La mal nommée Académie des gastronomes

Il existe bien d'autres sociétés ou confréries, plus ou moins bonnes et plus ou moins secrètes, qui célèbrent la bonne chère et les grands vins, sous couvert de défense du patrimoine. C'est le cas par exemple de l'Académie des gastronomes, créée en 1928 à Paris par Curnonsky. Elle compte quarante membres recrutés par cooptation et jusqu'à une dizaine maximum de membres associés, d'amis dits « membres libres ». Traditionnellement masculine, l'Académie s'est ouverte aux femmes qui organisent également un dîner par mois. Deux fois par an, un grand dîner de gala réunit l'ensemble des membres. Son activité principale est d'éditer et de rééditer des ouvrages culinaires passés et présents. Après Jean Sefert, son actuel président est Marc Spielrein, par ailleurs le patron du marché d'intérêt national de Rungis. Lui aussi s'est lancé bille en tête dans le combat pour la défense des traditions culinaires françaises.

Parmi les autres confréries, l'Académie internationale des gourmets et des traditions gastronomiques, anciennement Académie Brillat-Savarin, le Cercle des Gourmettes, la Confrérie de la chaîne des rôtisseurs, la Confrérie des chevaliers du Tastevin, ou encore le Club Prosper Montagné. Fondé en 1949 par des amis du chef des armées françaises et auteur de livres gastronomiques comme le *Larousse*, il a pour but de défendre la gastronomie française et développer les grandes maisons en leur décernant des prix et des récompenses chaque année, notamment le Prix culinaire, le Championnat des écaillers et la Coupe Léon-Beyer. Des diplômes et des panonceaux en forme de borne kilométrique sont remis aux tables distinguées.

Syndiqué ? Oui chef !

Mais ce n'est pas tout. Pour tenter d'imposer leurs vues, les cuisiniers se sont regroupés en syndicats qui notamment semblent avoir pour vocation de leur permettre de s'entre-déchirer. Un vrai micmac ! Le plus connu d'entre eux est l'Union des métiers et des industries de l'hôtellerie (UMIH), qui fut présidé pendant dix ans par une « grande gueule, » André Daguin, ancien chef étoilé à Auch. Roland Héguy, un Basque, lui a désormais succédé. C'est un organisme patronal qui représente les professionnels de l'hôtellerie et de la restauration au sens large, qu'il s'agisse des chaînes ou des indépendants. L'UMIH est considéré comme le syndicat le plus représentatif de la profession car plus de 35 000 restaurateurs indépendants y sont affiliés, sur l'ensemble du territoire. Il défend les intérêts professionnels de ses membres, et joue même un rôle de lobbying auprès des pouvoirs publics. Son credo : défendre les petits contre les gros, avec la contradiction majeure de compter dans ses rangs aussi bien les chaînes de restauration rapide que des grands chefs.

Mais il faut aussi compter sur la chambre syndicale de la haute cuisine française (CSMCP), co-fondée par Jacques Maximin, et dont Joël Robuchon est le président d'honneur. C'est une sorte de club des grandes toques et des étoilés. Son histoire récente est particulièrement perturbée. Depuis dix ans, on ne compte plus les démissions en cascade, les désaveux. « Trop d'individualisme, pas de moyens », c'est ce que semblait regretter Jacques Pourcel au lendemain de sa démission de la présidence en mars 2003, tout en regrettant : « La chambre de la haute couture réalise des choses formidables dont tous ses membres se louent, pourquoi pas nous ? » Seule trace de son passage à la tête de l'institution, la volonté d'établir une sélection de produits agroalimentaires de qualité par les grands chefs pour la grande distribution ! Pour être ridicule, la chambre de la cuisine n'avait pas besoin de cela. En 1996, sa belle unité de façade avait déjà explosé : à la suite du manifeste « pour la défense de la cuisine française », de Robuchon, Ducasse, Loiseau et Blanc, contre « la mondialisation de la cuisine », tous les « jeunes » cuisiniers – près d'une vingtaine – avaient quitté la CSHCF. Marc Veyrat avait alors assuré que « ce discours conservateur et archaïque était en fait un véritable danger ». Il n'avait pas tort. Forts de leurs traditions et de leur vision franco-centrée de la cuisine, les grands chefs, tenants du classicisme, tentaient, une fois de plus, en campant sur leurs positions archaïques, d'éviter que la marmite ne déborde et que la soupe ne leur échappe. L'implosion du syndicat avait été évitée de justesse, certains de ses membres accusant le Savoyard, en proie à des problèmes financiers, de l'instrumentaliser à des fins personnelles, pour se faire de la publicité. Alors membres de la chambre, Georges Blanc et Alain Ducasse s'étaient plaints de cette prise d'otage médiatique par un chef qualifié de « flambeur ». Furieux, mais également convaincu que la cuisine devait rester en perpétuelle évolution, Veyrat avait aussitôt fait dissidence, en lançant un nouveau mouvement, le Groupe des 8. À ses côtés, Michel Bras, Olivier Roellinger, Alain Passard, Jean-Michel Lorrain, Michel Troisgros, Pierre Gagnaire et Jacques Chibois. Des dissensions qui contribuent à brouiller l'image des cuisiniers, en opposant les classiques et les avant-gardistes. Attitudes méprisantes des uns, déclarations intempestives des autres, un fossé s'est creusé qui n'a jamais vraiment été comblé depuis. Veyrat promettait alors de « faire valoir notre identité » parce qu'il lui semble alors « plus important de nous occuper des jeunes qui feront la gastronomie de demain et de leur formation ». Pour Paul Bocuse, « si l'on veut revenir un petit peu en arrière, on se souvient que la collaboration entre le *Guide Champérard* et la chambre syndicale de la haute cuisine française avait mis le feu aux poudres. Il y a eu des dissidents et j'avoue que j'étais d'accord avec eux et que j'aurais pu moi aussi, démissionner. Je pense que c'est là qu'est née l'idée de Marc Veyrat de créer le Groupe des 8 qui me semble une bonne idée... Même si, pour être efficace, il faudra être encore plus nombreux. »

Résultat, le syndicat des grands chefs « n'a pas le standing qu'il mérite [1] », explique Jacques Le Divellec. Et c'est peu de le dire. Bernard Loiseau pour sa part l'avait quitté en 2002 car il n'avait pas le temps de s'investir dans des actions collectives. Alain Ducasse, lui, en est parti en 2003 pour marquer son désaccord avec Jacques Pourcel qui venait de lancer une charge violente contre les guides gastronomiques. C'est qu'au fond il ne se passe rien dans ce « Sénat » de la cuisine française, auquel les chefs, pour accéder, doivent avoir au moins une étoile du *Michelin* et recevoir le parrainage d'une grande toque déjà membre, avant de s'acquitter d'une cotisation de 1 250 euros annuels. Pourquoi ? Pour se retrouver dans une nasse pleine d'ambitieux qui veulent pour eux-mêmes en plus de l'argent et de la gloire, le pouvoir, l'influence et rien pour les autres. Ce n'est pas à la gloire de la profession. « Une honte plutôt pour le métier », selon Le Divellec. Il est vrai que s'étouffer avec de fausses indignations permet de faire l'économie de l'action. Surtout à l'heure où les gastronomies du monde entier mènent l'offensive. L'institution maudite a depuis été laissée en déshérence.

1. Entretien avec l'auteur.

Le club des sans-grade

Il existe par ailleurs un grand nombre d'associations qui regroupent les chefs qui ne sont pas dans les autres. Si un chef n'est membre d'aucune organisation, c'est que c'est parfaitement volontaire et calculé ! Il faut dire que certaines sont d'une utilité redoutable. Les maîtres-cuisiniers de France a pour ancêtre une association créée il y a plus d'un demi-siècle et baptisée jusqu'en 1967 l'Association des maîtres-queux. Elle regroupe aujourd'hui 340 chefs. Son objectif : « défendre et promouvoir la qualité et la renommée de la cuisine française ». En clair : sauvegarder nos traditions et surtout les toques blanches, c'est-à-dire la grande gastronomie qui se tient droite dans ses bottes. Ce n'est donc guère étonnant que Paul Bocuse en soit le président d'honneur. Y participent donc de nombreux chefs français qui exercent à l'étranger. Le seul avenir qu'envisagent ses membres est le maintien de ce qui existe. Surtout, que rien ne change, que rien ne vienne déstabiliser les institutions de la gastronomie française. Dans la charte de l'association, rédigée en 1951, il est précisé que le maître cuisinier « doit être conscient du fait qu'il s'inscrit dans une lignée illustre », qu'en héritier « il a pour mission de servir l'art culinaire », ou encore qu'il « vit dans sa cuisine ». Voilà qui en dit long sur la volonté de la profession de s'ancrer dans son temps. Car l'association fait encore largement autorité grâce à son rayonnement international. Un règlement qui date de plusieurs dizaines d'années, alors que le métier évolue tous les jours ? C'est justement le genre de chapes qui plombe la réflexion et l'évolution des cuisiniers. Ce qui fait qu'il n'y a aucun cuisinier influent parmi les membres du comité exécutif ou de l'organigramme.

Quant à l'Association des jeunes restaurateurs d'Europe, elle fédère en réalité des antennes nationales d'une organisation née en France. Dans l'hexagone, quelques dizaines de cuisiniers en sont membres. L'association remonte à 1974 ; elle fut créée sous l'impulsion de Grand Marnier pour assurer le rayonnement de sa marque dans un vaste plan marketing. Sa fondatrice, Nicole Seitz, avait l'ambition de sortir des jeunes chefs de leur isolement, de dresser une véritable « solidarité entre tous ». Le réseau s'est constitué, étoffé au niveau européen, mais il n'a pas vraiment d'identité propre. Les valeurs qu'il défend, « Talent et passion » sont tellement galvaudées qu'elles ne veulent pas dire grand-chose. Ses membres n'ont bien souvent pas de points communs et l'association sert plus à offrir des postes honorifiques à des membres ou d'anciens membres qu'à effectivement donner du sens à la cuisine européenne. Elle se veut pourtant « le symbole de la gastronomie montante » et prétend assurer rien de moins que « l'avenir d'un paysage gastronomique européen », et même plus, « le défi d'une révolution ».

Beaucoup de chefs moquent la « médaillite » aiguë des cuisiniers de second rang qui, à défaut d'avoir réussi leur carrière d'artiste et d'entrepreneur, se piquent de cumuler les présidences de tous les ordres gastronomiques locaux, la direction d'une association européenne des jeunes toques ou des chefs de plus de 49 ans, les médailles des confréries du boudin noir et du mousseux du pays. Ils rajoutent à cela la présidence de la section locale du syndicat professionnel. Bien souvent, les confréries permettent à des restaurateurs que rien n'a jamais distingué de se retrouver dans les journaux, de faire parler d'eux. Ils s'échappent une fois par semaine de leur quotidien pas vraiment drôle et se font appeler « Monsieur le président ». C'est un peu le Club des sans-réseau qui se retrouvent entre amis. Généralement, les réunions ou assemblées générales de ces associations n'ont pour seul but que d'organiser des agapes dignes de ce nom. Faut-il préciser qu'elles sont largement arrosées ? « Il faut bien un prétexte pour expliquer ça à sa femme, confie un participant assidu à ces soirées. C'est ça ou passer l'aspirateur [1]. »

Il ne faut pas non plus occulter l'impact énorme des différents concours culinaires organisés sur le modèle des Bocuse d'or en France. « Entre les tenants de la cuisine classique et les modernistes célébrant les produits exotiques, Paul Bocuse joue les juges arbitres, fort de son envergure », écrit Michel Chabot à propos du « pape » de la gastronomie française. Dans le sens où il veille à l'application à la lettre des dogmes de son Église, où il baptise les nouvelles ouailles, ce n'est pas une vaine comparaison. Et gare au parjure, il se verrait aussitôt traité d'hérétique, de fou, et jeté au bûcher réservé aux sacrilèges, aux modernes qui veulent enterrer leurs pères. L'Institut Paul Bocuse, organisme de formation du chef éponyme dans la banlieue de la cité des Gaules, « a pour clef de voûte les liens étroits tissés avec des hommes et des femmes qui, chaque jour, défendent ce que nous avons reçu : une tradition, un héritage, l'esprit d'un métier ». Les termes sont proches de ceux utilisés par les frères maçons, avec la pesanteur de la tradition et des corporatismes. D'ailleurs, la seule raison d'être des Bocuse d'or, créés en 1987, est de « perpétuer la tradition ». Bocuse a mis en place un vaste réseau international de chefs qui lui envoient leurs élèves. Tous les récompensés vouent au « maître » une reconnaissance éternelle.

Par les thèmes et les techniques imposées aux jeunes qui cherchent à percer, des concours comme le Trophée Coq Saint-Honoré organisé dans l'enceinte de la fameuse école

1. Entretien avec l'auteur.

supérieur de cuisine Grégoire Ferrandi à Paris, pour « promouvoir la volaille fermière Label Rouge ou AOC » sont de véritables conservatoires de l'art culinaire. Ils exigent des jeunes chefs des pommes dauphine façon Escoffier ou une galantine de volaille toujours selon Escoffier. Voilà pourquoi beaucoup n'évoluent pas, cantonnés qu'ils sont, étouffés par des prédécesseurs imposants et prestigieux. Il en est de même pour l'Académie nationale de cuisine, qui promeut « l'authenticité de la gastronomie française », à travers ses trophées et ses manifestations promotionnelles. Autant de structures qui ronronnent avec la bénédiction des anciens qu'elle protège. Mais on ne dira jamais assez le mal que font certaines au dynamisme et à l'avenir de la cuisine française.

5

La mésentente cordiale

> « Je vais lui faire une offre qu'il ne pourra pas refuser. »
>
> Vito Corleone, *Le Parrain*, film de Martin Scorsese

En dépit de ses nombreuses formes de représentativité, la gastronomie française s'est montrée largement incapable de cogiter à la cuisine qu'elle voulait. S'adapter aux nouveaux modes de consommation et savoir revenir sur ses certitudes, sont deux qualités bien mal partagées des cuisiniers et de leurs associations. « Au sein du syndicat de la haute cuisine, explique Jacques Pourcel [1], j'ai tenté de faire des choses, mais je me suis souvent retrouvé trop seul pour parvenir à faire bouger les choses. [...] La crise économique contraint les cuisiniers à se recentrer sur leur entreprise. Si certains s'occupent de formation et tissent des liens de solidarité, la plupart n'ont ni le temps ni les moyens pour se rassembler. » Ajoutez à cela une pincée de compromission, une bonne dose de confréries ringardes, l'absence de réelle entraide, et l'on se retrouve incapables de faire face à la concurrence industrielle et multinationale. Dominique Loiseau confirme : « Les restaurateurs sont des gens très individualistes [2]. » En écho, Jean Miot ne dit pas autre chose : « La confraternité en matière de gastronomie vaut bien celle de la presse ! La confraternité journalistique est

1. *Le Nouveau GaultMillau*, n°1, avril-mai 2003.
2. Entretien avec l'auteur.

quelque chose de palpable, et c'est bien pire en cuisine. Ils s'embrassent avec le sourire et conservent des couteaux dans les manches et les pointes des fourchettes entre les dents. Il faut bien le dire, il y a une jalousie spontanée naturelle, qui fait qu'on dit bien volontiers du mal du voisin. » Ainsi, c'est la course aux étoiles qui aura raison de l'amitié entre Georges Blanc et Alain Chapel (Mionnay), puisque le second n'a pas supporté que son voisin le rattrape, comme bien souvent lorsque les restaurants sont proches, dans un rayon d'une heure en voiture. C'est alors la guerre. « En salle, c'est décor de luxe, écrit Vincent Noce [1], service feutré et belles assiettes. En coulisse, la partie de la gastronomie est déchirée de guerres secrètes. Des bandes rivales se partagent les territoires, les chefs de guerre se défient, les coups bas sont la règle. L'enjeu, c'est le cachet. » Il n'y a qu'à entendre Alain Ducasse parler de Ferran Adria ou de Pierre Gagnaire d'un air malicieux : « Adria, il va aller se rhabiller. Si on n'a pas la réflexion, le "terroir mental", on n'a rien. » Lorsqu'en 2000 Alain Passard se lance dans la cuisine des légumes à grand renfort de publicité dans la presse, en pleine hystérie de la « vache folle », et qu'un journaliste ose parler de « nouveauté », Alain Ducasse bondit et écrit : « Le 27 mai 1987, j'avais déjà mis un menu légumes à la carte du Louis XV à Monaco » ! Seize ans après, quand « ça arrive enfin à Paris » et que la presse aille jusqu'à utiliser le terme de « révolution », le voilà qui fustige l'ignorance des journalistes, parlant de « mode » et de « tomate à la plancha », alors que, comme l'huile d'olive, « une mode millénaire », ce sont des choses qu'il a déjà faites.

Le microcosme des toqués est donc un monde sans pitié dont les habitant ont des mœurs verbales parfois brutales, à l'instar d'André Daguin, l'ancien président de l'UMIH.

1. *Libération.*

La cuisine, ce « métier généreux », comme le revendique le chef gersois, laisse donc parfois un goût amer. Le mépris que les chefs affichent les uns pour les autres en privé est bien surprenant, compte tenu de la sympathie toujours affichée en public. On est bien loin du onzième pilier de la Nouvelle Cuisine française, l'amitié. Il a été si vite oublié qu'on se contente d'évoquer toujours et exclusivement les dix commandements de la NCF. Pourtant, Gault et Millau le tenaient en haute estime : « Ce sont des gens qui s'aiment, écrivaient-ils à propos des chefs qui inventent. Parlez de Bocuse aux Troisgros, des Troisgros aux Haeberlin, des Haeberlin à Guérard, de Guérard à Delaveyne, de Delaveyne à Manière, de Manière à Senderens et de Senderens à Peyrot, etc., élargissez la chaîne si vous voulez, les maillons resteront soudés. Ils s'aiment bien, ne se jalousent pas, se repassent des idées, des recettes, des idées, des adresses, et même des clients. Et c'est bien pour cela que ces gens ont autant de talent. »

Quarante ans plus tard, il semblerait qu'il y a surtout derrière les fourneaux beaucoup de faux amis. Le copiage n'a jamais été autant en vigueur. Il a pris des proportions colossales. Michel Bras, Alain Ducasse, Ferran Adria en sont presque quotidiennement les victimes. Certains confrères peu scrupuleux copient sans vergogne leurs plats. En fait, se consacrer à sa propre cuisine, à ses petites affaires, voilà bien l'ambition des grands chefs français. Aucun n'a vraiment envie de passer du temps à travailler pour un collectif qui, au fond, n'en est plus un. Plus personne ne croit à la force de la représentation, comme le dit Alain Ducasse : « S'unir est sans doute un bien grand mot parce que nous sommes une profession d'indépendants, mais en tout cas il faut élever le débat pour que la cuisine française s'y retrouve au-delà des débats régionaux, des tendances ou d'obédience [1]. » Justement, parlez de Ducasse à Robuchon, voilà ce que vous obtiendrez : « Je ne suis pas comme Ducasse avec cinq, six attachées de presse [2]. Ducasse est un homme d'entreprise. Il adore les affaires. Il est même affairiste. Il a plusieurs fois trois étoiles, il a une stratégie, une organisation. C'est une évolution vers une autre voie. Moi je resterais plus dans mon restaurant. Mais sur le plan humain, la qualité morale de l'homme, je m'interroge, mais j'ai beaucoup d'admiration pour lui comme professionnel ». Rappelons que les deux hommes, aujourd'hui associés dans un restaurant parisien, Reich, ont longtemps été très fâchés. Lorsque Robuchon ouvre son Atelier à Paris en 2003, Alain Ducasse est en colère : ayant déposé le nom, il en est propriétaire. Robuchon, lui, est sûr de son bon droit. L'un de ses best-sellers dans l'édition ne s'intitule-t-il pas *L'Atelier de Joël Robuchon* ? Le ton monte. Ducasse est *persona non grata* sur Gourmet TV, la chaîne de télévision lancée par Robuchon. Puis Ducasse finit par céder l'Atelier à Robuchon, moyennant finances. De tempéraments opposés, les deux monstres sacrés se regardent un peu en chiens de faïence et n'ont jamais été amis, même s'ils assurent se vouer une « admiration réciproque ». On dîne ensemble, on fait des livres, comme le dernier Robuchon, *155 recettes pour mincir et rester mince enfin*, coécrit avec le Dr Patrick-Pierre Sabatier, édité par AD éditions en 2008. D'autres sont en cours. Les affaires sont les affaires, on ne se refait pas.

En période de crise, qu'elle soit économique ou idéologique, les cuisiniers se recentrent sur leur entreprise.

1. Entretien avec l'auteur.
2. Propos recueillis par l'auteur.

Quelques-uns comme Alain Senderens, Régis Marcon, prennent le temps de s'occuper de formation, d'autres comme Antoine Westermann tentent de tisser des liens de solidarité entre les cuisiniers. Mais, pour Jacques Pourcel, « la plupart n'ont ni le temps, ni les moyens pour se rassembler ». De temps en temps, il y a néanmoins des petits sursauts. Début octobre 2002, on retrouvait ainsi Alain Senderens, Pierre Gagnaire, Alain Dutournier, Guy Savoy, Guy Martin, Régis Marcon et Bernard Pacaud dans un manifeste anti-OGM autour d'André Daguin. Ils se prononçaient alors pour un « principe de précaution gustatif ». Inquiets des progrès de l'agriculture intensive et des OGM, ils ont au départ eu peur que leurs prises de position publiques heurtent leurs clients. Puis ils ont fini par s'accorder pour défendre producteurs et produits traditionnels et rédiger un manifeste commun s'opposant au développement des OGM et demandant un suivi très encadré. Une opération soutenue par Euro-toques (trois mille cuisiniers dits « de qualité » en Europe, dont cinq cents en France) et l'UMIH. Qui a dit que les chefs n'aimaient pas le progrès ?

Les nouveaux parrains

À partir des années 60, sur un terreau fertile, c'est une nouvelle génération de chefs qui a prospéré, plus individualiste, plus capitaliste, à l'image de la société française. Le credo inavoué de ses membres ? « Devenir calife à la place du calife », bref, détrôner les vétérans appelés Bocuse, Blanc, Lenôtre ou Guérard, et sortir de la grotte. Ils se sont structurés de façon anarchique, à la recherche de l'argent, du pouvoir et de l'influence. Le tout alimenté par l'ego et, il faut bien le dire, un certain talent.

Du coup, ce sont les clans qui font la loi. Et au premier rang desquels Alain Ducasse, bien qu'il s'en défende.

Véritable figure emblématique, le seul rassembleur aujourd'hui, ce pourrait être lui. Seulement voilà, il est trop occupé à développer son groupe pour vouloir perdre du temps et de l'argent dans des querelles institutionnelles. « Il faut une forte personnalité, précise Le Divellec, pour tenir les troupes. Il faut être libre, sans activité. » Ce qui n'est pas le cas de Ducasse, loin de là. À mille lieux des corporatismes, le plus grand chef du monde essaie de fédérer de façon plus constructive, comme il l'a fait avec son opération Food France. Pendant des années, Alain Ducasse, qui avait baptisé en coulisse l'opération « la relève », allait chercher une vingtaine de chefs dans nos régions et leur offrait pendant deux semaines les cuisines de la brasserie du Plaza Athénée. Sa « cuisine academy » qui a rencontré un grand succès l'a installé année après année comme le grand parrain de la cuisine française. Mais, en privé, il soupire : « Je fais des choses dans mon coin. Je fais ce que je peux. Ce qu'on décide, on le fait de manière modeste. Je ne fais pas la révolution [1]. » Vu son messianisme, on serait pourtant porté à croire le contraire. C'est ainsi qu'on le voit jouer les deus ex machina de la cuisine française, se vantant par exemple d'avoir imposé en son temps à la tête du restaurant de l'hôtel Crillon, son ancien second du Plaza Athénée, Jean-François Piège, qui vole aujourd'hui de ses propres ailes, ou d'être consulté par les propriétaires de restaurants et d'hôtels du monde entier qui viennent quémander une recommandation, un chef. Fût-il marmiton, il leur importe juste d'avoir l'imprimatur de Ducasse. Comme si rien ni personne, aucun honneur, aucune gloire ne devait lui résister. Ducasse est bien plus que le syndicat de la haute gastronomie à lui tout seul, une multinationale qui roule et qui

1. Entretien avec l'auteur.

a fait ses preuves, dont les armées sont légion et réparties à travers le globe.

Fin 1998, Ducasse a racheté un guide, *Châteaux et Hôtels indépendants*. Pour un peu plus de 1, 7 million d'euros, il a racheté la marque (1,8 million d'euros d'investissements) qu'il contrôle avec son homme d'affaires Laurent Plantier, rouage indispensable de la machine Ducasse, redoutable et efficace. Avec le guide de la chaîne, Ducasse est également devenu éditeur et représente dans certaines régions un pouvoir considérable. Nombre de chefs et de maisons dépendent désormais de lui pour exister médiatiquement. Le chef gascon n'a pas besoin de l'influence supposée d'un club ou d'une association, il s'est offert un parti politique complet, avec ses fédérations. Les chefs qu'il fait monter à Paris ont bien compris qu'ils lui doivent tout. Chaque semaine, dans *TV magazine*, une recette, une région, une des auberges estampillées Ducasse sont à l'honneur. Un système bien rôdé qui fait bénéficier aux perdreaux de l'année du réseau Ducasse et de son efficacité. Ainsi, tout le monde veut y rentrer. Surtout que si on est sage, le maître consentira peut-être à vous publier avec sa maison d'édition.

Le Plaza Athénée à Paris, le Louis XV à Monaco, des auberges de campagne (la Bastide de Moustiers, Iparla dans le pays basque), New York, Las Vegas, Londres… le chef multi-étoilé alimente sa multinationale avec les talents qu'il attire à lui. C'est sa façon de faire, plutôt que de signer des licences et des produits dérivés à tour de bras : « Je ne veux pas faire de cravates ni vendre mon nom, ce n'est pas ma stratégie. Et si j'accepte de faire un ou deux dîners par an, je prends très cher. » Le chef a ainsi toujours refusé les plats cuisinés : « Ma tronche ne passera pas sur un tapis roulant de supermarché entre une boîte de clous et un rouleau de papier toilette… ». Une posture ? « Alain Ducasse fait de la cuisine, pas du business », assure son attachée de presse.

Malgré les critiques, l'homme en question se moque de tout ça. Il se définit comme « un cuisinier moderne qui dépasse les frontières de l'hexagone ». Mais comment fait-il alors ? Prioritairement, il s'occupe de ses grands restaurants. Pour le reste, il préfère parler d'activités « annexes et accessoires ». On ne le dira jamais assez, Alain Ducasse « veut être présent partout ». Aucun cuisinier n'aura créé un tel empire. Ducasse, lui, assure que « le rythme de croissance est rythmé par notre capacité à former des gens [1]. C'est simple, après c'est eux qui poussent derrière. Alors il faut bien créer des restaurants si on ne veut pas qu'ils partent ailleurs ». En termes de management, Alain Ducasse résume ses méthodes par un simple jeu de mots : « Savoir-faire, savoir-faire-faire et faire savoir. » « C'est comme ça que j'occupe mon temps, un tiers, un tiers, un tiers. » Le secret de Ducasse est qu'il sait s'entourer et déléguer. Il insuffle son esprit, et ce sont ses seconds et leurs brigades qui réalisent ses recettes, sa cuisine. Ce qui fait qu'il est partout et nulle part. « Mes clients savent que je ne suis pas forcément dans mon restaurant au moment où ils viennent [2]. » Son ambition ? Laisser une trace dans l'histoire de la cuisine moderne. « On verra dans quelques décennies ce qu'en diront les contemporains, mais je suis pour la transmission du savoir. Dans mes restaurants, j'ai introduit de nombreux étrangers. On est là pour donner [3]. » Et, moyennant finances, il donne. De Gustibus, son école de cuisine à Argenteuil (1 500 euros la semaine), lui permet également de facturer des honoraires de conseil pour des séances formation par le biais d'Alain Ducasse Formation.

1. Entretien avec l'auteur.
2. Entretien avec l'auteur.
3. Entretien avec l'auteur.

Une véritable guerre des clans

Les conflits entre les Bloods et les Creeps à Los Angeles ne sont rien à côté des querelles qui opposent ducassiens et robuchoniens, savoisiens et bocusiens. Certes, les guerres de position que se font les émules des grands chefs, sous la férule de leurs patrons, est physiquement moins féroce, mais elle n'est pas moins violente ni virile. En cuisine, jeux d'influence et coups fourrés, intrigues et rivalités se mènent à fleurets mouchetés. Des duels au sommet où la gastronomie est le plus souvent reléguée au second plan. C'est surtout l'ego et l'argent qui font la loi. Occuper et gagner du terrain reste la préoccupation essentielle, comme dans un jeu géant de stratégie. À chacun ses obligés, son école de formation, ses nominations à droite à gauche qui lui permettent de faire tourner les effectifs, le mercato et sa gestion par Ducasse ou Robuchon selon la saison. Les cuisiniers sont en effet devenus de véritables agents comme il y a des intermédiaires dans le football. Ainsi, en septembre 2010, c'est Alain Ducasse qui a orchestré le départ de Christophe Moret, son chef du Plaza Athénée, pour Lasserre, à Paris, une maison dont le Gascon est proche : « Lasserre, c'est une belle maison, confirme-t-il. C'était idiot que la place reste vacante. Je connais bien Moret, je me suis dit que le perdreau était prêt et je l'ai envoyé là-bas. Il faut prendre des positions, c'est ma logique. Tout le monde fait ça. Robuchon et Savoy aussi. Si on fait grandir nos collaborateurs, ils grandissent personnellement, et nos entreprises avec. Nous ne sommes pas des mécènes [1]. »

Mondialement connu, surtout au Japon et aux États-Unis, lui aussi multi-étoilé du *Michelin*, nommé cuisinier du siècle par le *GaultMillau* et sacré meilleur chef du

1. Entretien avec l'auteur.

monde par la presse américaine, Joël Robuchon n'échappe pas non plus à cette logique. Depuis l'obtention de sa troisième étoile en 1991, il attire les contrats et les élèves du monde entier. Plus important, le complexe Taillevent-Robuchon, implanté il y a quelques années au Japon, ne désemplit pas. Au pays du soleil levant, le chef français est en effet une véritable star. Dans l'Hexagone, il n'est pas en reste. Après sa vraie-fausse retraite de 1996, le chef poitevin a donné toute sa mesure. Son retour aux fourneaux très habilement piloté, d'abord à Paris avec l'Atelier, s'est transformé en machine à cash. Après une version londonienne, en partenariat avec le fonds d'investissement américain Blackstone, des Ateliers ont vu le jour à New York, Hong Kong, Macau, Las Vegas. En tout, pas moins de seize établissements qui totalisent vingt-cinq étoiles *Michelin*, un record absolu. La mondialisation robuchonienne était en route, elle n'a pas l'air de vouloir s'arrêter en si bon chemin. Mais pour Guy Martin, le chef du Grand Véfour, c'est le début de la fin : « Robuchon est quelqu'un d'intelligent, il a compris le marché. Je pense que la haute gastronomie il y en aura de moins en moins. Il y a trop de frais, il y a trop de charges. » Reste que Robuchon, s'il n'est pas fâché avec l'argent grâce à la gestion financière de sa notoriété, a toujours du mal avec les chiffres et refuse d'en parler. Et plus question de prendre sa retraite. Preuve en est l'ouverture fin 2010 d'un nouvel Atelier place de l'Étoile à Paris, dans les sous-sols du Drugstore Publicis.

Ayant fait son apprentissage de cuisinier à la dure, avec un maître que la vue d'une tâche sur un tablier suffisait à agacer, Robuchon est aussi intransigeant. Réputé pour ses colères froides et noires, perfectionniste jusqu'au bout des ongles, on lui a longtemps reproché sa dureté avec ses équipes. Aujourd'hui, il rétorque que la plupart de ses chefs sont à ses côtés depuis un quart de siècle et qu'il a formé près de mille cinq cents cuisiniers à ce stade, avec lesquels il reste en contact : « On ne peut pas dire qu'ils ont été traumatisés... J'ai même parfois affaire à des anciens qui ont claqué la porte de mes restaurants et m'envoient aujourd'hui leurs apprentis en stage [1]. » Depuis quinze ans, Joël Robuchon peut ainsi puiser à loisir dans un vivier colossal et profiter magnifiquement de sa notoriété. Ses élèves ont essaimé partout, sous son aile ou non. Éric Briffard épate son petit monde à Paris au V. Jean-Paul Hévin cartonne en tant que chocolatier, Frédéric Anton fait des étincelles au Pré Catelan comme sur TF1. Plus jeune, Frédéric Simonin a pris ses aises dans la capitale. D'autres comme Francky Semblat l'accompagnent à Macao. Nombreux sont les anciens collaborateurs de Robuchon à être devenus ses associés, à commencer par Éric Bouchenoire, Philippe Braun et Éric Lecerf, François Benot pour la pâtisserie et Antoine Hernandez en sommellerie. Une chose est sûre, les robuchoniens sont partout. C'est bien utile, lorsque ses affaires se développent à vive allure. Car, chez Robuchon, les contrats et les propositions affluent du monde entier. Les demandes de conseil, de formation également. Les plats cuisinés Fleury Michon signés Robuchon se vendent à cinquante mille unités par semaine pendant les fêtes. Les produits de la ligne Reflets de France chez Carrefour, dont le chef poitevin est le conseiller culinaire depuis 1996, réalisent plus de 150 millions d'euros de chiffre d'affaires. Hélas, Robuchon n'est plus ce cuisinier novateur qu'il était il y a vingt ans. Devenu un redoutable homme d'affaires, il intéresse moins les jeunes qui veulent embrasser la carrière et les candidatures se font plus rares. Pour son Atelier parisien, il a d'ailleurs bien du mal à trouver du personnel.

1. *L'Express*, 11 juin 2009.

Devant le rouleau compresseur Ducasse-Robuchon, pour les petits nouveaux arrivés sur le marché, il ne reste que les miettes. Après l'avènement de la bistronomie version Yves Camdeborde, des pâtissiers comme Pierre Hermé et des femmes chefs, Hélène Darroze ou Anne-Sophie Pic, on voit aujourd'hui Yannick Alléno émerger après des années de travail. Chacun cherche son créneau et attend son heure, une nouvelle ère pour travailler différemment. La plupart ont eu bien du mal à sortir du lot tant leurs aînés maintenaient le couvercle de la casserole fermé sur leur avenir. Mais tout le monde veut venir grandir avec eux.

6

Une tambouille très politique

« Chez nous, le pouvoir s'est exprimé par la cuisine. En développant une cuisine de cour qui s'est ensuite répandue, sous la République, à toutes les couches de la population. »

Jean-Robert Pitte[1], président de la Mission française du patrimoine et des cultures alimentaires

1. *Le Journal du dimanche*, 7 juillet 2008.

À table avec la République

« L'art de la table est un art de gouverner », assurent les historiens. Jean-Robert Pitte dans son livre *Gastronomie française, Histoire et géographie d'une passion* [1] fait même remonter à l'époque des Gaulois le rôle central des arts culinaires dans l'hexagone : « En Gaule, la bonne chère est inséparable de la vie politique et sociale. » La Ve République avec son faste et ses ors n'a donc rien inventé. Dès l'Antiquité, les Grecs utilisent les repas – ou banquets – comme un signe extérieur de pouvoir. Pour les hommes politiques, la table est déjà un outil de domination en même temps qu'un rite de partage collectif. Rien n'a changé. Lors d'un repas, on cimente les rapports entre les convives, on renforce leur sentiment d'appartenance à un groupe social, on crée de la cohésion. Du coup, l'accès à la table des dirigeants devient un enjeu : de socialisation, mais également de discrimination, puisque ceux qui en sont exclus sont isolés du groupe et éloignés du pouvoir. Aujourd'hui, en France comme dans la République athénienne, l'expression de la citoyenneté passe par la présence à table avec les hommes publics.

1. Fayard, 1991.

Survivance des débuts de la démocratie, revisités par nos cours royales successives, les banquets font également partie intégrante du mythe républicain contemporain. Ceci depuis les prémices de la IIIe République. Être admis à la table du prince, fût-il le président de la République, est toujours un privilège. Surtout lorsqu'il s'agit d'un dîner d'État. Il est aussi de bon ton pour un homme politique de festoyer en compagnie de ses administrés, quel que soit son rang. « J'en connais certains, raconte Jean-Luc Petitrenaud, pour ne citer que Jean-Claude Gaudin ou André Santini, qui passent à table à 13 heures pour n'en sortir qu'à 18 heures. Un élu qui n'aime pas manger a forcément des choses à se reprocher [1]. » Manger, et boire parfois au-delà de l'imaginable, fait partie de la tâche quotidienne qui incombe aux élus du peuple, parfois plus rougeauds et ventripotents que de raison. Déguster une bouteille de vin par repas est dans ce cas très apprécié. « C'est notamment issu d'un vieux fond latin aux relents machistes, explique l'historien Jean-Marc Albert [2]. Un homme qui mange et boit bien conforte son image d'homme fort. Prenons l'exemple du tollé suscité par Nicolas Sarkozy lorsqu'il a dit pendant la campagne présidentielle ne pas aimer le vin. Ou Alain Juppé qui se désolait de sa réputation peu reluisante… d'homme qui n'aime pas manger. Il a ainsi adhéré à la confrérie des amateurs de tête de veau, produit qu'il abhorre pourtant. Il faut également ne pas oublier la nature quelque peu irrationnelle du lien que tisse l'homme avec la nourriture. »

Il n'est guère étonnant, donc, qu'en 1975 Valéry Giscard d'Estaing décide de décorer de la Légion d'honneur un grand chef étoilé qu'il admire et dont il goûte la cuisine,

1. *VSD*, 5 août 2010.
2. *L'Express*, 19 novembre 2009.

Paul Bocuse, l'un des chantres de la Nouvelle Cuisine française, alors à son apogée. Déjà une véritable figure nationale, Bocuse pose comme condition – facilement acceptée par Giscard –, de pouvoir cuisiner, avec ses pairs, à l'Élysée, le repas de la cérémonie de remise de décoration. Une chance unique d'attirer les regards et les médias du monde entier. À cette occasion, le chef dédie au président son entrée, une soupe de truffes noires recouverte d'un couvercle de pâte feuilletée. Demeuré célèbre sous le nom de « soupe VGE », ce plat iconique du cuisinier lyonnais est toujours servi chez Bocuse, à Collonges, où elle porte toujours la dénomination présidentielle. Flatté, Giscard avait sorti au cours de ce dîner mémorable des Montrachet 1966 et du château Margaux 1926, l'année de naissance de Bocuse, de la cave de l'Élysée. C'est dire s'il avait apprécié.

Presque de quoi faire de la gastronomie une véritable affaire d'État. À tel point que l'historien de l'alimentation [1] Anthony Rowley écrit : « La cuisine est une véritable passion ici, sans égale dans aucun autre pays. L'invention du mot "radical-cassoulet" entre les deux guerres pour désigner une influente famille politique issue du Sud-Ouest en est la preuve. » Dis-moi où tu manges, je te dirais pour qui tu votes ! L'histoire regorge d'anecdotes à ce sujet.

Autres temps, autres mœurs, dit le proverbe, cependant la coutume qui lie gastronomie et politique perdure en France. En ce début du XXIe siècle, pas une fête de la Rose à Frangy-en-Bresse, terre d'élection du socialiste Arnaud Montebourg, sans un banquet dit « républicain », pas une journée parlementaire à l'UMP sans un repas haut en couleur, bâti autour des spécialités régionales et locales de l'étape. Même Ségolène Royal, peu connue pour avoir un

1. *Une histoire mondiale de la table, Stratégie de bouche*, Odile Jacob, 2006.

solide appétit, a saisi très tôt l'importance de la gastronomie pour les Français et n'a pas hésité à forcer le trait de son discours politique sur ce sujet. Elle a notamment construit une partie indiscutable de son parcours politique et de sa conquête de la région Poitou-Charentes sur la défense de l'AOC du Chabichou, le fromage du cru. À quelques jours du premier tour de la présidentielle de 2007, ne déclarait-elle pas lors d'une visite à des viticulteurs dans le Languedoc : « Un verre de bon vin donne du plaisir toute la journée [1]. En plus, quand il y a du bon fromage avec, c'est parfait… du Chabichou par exemple. » Encore une manière pour elle de se distinguer de Nicolas Sarkozy, candidat ascétique, sportif et buveur d'eau déclaré. De l'histoire de la Vᵉ République, on ne devrait pas retenir que Sarkozy aura été le seul à défendre la gastronomie, n'en déplaise à Guy Savoy.

Cuisine et étranges affaires

Langouste à la parisienne, noix de veau Orloff, foie gras du Périgord en gelée, salade, melon en surprise, le tout accompagné de gewurztraminer 1953, de Beaune-Grèves 1952 et de Mumm Cordon rouge 1952. C'est ce que le général de Gaulle a fait servir à l'Élysée le 31 mai 1961 lors d'un dîner donné pour la réception du président américain John F. Kennedy et de sa femme Jackie. Jusque dans ses affaires étrangères, toutes les occasions sont bonnes pour faire bombance. Comme lorsque, le 7 novembre 1988, François Mitterrand et la France reçurent comme invités Lady Diana et le prince Charles. L'énoncé du menu est en soi tout un programme : foie gras des Landes en écrin,

1. Reuters, 17 avril 2007.

baron d'agneau, rôti à la paysanne, petits légumes d'automne, tourte glacée au chocolat. Les temps changent et les bonnes habitudes restent : convenances très convenables, refroidissements très refroidis ou chaleureuses générosités, la République ne badine pas avec la table.

Le 4 novembre 2010, lorsque Nicolas Sarkozy reçoit le président chinois Hu Jintao, il met les petits plats dans les grands pour accueillir le dignitaire chinois avec tous les fastes de l'Élysée. Au menu de ce dîner événement, censé célébrer les retrouvailles franco-chinoises, un an après la venue du dalaï-lama à Paris : ravioles de foie gras, consommé de légumes d'automne, suprême de volaille de Bresse, truffe noire en croûte feuilletée, gnocchis, poire noisette à la vanille Bourbon. Les accords mets-vins sont à la hauteur : Corton-charlemagne grand cru 1998, château Lafite-Rothschild 1997 et champagne Pommery cuvée Louise 1999. Des agapes assurément ! Le lendemain soir, c'est à la Petite Maison, un restaurant typiquement provençal de Nice, que les deux représentants français et chinois se retrouvent. Et comme de coutume, la présidence de la République se fait une joie de communiquer à la presse le menu du repas : pissaladière, petits farcis et pain bagnat. Plus frugal et plus ensoleillé que la veille, mais tout aussi gastronomique. Même Nicolas Sarkozy a fini par se rendre à l'évidence : dans un pays comme la France, gastronomie et politique sont indissociables. « J'entends souvent dire que Nicolas Sarkozy ne sait pas manier la fourchette et ne boit pas une goutte de vin, raconte Guy Savoy [1], chef trois étoiles Michelin qui reçoit régulièrement le chef de l'État en ami dans son restaurant de la rue Troyon, à Paris. Il se pourrait pourtant qu'il devienne le premier président de la

1. *L'Express*, 17 novembre 2010.

République à porter un intérêt aussi soutenu à la gastronomie de son pays ». Le premier, vraiment ? Pas si sûr. Valéry Giscard d'Estaing par exemple, s'il a dépoussiéré la présidence de la République à son arrivée au pouvoir en 1974, n'en a pas moins conservé l'apparat des grandes réceptions et le goût des bonnes choses. Même si le temps passé à table a été revu à la baisse, il est le président qui a donné le plus grand nombre de dîners d'État. Comme les autres, il a gouverné à table et y a fait la preuve de son influence. « Le repas demeure une arme politique redoutable », confie l'historien Jean-Marc Albert [1]. Jacques Chirac, outremangeur, ne s'y prenait d'ailleurs pas autrement lorsqu'il se rendait Chez Yvonne, une winstub [2] strasbourgeoise, en compagnie du président allemand Helmuth Kohl. Jacques Chirac est de très loin le président français qui a le mieux compris l'importance symbolique que revêt la gastronomie française, tant à l'intérieur qu'à l'extérieur. Lorsqu'il fut l'hôte du G8 en 2003, il fit préparer au restaurant Léon, à Lyon, un fabuleux dîner dans la plus pure tradition républicaine, dont le menu fut l'un des événements les plus commentés dans le monde ce jour-là.

Les tables du pouvoir

Si Bocuse est la coqueluche des politiques dans les seventies, dans les années 80, François Mitterrand, réputé pour son exigence et ses raffinements culinaires, lui préféra Bernard Loiseau ou encore Georges Blanc, tous deux décorés par ses soins. Des cuisines plus telluriques, régionales et bourguignonnes, non loin de Solutré où il effectuait son

1. *Aux tables du pouvoir*, éditions Armand Colin, 2009.
2. Bar à vin alsacien typique (NDA).

pèlerinage annuel entouré de toutes les grandes éminences socialistes. À Paris, Tonton, comme on le surnommait, aimait aussi la brasserie Lipp. L'appétit pour la bonne chère du président ne s'est pas démenti, presque jusqu'à son dernier souffle, comme le révélait Georges-Marc Benamou dans *Le Dernier Mitterrand*[1]. Son livre fit scandale car il racontait par le menu un repas d'ortolans pris en compagnie du président malade et de tous les hiérarques de son règne finissant. À Paris, ses gloutonesques agapes avaient souvent lieu dans le restaurant de Jacques Le Divellec sur l'esplanade des Invalides à Paris. Cet antre de la cuisine nautile et nautique, « c'était LA table du président », a-t-on déjà pu lire. Il y venait en voisin et ami, accompagné de Robert Badinter, Jack Lang, Édith Cresson, Bernard Tapie, Michel Charasse, ou encore Mazarine, lorsque son existence était encore inconnue du grand public. D'ailleurs, c'est au sortir de ce restaurant que *Paris-Match* photographiera Mazarine en 1994. Mais le président n'en tiendra pas rigueur au chef, puisque, en 1989, il est choisi pour orchestrer les repas des célébrations du bicentenaire. Lionel Jospin est lui aussi un fervent amateur de Le Divellec, il s'y est même réconcilié avec Claude Allègre. Jacques Chirac et Édouard Balladur, lorsqu'ils furent Premiers ministres, ne dédaignaient pas non plus s'y afficher pendant la cohabitation. Tout un symbole.

Fines gueules, les politiques se pressent chez ce cuisinier qui a fait ses preuves à La Rochelle. Lorsqu'il s'installe à Paris en 1983 – ce n'est pas un hasard, à deux pas de l'Assemblée nationale, entre Matignon, l'Élysée et tous les grands ministères –, les gros poissons de la politique et de la technocratie s'y pressent. Beaucoup sont des fidèles de la maison. Michel Crépeau, le maire de La Rochelle et ami de

1. *Le Dernier Mitterrand*, Georges-Marc Benamou, Plon, 2005.

longue date de Jacques Le Divellec l'avait d'ailleurs soutenu quand il a été jugé en 1974 pour la mort d'un ouvrier sur le chantier de son restaurant rochellais. Hervé de Charrette est aussi un habitué de la table parisienne. De tout temps, des dîners de négociation s'y sont tenus, comme début juillet 2003 entre plusieurs têtes pensantes du gouvernement Raffarin et le Premier ministre lui-même, qui apprécie à la fois la cuisine et l'homme qu'il connaît bien. Des réunions et des tête-à-tête secrets dont Le Divellec n'a jamais défloré le mystère. Même si les socialistes, moins en fonds actuellement, préfèrent aujourd'hui le Bistrot de Paris, plus simple.

Qu'ils soient présidents de la République, députés, maires ou à la tête d'un exécutif régional, la plupart des politiques entretiennent avec les grandes toques – qu'elles soient ou non de leur région – des relations amicales qui dépassent de très loin celles de client à restaurateur et de politique à citoyen. Il n'est qu'à voir le nombre de politiques à avoir défendu la baisse de la TVA sur la restauration traditionnelle. Malgré leur emploi du temps souvent très chargé, les ministres de la République trouvent toujours le temps de remettre à des grands chefs des décorations diverses et variées. À l'époque où il était Premier ministre à Matignon, Jean-Pierre Raffarin avait tenu à remettre personnellement à Joël Robuchon les insignes d'officier de la Légion d'honneur. Ils se sont connus enfants au lycée de Poitiers et ont appris à se connaître lorsque, président du conseil régional, Raffarin a organisé une coupe d'Europe des saveurs en 1997. Depuis, il apporte au chef poitevin un soutien inestimable et sans failles. Le Premier ministre partage, outre son origine, autre chose avec Joël Robuchon : tous deux ont été élevés au broyé du Poitou, la galette locale. Ça crée des liens. Voilà qui en dit plus long que de grands discours sur l'imbrication des hommes politiques et des grands chefs. On ne sait jamais, le jour où l'on a besoin d'un petit service... Ça peut toujours être utile. C'est d'ailleurs bien comme cela que l'entendait Dominique Loiseau. Au moment de la disparition de son mari, elle confiait que si elle ne parvenait pas à payer l'impôt exceptionnel dû, elle avait prévu, en toute simplicité, « d'aller négocier, comme le font plein de gens, l'étalement de notre dette à Bercy [1] ». Sinon, elle aurait toujours pu faire appel à Jean-Pierre Soisson, ancien ministre, député et président du conseil général de Bourgogne, proche de la famille : « Bernard était l'un de mes plus fidèles rendez-vous. À Saulieu, mais aussi à Paris chez Tante Marguerite. » Et s'il y a besoin de faire appel à des députés, pas de problème, ils sont assez nombreux dans le bistrot de Loiseau rue de Bourgogne, presque plus fréquenté que la cantine de l'Assemblée nationale. Chez Tante Louise, défilent les politiques de tous bords, de Martine Aubry à Éric Woerth. Ce qu'ils apprécient ? La proximité et les salons discrets. Mais par-delà les connexions croisées et la petite cuisine des grands politiques, il arrive souvent que la politique se pique de restauration : soit en finançant l'acquisition d'un restaurant à Paris pour en faire une ambassade de la cuisine régionale, soit en subventionnant l'installation d'un grand chef dans son département, soit en facilitant l'implantation d'un restaurant sur sa commune. Mais lorsque tel est le cas, les revirements sont plus fréquents, et l'affection qu'un maire ou qu'un député porte à un chef peut vite tourner à l'aigre.

Chez les étoilés les plus prestigieux, on a donc toujours croisé les grands et les puissants de ce monde, capitaines d'industrie, magnats des médias, stars du show-biz ou

1. Entretien avec l'auteur.

vedettes du petit écran, mais surtout et toujours des politiques. Les grandes tables abritent les secrets, petits et grands, des hommes et des femmes publics. Pourtant, en toute logique, les hommes et les femmes politiques n'ont rien à faire dans les restaurants en ville, eux qui disposent dans les palais de la République et aux frais (souvent élevés) du contribuable, de chefs à domicile et de cuisines gastronomiques sur mesure. Alors ils adoptent des tables plus bistrotières que les trois étoiles parisiens, des brasseries ni moins discrètes ni vraiment moins onéreuses, mais tellement plus « peuple ». De Gaulle qui, lui, n'avait pas à se forcer pour faire comme M. Tout-le-Monde, avait orchestré chez Lipp la pseudo-réconciliation de Pompidou et Giscard... Le lendemain, la maison devenait un lieu de pouvoir où il était de bon ton de voir et d'être vu. Depuis, l'expression « cantine de la République » est passée dans le langage courant, pour évoquer un restaurant où les proches du pouvoir se régalent entre eux. Parmi celles-ci, il y avait le défunt Edgar, rue Marbeuf à Paris, où se nouaient intrigues et entourloupes avec la complicité du patron, Paul Benmussa.

Si le Meurice a longtemps été l'une des tables préférées des hauts fonctionnaires, d'où son penchant à l'époque pour le classicisme, aujourd'hui, c'est le Bristol, proche de l'Élysée, qui a les faveurs de la cour présidentielle.Certains membres du cabinet Fillon ont également leurs habitudes Chez Laurent, chicissime table des Champs-Élysées. En revanche, les parlementaires se retrouvent Chez Françoise, aux Invalides, la véritable cantine politique de la capitale. Non loin de là, l'Esplanade a vu Nicolas Sarkozy et Cécilia se réconcilier en janvier 2006. Arnaud Montebourg, Luc Ferry, Rama Yade, François Baroin, François Hollande, Ségolène Royal y sont souvent aperçus. Sans parler de leurs conseillers qui adorent y prendre leur petit déjeuner avec des journalistes. Mais la nouvelle vague de la politique prise le Thoumieux, brasserie ancienne dans son jus, avec Thierry Costes et Jean-François Piège aux manettes. Les députés les plus gourmets comme Édouard Courtial, le bras droit de Brice Hortefeux, y font bombance. Plus classique, Jacques Chirac, lui, apprécie surtout Faugeron depuis son ouverture en 1977, mais aussi une luxueuse table, parisienne en diable, l'Ami Louis, où il emmena les Clinton et où se succèdent Jack Lang, Michel Charasse ou encore – mais plus rarement – Charles Pasqua. Fana de spécialités asiatiques, Jacques Chirac les déguste chez Tong yen ou encore chez Thiou. Thiou où l'on a vu également François Bayrou et Xavier Bertrand, mais surtout Nicolas Sarkozy et Carla Bruni. Le président, en plus des macaroni à la truffe d'Éric Fréchon au Bristol, apprécie également la soupe de truffes de Guy Savoy, devenu en quelque sorte le Vattel du Prince.

La TVA à 5,5 %, un combat politique

Parfois, des intérêts bien compris et des rapports tumultueux lient les chefs et les politiques. L'histoire récente de l'obtention par les restaurateurs, en 2009, d'un taux réduit de TVA en est un exemple flagrant. « La TVA sera réduite au taux de 5,5 % dans le secteur de la restauration à compter du 1er juillet 2009 [1] » annonce officiellement le président de la République, Nicolas Sarkozy, le 28 avril 2009, à l'occasion des états généraux de la restauration qui se tiennent à Bercy au ministère des Finances.

Dix ans. Il aura fallu dix ans d'un combat politique acharné des professionnels du secteur afin d'en arriver là.

1. Conférence de presse de Nicolas Sarzkoy, 28 avril 2009.

Pour obtenir un taux réduit de TVA à 5,5 %, les restaurateurs se sont en effet organisés dès l'an 2000 comme un véritable lobby. Auparavant, ils étaient moins unis, plus individualistes. Mais unis par cette revendication, ils se sont structurés comme des industriels, avec des moyens dignes des alcooliers ou des cigarettiers pour défendre leurs intérêts à l'échelle européenne. Leur guerre éclair a été l'un des plus beaux coups de lobbying jamais réalisés en France. Elle n'aurait réussi sans le soutien massif des politiques, et particulièrement de l'UMP. « Heureusement qu'on a pris quelques précautions et qu'on est bien organisés [1], note Roland Héguy, le président de l'UMIH, le puissant syndicat patronal qui représente le secteur de l'hôtellerie, de la restauration, des cafés et des discothèques en France, parce qu'il y a quelques semaines au Sénat [2], ils ont failli revenir sur la loi. Il restait 30 sénateurs en séance et l'un de nos soutiens nous a prévenus : “Si vous avez des appuis, dites-leur de venir.” C'est ce que nous avons fait. Voilà comment passent les lois. À force de batailler, les gens s'amenuisent et il ne reste plus que les défenseurs des amendements [...] Il y a bien quelques parlementaires PS qui nous soutiennent, mais ils ne veulent pas qu'on donne leurs noms ! Ce qui est certain, c'est que si ce sont les socialistes qui repassent en 2012, on a du souci à se faire. »

Si l'UMP a soutenu dès le début la campagne des restaurateurs pour une baisse de la TVA, c'est que ceux-ci forment le cœur de son électorat. Dès le début des années 2000, la baisse des charges et des impôts est déclarée par les sympathisants UMP comme leur toute première priorité à 64 % [3], contre 48 % pour l'ensemble des Français. Le

1. Entretien avec l'auteur.
2. Le 22 novembre 2010, note de l'auteur.
3. CSA, octobre 2002.

17 octobre 2000, le groupe UMP au Sénat dépose déjà une première proposition de loi pour l'obtention d'un taux réduit de TVA pour le secteur de la restauration traditionnel. Rien d'étonnant, donc, à ce que Jacques Chirac promette le 18 mars 2002, dans son programme pour la présidentielle, la baisse de la TVA dans la restauration. Le double discours des politiques à l'égard des cuisiniers, dont ils sont pourtant proches, a atteint son sommet avec cette promesse. À peine réélu, le président Chirac adresse une demande officielle en ce sens à la Commission européenne et charge personnellement Jean-Pierre Raffarin du dossier. Nouvellement appointé Premier ministre, l'ancien ministre des PME, du Commerce et de l'Artisanat, connaît bien le secteur. Défenseur des artisans, il est apprécié des professionnels des métiers de bouche. Dans les premières semaines de son installation à Matignon, Raffarin reçoit longuement André Daguin, président de l'UMIH. À plusieurs reprises, il se rend à Bruxelles pour négocier avec le président de la Commission européenne. « Le Premier ministre veut arriver à un résultat, affirme le secrétaire d'État aux PME en septembre 2002. La volonté du gouvernement ne peut être mise en défaut sur cette affaire. Nous avons un objectif, nous l'atteindrons. » Voilà ce que c'est qu'un engagement électoral. En décembre 2003, Raffarin réaffirme son engagement pour un taux de TVA réduit dès 2004. Ceci alors que plusieurs études assurent que « le consommateur ne ressentira pratiquement rien de la détaxation, si elle a lieu [1] », et que 30,7 % des restaurateurs pensent surtout à « améliorer la marge bénéficiaire du restaurant ».

Le 28 novembre 2004, devant le congrès de l'UMIH, Nicolas Sarkozy, alors ministre de l'Économie et des Finances, assure qu'il obtiendra l'accord nécessaire du

1. Étude Coach Omnium, 2002 et 2003.

Conseil des ministres européens pour ramener le taux de TVA à 5,5 %. Mais les négociations européennes patinent. L'UMIH multiplie les manifestations et les prises de parole, redoublant d'activisme. En mars 2007, en pleine campagne électorale, les professionnels exigent des candidats des engagements. Sarkozy les assure de son soutien. Un pari gagnant pour les deux parties : lors de son élection quelques jours plus tard à la présidence de la République, il a ainsi pu compter sur le soutien de nombreux commerçants et artisans (44 % [1]). Pas étonnant qu'il s'attache à tenir ses promesses vis-à-vis d'une population, qui, si elle n'est pas satisfaite, a tôt fait de reporter ses suffrages sur le Front national.

Un an plus tard, le 7 juillet 2008, la Commission européenne finit par se ranger aux arguments français. En mars 2009, la réduction de la TVA est autorisée par les ministres européens des Finances et dans la foulée les organisations professionnelles signent avec le gouvernement un « contrat d'avenir », dans lequel elles s'engagent notamment à garantir une réelle baisse des prix d'au moins 11,8 % et des embauches massives. En contrepartie du manque à gagner pour l'État de plus de 3 milliards d'euros par an, consécutif au passage à la TVA à 5,5 %, ils promettent 40 000 emplois supplémentaires et la revalorisation des salaires de leurs employés. Les consommateurs n'y voient que du feu. Dans les études d'opinion, ils sont favorables au combat mené par les restaurateurs pour une TVA réduite alignée sur celle de la restauration rapide. Beaucoup y voient une lutte du village des irréductibles Gaulois contre les légions bruxelloises. Mais dans les faits, la réalité est tout autre. « C'est un scandale [2] », tonne Xavier de

1. IPSOS, 23 mars 2007.
2. Entretien avec l'auteur.

Namur, propriétaire de plusieurs restaurants parisiens et hostile depuis le départ à ce cadeau fiscal qu'il juge « inutile » : « Le premier bénéficiaire de la réduction de la TVA sur la restauration est le groupe McDonald's en France. L'État lui a fait un cadeau de plus de 250 millions d'euros, de même qu'à Quick, enseigne de fast-food détenue par la Caisse des dépôts et consignations [1] ! »

Preuve supplémentaire que la baisse de la TVA dans la restauration n'est que le fruit de basses manœuvres à visées électoralistes, l'envoi le 5 mai 2009 par Xavier Bertrand, alors secrétaire général de l'UMP, de 120 000 courriers à l'attention des restaurateurs, dans lesquels il tente de se concilier leurs bonnes grâces : « [...] Je suis heureux de m'adresser directement à vous, ainsi qu'à l'ensemble des acteurs de la profession. Une profession qui rassemble 120 000 entreprises et 800 000 salariés. Une profession qui participe au rayonnement de la France dans le monde entier [...]. Une profession difficile et exigeante [...]. Une profession qui connait si bien la valeur travail et que notre mouvement a placée au cœur de notre projet. » Par un heureux hasard, lesdits restaurateurs ont également reçu un bulletin d'adhésion au parti présidentiel dans lequel il est rappelé : « Depuis des années, les restaurateurs attendent la baisse de la TVA à 5,5 % dans la restauration. Nicolas Sarkozy, avec l'appui du gouvernement, a tenu son engagement. » Sous-entendu : ce petit geste mérite bien votre soutien, surtout à l'approche des élections européennes.

Arnaque à la TVA

Plus d'un an et demi après son entrée en vigueur, il est donc temps de dresser le vrai bilan de la baisse de la TVA

1. Entretien avec l'auteur.

sur les prix et l'emploi. En réalité, ni les diminutions de prix, ni les augmentations de salaires, ni les créations d'emplois promises par les professionnels de la restauration en échange de la réduction de TVA ne semblent vraiment au rendez-vous. Ainsi, seul un restaurateur sur deux, en moyenne, a appliqué la baisse des prix pourtant garantie par les syndicats de restaurateurs en 2009, en échange de la TVA à 5,5 %. Même la brasserie parisienne l'Alsace (filiale de la Caisse des dépôts et consignations), « monument classé de la gastronomie française », où Hervé Novelli avait donné le coup d'envoi symbolique de la baisse de la TVA à l'été 2009, n'est pas exempte de reproches. Dès le 3 novembre 2009, des parlementaires comme Lionnel Luca, des Alpes-Maritimes, s'étaient inquiétés de cette « grande campagne d'intoxication » auprès des syndicats : « On a constaté des difficultés, pour ne pas dire des réticences, de la part des restaurateurs à appliquer les trois engagements du contrat d'avenir. Ce qui conduit certains députés à vouloir remettre en cause cette baisse de TVA. Nous nous voyons taxés de complaisance avec votre secteur d'activité ? Où en êtes-vous [1] ? »

Seconde douche froide : début août 2010, l'INSEE rend public ses premières observations sur l'évolution des prix du secteur : la baisse est de 1,3 % seulement, contrairement au chiffre de - 2,5 % avancé par les syndicats de restaurateurs. Le mois suivant, la tendance s'infléchit : - 0,3 %. On est loin du compte. À la rentrée, plusieurs députés UMP finissent par demander le rétablissement du taux de 19,6 %. L'IFRAP note ainsi que la baisse effective relative des prix est de seulement 2,5 % sur 17 mois [2]. Pourtant, la ministre de l'Économie avait annoncé « une baisse réelle de

1. *L'Hôtellerie*, 10 novembre 2009.
2. ifrap.org, 10 septembre 2010.

11,8 % par rapport au prix TTC initial ». Bien naïfs, les consommateurs ont attendu la répercussion de cette mesure sur leurs additions. Elle n'a jamais eu lieu. La diminution annoncée des tarifs sur une partie de la carte des restaurants devait se traduire au total par une baisse de 3 % des additions. *In fine*, selon l'INSEE, la baisse aura été de 1,41 % dans les restaurants et de 0,95 % seulement dans les cafés en un an. Des chiffres que confirme l'UFC-Que choisir dans une enquête menée dans mille cinq cent quarante-quatre lieux de restauration à travers soixante-deux départements. « Il y avait quatre volets dans nos engagements et les médias sont restés bloqués sur le prix, constate le président de l'UMIH. Or on a baissé de 3 % nos prix, mais il y a eu 1,5 % d'inflation sur les produits. Du coup les français n'ont pas vu de grosse différence, alors qu'on est dedans à quelque chose près. Et comme 80 % d'entre eux ne dépensent que 12 à 15 euros maximum pour un repas, ils n'en ont pas senti l'effet [1]. »

La Cour des comptes de son côté juge « coûteux et peu efficace [2] » le dispositif, préconisant un relèvement de la TVA à 12 %. Un diagnostic que dément le sénateur UMP Michel Houel qui parle dans les conclusions de son bilan d'étape sur la réduction de la TVA, de « retour sur investissement plus que significatif [3] » pour l'État dans cette affaire. Il suggère même de porter à cinq ans et non plus trois ans l'application de ce taux réduit. Nouvelle gamelle pour les restaurateurs en juillet 2010, lorsque le sénateur UMP Philippe Marini, rapporteur général de la Commission des finances à la haute assemblée, préconise une hausse du taux réduit de TVA, arguant que « l'État ne s'y retrouve pas ».

1. Entretien avec l'auteur.
2. Rapport du 6 octobre 2010.
3. Rapport du 28 octobre 2010.

Le président de la commission, Jean Arthuis, plaide, lui, pour l'instauration dans la restauration d'un taux de TVA « entre 10 et 12 % ». C'est dire si la mesure essuie des critiques. Car le manque à gagner pour les finances publiques est lui à la hauteur : près de 3 milliards d'euros par an, soit près de 2 % de la totalité des sommes collectées au titre de la TVA par les pouvoirs publics chaque année. À l'heure où le gouvernement promet des coups de rabot partout, une vraie niche fiscale en faveur des restaurateurs est renforcée. Incompréhensible pour beaucoup d'observateurs. « Ce cadeau fiscal n'a pas eu les répercussions promises pour les clients, les salariés et l'économie du pays [1] », assure pour sa part Xavier Denamur. Pour dénoncer l'imposture politique de cette baisse de la TVA, il a entrepris de réaliser un film sur la malbouffe à la française avec cette manne tombée du ciel. « C'est le premier film produit par Nicolas Sarkozy », jubile-t-il.

Denamur conteste le chiffre des créations d'emploi dans le secteur depuis le 1er mars 2009 avancé par les organisations professionnelles selon lequel « 33 000 emplois directs ont été créés ou préservés [2] » : « En réalité, 8 000 emplois nets ont été créés, puisque les cafés-hôtels et restaurants créent en moyenne 15 000 emplois par an depuis 10 ans [3]. » De la même façon, Denamur assure que la plupart des salariés demeurent sous payés, l'accord social ayant mené à une revalorisation des salaires au 1er mars 2009, faisant juste passer le smic horaire du secteur 6 centimes au-dessus du SMIC ordinaire.

« Chacun a fait comme bon lui semblait : rien n'était obligatoire », assure benoîtement Gérald Aveline, représentant de l'Union des métiers et des industries de l'hôtellerie

1. Entretien avec l'auteur.
2. Entre le 1er juillet 2009 et le 30 juin 2010.
3. Propos recueillis par l'auteur.

dans l'Aisne [1]. Ce qu'on oublie aussi souvent de dire c'est qu'au printemps 2004 le gouvernement Raffarin avait déjà baissé les charges sociales dans la restauration « à compter du 1er juillet 2004 ». Mesure qui devait déjà permettre la création de « 40 000 emplois sur 18 mois et 120 000 emplois sur deux à trois ans [2] ». Rebelote en 2007, lorsque Renaud Dutreil avait lancé un « contrat de croissance en faveur de l'emploi et de la modernité » dans le secteur, octroyant de nouvelles aides fiscales et allégements de charges. En 2009, avec le passage au taux réduit de 5,5 %, les plans précédents d'une ampleur d'environ 600 millions d'euros sont abrogés. Mais la nouvelle marge réelle dégagée est bien faible. Surtout que la crise a fait chuter parfois de 30 % le chiffre d'affaires des restaurateurs et que la nouvelle loi laisse chacun libre de baisser les prix de « sept produits de sa carte, d'augmenter les salaires de ses collaborateurs, et/ou de créer des emplois nouveaux ». Pas plus que les précédents engagements, le Contrat d'avenir 2009 n'a été tenu. « Faux, s'emporte l'UMIH, avec la baisse de la TVA on a créé 30 000 emplois en un an, c'est le double d'auparavant. Et on a arrêté l'hémorragie et les défaillances d'entreprises, les chiffres parlent d'eux-mêmes. » Reste que seuls les grands groupes comme McDonald's, Flo, Frères Blancs ont tiré leur épingle du jeu, et n'ont pas oublié de faire bénéficier à leurs actionnaires de ce gain miracle de 15 % de rentabilité supplémentaire. Alain Ducasse aussi, à l'entendre : « Après une année difficile, nous sommes repassés dans le positif [3]. Mais on a aussi été plus sympathiques, plus vigilants, plus dynamiques, plus à l'écoute des clients. Nous avons fait des propositions davantage à des prix coûtant. Je crois surtout que la baisse de la TVA a permis à

1. *L'Union*, 6 août 2010.
2. Communiqué de presse de Jean-Pierre Raffarin.
3. Entretien avec l'auteur.

une majorité de la profession de survivre, notamment en province. Cela a aussi permis une stabilisation du taux qui bénéficie au client final. Si ça a été mal perçu, c'est que les chefs ne sont pas de bons communicants ».

Certains se demandent pourquoi la France a le deuxième taux le plus réduit de TVA dans la restauration derrière le Luxembourg, et pourquoi Jacques Chirac puis Nicolas Sarkozy se sont démenés comme de beaux diables pour obtenir le feu vert indispensable de Bruxelles : la réponse est simple. Dans sa conférence de presse du 14 décembre 2009, le président de la République a été on ne peut plus clair : « Ces gens qui ne demandent jamais rien, ne disent rien, travaillent dur, jouent toute leur vie leur retraite sur la valeur de leur fonds de commerce, ils sont en général en famille, ils ne comptent pas leurs heures. Ce n'est pas parce que cette France qui travaille dur ne demande rien, qu'il ne faut jamais penser à cette France-là. » Voilà pourquoi la ministre de l'économie, Christine Lagarde, a calmé les ardeurs de son ministre du Budget, François Baroin, qui a demandé à l'automne 2010 un coup de rabot sur cette « très, très grosse niche fiscale ». « Si on me laissait faire, a-t-il déclaré, je la mettrais dans le coup de rabot que le gouvernement va donner aux niches fiscales ». Seulement, on ne l'a pas laissé faire. Sur le papier, cette mesure est un contrat de trois ans, mais la réalité force à constater que d'ici 2012 aucun présidentiable n'osera affronter les professionnels et brandir la menace d'un retour en arrière. Pour refréner encore davantage les ardeurs réformatrices, les restaurateurs et les hôteliers se plaignent déjà des investissements nécessaires pour la mise aux normes incendie prévue dans le secteur pour 2011 et préviennent qu'ils risquent de licencier ou de mettre la clé sous la porte si le taux de TVA est révisé. À ce titre, les gesticulations médiatiques des députés UMP ne semblent que pure façade. En exigeant des résultats immédiatement visibles de leurs débiteurs, ils veulent éviter de faire accroître l'idée que le gouvernement s'est fait avoir et prouver à leurs électeurs qu'ils demandent des comptes pour ce cadeau fiscal en temps de disette budgétaire.

La gastro-diplomatie

Étrange paradoxe, la cuisine est donc devenue un véritable champ politique sous le règne d'un président pressé, Nicolas Sarkozy, pour lequel il n'y a point de salut à table. Ses mets préférés ? Le club sandwich du Bristol, le chocolat et les truffes des cantines people à la mode. On s'en est notamment rendu compte avec la polémique sur l'inscription de la cuisine française au patrimoine mondial de l'UNESCO dont le président avait fait une priorité nationale et qui a fait « pshit ». Des débats apparemment légers, mais qui en disent long sur le pouvoir de la gastronomie, des chefs et des industriels en France. L'histoire sort au grand jour en février 2008. Lors de l'inauguration du Salon de l'agriculture, Nicolas Sarkozy annonce qu'il va présenter à l'UNESCO la candidature de… la gastronomie française ! « Nous avons la meilleure gastronomie du monde, en tout cas je le pense », déclare-t-il. Drôle d'idée. Pourtant, selon une convention internationale, ratifiée en 2006, les rituels pourraient entrer au patrimoine immatériel mondial de l'humanité, alors pourquoi pas nos spécialités, notre art de la table et notre savoir-faire ? Sous l'influence de quelques universitaires de Tours, des chefs montent au créneau, suivis par les professionnels du secteur qui entrevoient le pactole que pourrait leur apporter la labellisation « UNESCO » sur leurs produits ou leurs restaurants. « La gastronomie française veut son couronnement [1] », écrivent

1. *Le Journal du dimanche*, 7 juillet 2008.

Benoist Simmat et Bruna Basini qui rappellent que l'Espagne, l'Italie, la Grèce et le Maroc militent pour l'inscription du « régime méditerranéen » à l'UNESCO ! Les Mexicains et les Péruviens se battent également. Et la phrase du président français est mal interprétée dans le milieu plutôt feutré des diplomates de l'UNESCO. Elle est jugée prétentieuse et hors de propos au siège – pourtant parisien – de l'organisation. « Il a cru faire un trait d'humour, analyse Jean-Robert Pitte, ancien président de la Sorbonne, géogastronome de renom et président de la Mission française du patrimoine et des cultures, mais ça a déchaîné la presse et l'UNESCO, notamment les experts japonais [1]. » Ça commence mal.

Mais avec leurs soutiens politiques, les Français semblent avoir un train d'avance. C'est un peu la guerre de la quiche lorraine ou du pot-au-feu contre la salade de tomates à l'huile d'olive. Pour les médias français, l'affaire est entendue. Même *Libération*, peu porté à l'exaltation nationale, titre : « La gastronomie française au "patrimoine mondial de l'Humanité". Pourtant, le 28 juin, Chérif Khaznadar, le président de l'Assemblée générale des États membres de la convention pour la sauvegarde du patrimoine culturel immatériel de l'UNESCO met le holà à l'emballement français : « Il n'y a pas de catégorie à l'UNESCO pour la gastronomie », ajoutant même : « La convention, ni dans l'esprit ni dans la lettre, ne peut inclure la gastronomie [...] Je crains beaucoup qu'une présentation d'un dossier de gastronomie n'aille pas plus loin. » L'inscription de la France à ce titre serait donc vouée à l'échec. Mais il en faut plus pour empêcher Nicolas Sarkozy d'effectuer une belle OPA politique sur le sujet. En effet, il nomme aussitôt Jean-Robert Pitte. Ce spécialiste éclairé des vins et de la gastronomie

1. Entretien avec l'auteur.

est chargé de piloter le dossier français. Catherine Dumas, sénatrice UMP de Paris, s'empare du dossier au Sénat et mène une mission d'information sur la candidature de la France aux auditions de laquelle les grands (et moins grands) acteurs du Landernau se pressent : Guy Savoy, Thierry Marx, Alexandre Cammas, cofondateur du Bureau du Fooding® [1], ou encore le boulanger-entrepreneur Éric Kayser. Dans ses conclusions, la sénatrice parle de « sursaut », de « développement de l'éducation du goût », pour faire face « aux défis de la transmission et de la promotion de ce patrimoine vivant ». Pour elle, il est surtout indispensable d'assurer l'avenir d'un secteur dans lequel la France possède un réel savoir faire.

Comme Nicolas Sarkozy, elle a bien perçu l'enjeu économique des arts de la table. Mais pas seulement. À l'heure où les chefs espagnols, anglais, danois et même polonais sont montrés comme les nouvelles gloires de la gastronomie mondialisée, tous savent qu'il y a derrière ces enjeux une question d'influence. L'emporter sur ce terrain, c'est étendre davantage son « soft power [2] », prouver à la face du monde que l'on pèse. Autour de Catherine Dumas et de son Club parlementaire de la table française, trois cent trente députés et sénateurs sont réunis, de l'UMP au Parti communiste. Petits déjeuners, déjeuners, auxquels on aperçoit même François Hollande, qui a alors bon appétit.

Tous les professionnels du secteur se mobilisent, à l'instar de l'Institut européen d'histoire des cultures de l'alimentation (IEHCA), le centre universitaire installé à Tours et dirigé par Francis Chevrier qui est à l'origine de ce mouvement. Parmi les chevilles ouvrières de la candidature française, Guy Savoy, encore lui, ou encore Jean-Claude Ribaut,

1. Voir chapitre 8.
2. Selon l'expression due au géopoliticien américain Joseph Nye (*Soft Power*, Public Affairs, 2004).

le critique gastronomique du *Monde*. L'affaire prend un tour très sérieux et de plus en plus politique, surtout face à la candidature du « régime méditerranéen ». Nicolas Sarkozy, fait ainsi d'une pierre deux coups : en défendant bec et ongles l'art de vivre à la française et notre cuisine, il continue de caresser dans le sens du poil le cœur de son électorat, les restaurateurs, et dans le même temps il promet de renforcer le rayonnement de la France dans le monde. C'est Catherine Colonna, ambassadrice pour la France auprès de l'UNESCO qui est chargée de déposer le dossier à l'organe du comité de sélection. Elle s'appuie sur Georges-Marc Benamou, conseiller culturel auprès de Nicolas Sarkozy, et Catherine Pégard, ancienne journaliste, également conseillère à l'Élysée. Le nationalisme des fourneaux est en marche. Politiquement, c'est tout bénéfice pour le président. « L'Élysée a très vite mordu à l'idée, explique Georges-Marc Benamou. Elle tombait à pic, au moment où le président cherchait à avoir une présence forte lors de son premier Salon de l'agriculture [1]. »

La « gastronomie » refusée à l'UNESCO

Nicolas Sarkozy ne lésine pas sur les moyens pour se transformer en VRP des terroirs. Le 16 octobre 2008, grâce à quelques mécènes privés comme Dalloyau, il offre, en l'honneur de la candidature de la France au patrimoine immatériel de l'UNESCO, un déjeuner de rois à l'hôtel de Lassay. Ceci, le même jour que la date consacrée à la Journée mondiale de l'alimentation par la Conférence de l'organisation des Nations Unies pour l'alimentation et l'agriculture. L'hôte, Bernard Accoyer, président de l'Assemblée nationale, rend alors hommage à ceux qui ont préparé

1. *L'Express*, 17 novembre 2010.

ce déjeuner, les chefs étoilés Michel Guérard, Joël Robuchon, Guy Savoy ou encore Marc Veyrat. Le repas est exceptionnel. Au menu, émulsion de foie gras à l'herbe d'ache en pot de yaourt, mousseuse de pommes de terre au chocolat, huîtres en nage glacée, turban de langoustines aux spaghettis, rissole feuilletée de tendre pigeonneau et de canard au foie gras doré, sphère de tomates confites, crémeux d'huile d'olive à la framboise, mignardises... Le tout arrosé de Laurent-Perrier Grand Siècle en magnum, de Montbousquet 2006, de château Pavie 1999, premier grand cru classé de Saint-Émilion et de Laurent-Perrier rosé. Cent trente invités triés sur le volet participent à ce déjeuner officiellement destiné à soutenir la candidature de la France et à assurer son rayonnement. Mais les ministres en charge de ces dossiers, Christine Lagarde, ministre de l'Économie, Christine Albanel, ministre de la Culture, ou encore Hervé Novelli, secrétaire d'État chargé du commerce, de l'artisanat et des PME, se font remarquer par leur absence. Et si Xavier Darcos, alors ministre de l'Éducation nationale, s'est déplacé, c'est juste parce que c'est un amateur de bonne chère et qu'il ne refuse jamais un bon gueuleton. Logique : tous savent en réalité que ce repas de luxe ne servira à rien. Car la gastronomie française, malgré « deux années d'une intense campagne de promotion de l'"art de bien manger", suivie de près par Nicolas Sarkozy [1] », ne peut en réalité pas être classée par l'UNESCO. Pour assurer le service après-vente de la cuisine bleu-blanc-rouge à l'étranger, la France en est à miser sur les spécificités du « repas gastronomique des Français » puisque les spécialistes ont retoqué l'inscription de notre gastronomie nationale.

À l'Assemblée, tout le gratin de la gastronomie est réuni autour de Christian Millau, qui vient de publier un

1. La *Tribune*, 17 novembre 2010.

Dictionnaire amoureux de la gastronomie[1]. Car voilà bien la vraie raison de ce gala. En réalité, ce repas a été orchestré par le deus ex machina de l'événementiel du vin, Jean-Pierre Tuil, à l'occasion de la publication de ce livre. C'est lui qui a négocié auprès de différents partenaires la fourniture des vins et des mets. Tout le reste n'est qu'un prétexte, à commencer par l'habillage opportuniste de l'UNESCO. Mais très peu des convives le savent. Cela n'empêche d'ailleurs pas Jean Bardet et Éric Fréchon de multiplier discours et déclarations offensives.

Pourtant, l'idée de muséifier la cuisine française n'est pas partagée par tous. Comme Alain Senderens, Joël Robuchon exprime publiquement des réserves : « Je pense qu'elle part d'une bonne intention, mais le président de la République a été mal conseillé, confie-t-il à *L'Express*[2]. J'ai beaucoup de mal à comprendre l'intérêt de cette démarche. Protéger des produits, des techniques, des savoir-faire, la France a toujours su le faire avec une vraie conscience de son identité. Alors à quoi rime de faire classer la cuisine française dans sa globalité ? Est-elle menacée à ce point qu'on ait besoin de la statufier ? De plus, je suis souvent à l'étranger et je peux vous dire que notre pays passe, une fois de plus, pour arrogant ! » En effet, les Italiens, les Japonais ne tardent pas à réagir à coups de communiqués de presse. Le 4 avril 2009, au sortir d'une première réunion, les spécialistes de l'immatériel se montrent réticents. Pas question de décerner à la cuisine française et à ses représentants, ni à ses fournisseurs, un label qui lui permettrait d'accroître sa domination culturelle, et encore moins de donner un levier politique au président Sarkozy, qui a bien vu l'intérêt identitaire du sujet en période de crise. Surtout que la convention autour de l'immatériel a été signée afin de permettre

1. Plon, 2008.
2. *L'Express*, 11 juin 2009.

aux pays du sud de revendiquer des traditions, des coutumes, lorsqu'elles n'ont pas de monuments. Mais Nicolas Sarkozy s'active. Non seulement le dossier fait consensus dans la population, mais en plus le monde agricole et rural est intéressé sur ce sujet, ce qui lui permettrait de renouer avec les paysans. À l'Élysée, c'est le conseiller agriculture du président, Christophe Malvezin, qui est en charge du dossier. « On a pris un bien mauvais départ, témoigne Jean-Robert Pitte. Nous avons été contraints de réviser l'intitulé du dossier autour du "repas gastronomique des Français" et de ses pratiques sociales, plutôt que de parler truffe, foie gras et grands chefs [1]. » Des colloques sont organisés au Sénat et à l'Institut de France, on courtise les experts, on redore le dossier aux blasons des beaux-arts et de la sociologie.

Ainsi, en janvier 2010, l'UNESCO se montre plus attentive à la demande française. Car quelques semaines avant l'annonce officielle en novembre dernier, l'un des experts chargés du dossier nous confiait : « Il n'est pas question de classer la gastronomie française. La plupart des gens à l'UNESCO y sont opposés [2]. Tout juste peut-on inscrire le principe selon lequel les Français aiment à passer plusieurs heures à table, comme une habitude sociologique notoire. » On est bien loin du compte, loin de ce qu'ont réclamé les grands chefs et les lobbys agroalimentaires de tout poil, prêts à sortir leur carnet de chèque pour obtenir un avantage compétitif sur leurs concurrents étrangers. Au printemps 2010, les experts de l'UNESCO donnent une recommandation favorable au dossier. La pression française, poussée par Nicolas Sarkozy monte en puissance. Pays hôte de l'UNESCO, la France en est un de ses plus fervents

1. Entretien avec l'auteur.
2. Entretien avec l'auteur.

soutiens depuis ses débuts. Elle est également l'un des principaux donateurs et contributeurs à son budget, le sixième avec plus de 6,3 %. Des arguments que Paris sait faire valoir. Personne ne s'étonne donc vraiment lorsque, fin novembre 2010, le jury final de l'UNESCO, réuni à Nairobi, sélectionne « le repas gastronomique des Français », pour l'inscription au patrimoine immatériel de l'Humanité. À ses côtés, font leur entrée le compagnonnage, le savoir-faire de la dentelle au point d'Alençon, mais aussi la diète méditerranéenne, la technique des cloisons étanches des jonques chinoises, ou le chant Ojkanje croate. La « cuisine traditionnelle mexicaine » est également inscrite, « puisqu'il s'agit d'un modèle culturel complet, qui dépend de certaines activités agricoles, de pratiques rituelles, de savoirs millénaires, et d'usages et de comportements communautaires ancestraux ». Pas de quoi pavoiser, donc. Et l'UNESCO est formelle : en inscrivant « le repas gastronomique des Français », elle ne reconnaît pas la valeur de la gastronomie française, mais une « pratique sociale coutumière, destinée à célébrer les moments les plus importants de la vie des individus et des groupes ».

« Cela fait belle lurette que la gastronomie française est un décor en carton-pâte [1] », s'émeuvent certains éditorialistes. Pourtant, le gouvernement, les grands chefs multiplient les déclarations. Tous se félicitent de l'inscription au patrimoine mondial de l'UNESCO de la gastronomie française. Fadaises. Même Alain Ducasse, pourtant absent du débat, car trop occupé ailleurs, s'en réjouit : « La cuisine française est la meilleure du monde [2]. Ce n'est pas être cocardier que de le dire, c'est la vérité. Sa diversité n'existe nulle part ailleurs. Prenez les 100 meilleurs restaurants de

1. *Le Canard enchaîné*, 17 novembre 2010.
2. Entretien avec l'auteur.

France, ils donnent une photo extraordinaire de ce paysage. Sans compter que nous sommes les seuls à savoir harmoniser à la fois le plaisir de manger et de boire bien. Or la gastronomie est une industrie et son influence repose sur ses représentations à l'international. Plus elle en a, plus elle a d'influence. » La gastronomie est devenue une sorte d'arme diplomatique d'un genre nouveau, une image portée qui marque sur la scène internationale. Donc un vecteur formidable pour des politiques à la recherche d'un second souffle. Aujourd'hui, même le chef de l'État a compris qu'il était fédérateur de s'intéresser à la cuisine, au point de soutenir la future création d'une cité de la gastronomie française, à la fois musée, vitrine et lieu de promotion. « On essaie de récupérer l'hôtel de la Marine, explique Jean-Robert Pitte qui étudie aussi les dossiers de Saint-Denis, Fontainebleau, Épernay, Bordeaux ou Lyon. Comme tous les présidents de la Ve République, Nicolas Sarkozy veut laisser une trace. Mais nous, ce n'est pas Vulcania que l'on veut faire, plus la Cité des Sciences. » Mitterrand a eu sa pyramide, Chirac son Quai Branly, Sarkozy pourrait avoir son musée à la gloire de la gastronomie. Ce ne serait pas là le moindre de ses paradoxes.

7

Michelin, les tyrans du palais

« Visez toujours la lune. Même si vous ratez, vous atterrirez parmi les étoiles. »

Les Brown [1]

1. Écrivain et conférencier américain.

Les couacs du Guide rouge

En février 2010, lorsque les journalistes découvrent la nouvelle édition du *Guide Michelin*, ils restent pantois : Bibendum attribue deux étoiles à la Chèvre d'or, à Èze. Or, cette adresse, comment les enquêteurs ont-ils pu la tester en bouclant l'édition 2010 au mois d'octobre 2009 alors que Didier Elena, le nouveau (et prestigieux) chef de cette grande table de la région niçoise, n'est arrivé aux commandes que le 1er décembre 2009 ? Soit deux mois plus tard ! Pire, cet hôtel-restaurant quatre étoiles grand luxe en plein cœur du village d'Èze, avec ses perspectives, sa vue sur la mer et son jardin aux buis et oliviers taillés au cordeau... est officiellement fermé jusqu'au 13 mars 2010. L'institution phare de la critique gastronomique française se serait contentée de se fier à l'expérience passée du cuisinier pour lui attribuer d'emblée deux macarons. En effet, avant d'être annoncé aux fourneaux de la Chèvre d'or, Didier Elena officiait, jusqu'à l'été 2009, à Reims, au restaurant Les Crayères avec... deux étoiles au compteur. Élément aggravant dans cet épisode du *Michelin 2010* : le jeune chef Philippe Mille, successeur de Didier Elena aux Crayères, redémarre, lui, sans aucune étoile. Son parcours le présente pourtant comme l'ancien et très précieux adjoint de Yannick Alléno, triple étoilé au Meurice à Paris. « Deux étoiles pour Elena, rien pour Mille. C'est deux poids, deux mesures. Bibendum en flagrant délit de favoritisme, voilà une sacrée épine dans le pneu », relève non sans humour le journaliste gastronomique de *L'Express*, François-Régis Gaudry sur son blog [1]. Pas ou peu médiatisé, cette manière n'étonne pourtant pas, ou plus, les observateurs avertis du *Michelin*. Elena est un ancien d'Alain Ducasse, ce qui a du poids du côté du *Guide rouge*. On apprendra dans les semaines qui suivent qu'Elena retourne dans le giron de Ducasse afin de prendre les commandes de son restaurant new-yorkais, Adour. Elena n'a jamais officié à la Chèvre d'or... [2]

Les dessous du système Michelin

Affligeante, l'affaire relève-t-elle pour autant du cas isolé et particulier ? Rien de moins certain. On se souvient que le *Michelin* en 2003 a continué d'accorder ses trois étoiles à Taillevent, alors que Michel del Burgo venait de lâcher les cuisines. En semblable occasion, d'ordinaire, les classements du *Michelin* sont automatiquement suspendus : le restaurant est placé sous observation, en cas de changement de chef ou événement d'importance.

Autre observation récente symptomatique des pratiques du *Michelin*. En mars 2010, Gérard Besson, chef parisien de grande renommée ayant une étoile depuis 1979, et deux depuis 1981, se voit retirer ses macarons. Une sanction

1. Et toque ! (Blogs.lexpress.fr/restaurant).
2. Sollicité à plusieurs reprises par nos soins, le guide Michelin et ses dirigeants ont toujours refusé de nous recevoir.

jugée sans aucune logique par l'ensemble des journalistes gastronomiques. *Le Figaro* et *L'Express* s'empressent de corriger le jugement du *Michelin*, non sans avoir testé au préalable la qualité sans faille de la table. « C'est sans nul doute l'un des millésimes les plus consternants de ces dernières années du *Guide Michelin* [1] », écrit l'influent François Simon dans *Le Figaro*, avant de poursuivre : « S'il y a bien un cuisinier consciencieux, sérieux en diable, limite exemplaire, c'est bien ce chef pince-sans-rire, fier comme un hussard, canonnant une cuisine de cocorico, de scrogneugneu, avec gibiers, sauces et feuilletages : son oreiller de la belle aurore, une tourte de gibiers, est un des vrais plats de Paris ». Le *Michelin* a-t-il voulu afficher une fausse jeunesse, comme ces Cougar en mal de Botox ? Ou punir un chef qui avait, par courrier, à l'automne 2009, décliné la demande pressante de Bibendum de participer à une opération promotionnelle, « Le printemps du *Guide Michelin* », après y avoir participé l'année précédente ?

La Maison Michelin est désormais fissurée et le diktat de son classement de plus en plus sujet à caution. Bibendum est à la traîne. Ces dérapages révèlent une institution vieillissante, en perte de sens et d'influence. Après avoir superbement ignoré la montée en puissance, dans les années 1990-2000, des nouvelles tables bistrotières, et trop longtemps négligé l'émergence de restaurants étrangers aux vertus culinaires avérées, voilà que le gros livre rouge se met à nier, pour ne pas écrire renier, ceux qui, depuis des décennies, suivent le plus fidèlement les valeurs qu'il défend. À chaque édition, le *Michelin* cherche un moyen de faire monter la sauce, de promouvoir son guide, sans oublier ses propres intérêts. C'est que les dessous du système *Michelin* n'ont rien de ragoûtant. On le soupçonne

1. *Le Figaro*, 10 mars 2010.

plus encore depuis qu'en mars 2004 un autre livre rouge a défrayé la chronique, celui d'un ancien inspecteur du *Michelin*, Pascal Remy [1]. Parmi les griefs reprochés à son ancienne maison : le manque de moyens humains et matériels pour tester tous les restaurants cités dans le guide chaque année, les relations privilégiées de la direction du guide avec les chefs les plus réputés, l'impunité de certaines tables et les priorités marketing de Bibendum. Lors de sa publication, le brûlot fait mouche, autorisant enfin quelques langues à se délier. « Que nenni », aura beau répondre à l'époque et en mal d'argument Derek Brown, le directeur du guide, le paquebot, sans être coulé, est touché [2].

Un guide qui fait autorité

Contrairement à une légende longtemps tenace, le *Guide Michelin* n'est pas le premier du genre. En Allemagne, dès 1827 a été édité le *Guide Baedeker*, et en Suisse, en 1841, le *Guide Joanne* qui deviendra le *Guide bleu* en 1916. Fondé en 1900 et destiné aux automobilistes clients des pneumatiques des frères Michelin, le guide est distribué gratuitement jusqu'à la Première Guerre mondiale. Il donne « tous les renseignements utiles à un chauffeur pour approvisionner son automobile, pour la réparer et lui permettre de se loger et de se nourrir [3] ». Interrompue entre 1914 et 1918,

1. *L'inspecteur se met à table*, Éditions des Équateurs, 2004.

2. Le *Michelin*, pour toute riposte, se contentera de publier dans la presse quotidienne une pleine page de publicité dans laquelle il assure : « Le guide Michelin est né avec le siècle et il durera autant que lui. »

3. *Guide Michelin 1900*, Éditions Michelin, fac-similé réédité en 2000.

la publication du livre rouge reprend de façon payante, cette fois, en 1920. Très vite, la partie guide gastronomique vient à dominer, mais ce n'est qu'en 1923 que le *Michelin* attribue pour la première fois des « étoiles ». C'est encore plus tard, à partir de 1931, que le Bibendum commence vraiment à les classer. En attribuant une ou deux étoiles aux meilleures tables, et en leur donnant une signification particulière, « bonne table locale », « table excellente, mérite le détour », ou « une des meilleures tables de France, vaut le voyage », le *Guide Michelin* instaure dans la première moitié du siècle un système de notation qui n'a jamais été détrôné depuis. Sa force, il la tire alors de ses inspections, longtemps réalisées par les services du géant du pneumatique qui contrôlaient au départ les dépôts de pneus et les garages agréés. Les représentants de la firme forment donc historiquement le premier bataillon d'inspecteurs. Par leur présence quotidienne sur le terrain et leur maillage exhaustif du territoire français, ils étaient en mesure de dresser l'inventaire des tables du pays.

Rouge dès sa première édition, le *Guide Michelin* s'est rapidement imposé auprès des automobilistes. L'édition historique de 1923 consacre 23 établissements trois étoiles dont la célèbre Mère Brazier à Lyon. Interrompu entre 1940 et 1945, le guide ressort en 1946, mais sans ses étoiles. Celles-ci sont abandonnées, le temps de la reconstruction. Elles ne feront leur réapparition qu'en 1951 avec la Mère Brazier, Dumaine et le Père Bise. Pendant les années 50 et 60, la croissance aidant, le tourisme et la gastronomie deviennent une des occupations préférées des Français. Le *Guide Michelin* devient alors la seule et unique référence des amateurs de bonnes tables. C'est bien malgré lui, affirme André Trichot, qui en fut le directeur de 1968 à 1985 : « Si la gastronomie est un des éléments devenus majeurs, ce n'est pas le fait du *Michelin*, mais de la clientèle et des médias. » Obtenir les étoiles du *Guide Michelin* devient alors pour les propriétaires et les chefs de restaurants le but ultime, car c'est un moyen de publicité hors pair, avant l'essor de la télévision. Pour l'édition 1965, la vedette est Paul Bocuse, qui obtient ses trois étoiles. Les autres chefs en rêvent la nuit : « Quand j'ai rencontré Bernard Loiseau, a raconté Claude Verger, ancien propriétaire de l'Auberge de Saulieu, il n'avait jamais mis les pieds à Paris. Comme je l'interrogeais sur ses motivations, il m'a répondu : "Je veux trois étoiles." » Le guide incarne l'image de la France des auberges cossues au bord des nationales, des décors repus d'eux-mêmes et des cuisiniers replets, baignant dans les multiples confréries et associations aux noms ronflants et gourmands.

Les récompenses décernées par le *Michelin* chaque année et les chefs qui travaillent très laborieusement pour les obtenir, est la partie visible de l'iceberg. La réalité se présente nettement moins avouable tant le *Guide* fait régner en cuisine une véritable dictature muette. Jean-Pierre Quélin, ancien chroniqueur gastronomique au *Monde*, parle même d'un *Michelin* qui ne serait « pas innocent dans cet équilibre de la terreur ; lui qui sait si bien la faire régner au sein de cette courte et puissante centurie de chefs reconnus, flattés et surveillés ». Économiquement parlant, quand un chef gagne une étoile, cela a un effet dopant sur son chiffre d'affaires souvent colossal. Longtemps, preuve en fut donnée, par l'inverse. Nombreux sont ceux, de Marc Meneau (Vézelay) à Jean-Michel Lorain (Joigny), en passant par feu Claude Terrail (la Tour d'argent à Paris) ou Émile Jung (Strasbourg) à avoir expérimenté le manque à gagner engendré par un macaron perdu. Dans la profession, on s'accorde à dire que le gain ou la perte d'une étoile se traduit « par plus ou moins 30 % d'activité ». Pour Michel

Piot, ancien président de l'APCIG [1], il est évident que « le *Guide Michelin* a une influence sur la fréquentation [2] ». Selon lui, « la première étoile apporte 100 % de plus et les suivantes environ 30 % ». Jean Terlon, chef du Saint-Pierre à Longjumeau, remarque, lui, qu'« une étoile apporte 10 % de clientèle supplémentaire et trois étoiles 40 % en plus la première année ». Les chefs se battent donc pour garder ou obtenir des étoiles. Autrement dit, le *Michelin*, c'est efficace ! Un glorieux état de cause à effet avalisé, selon Jean-Luc Naret, ancien directeur des *Guides Michelin*, par le succès de Joël Robuchon à Las Vegas : « Un restaurant peu ou presque pas fréquenté est devenu un restaurant complet des semaines à l'avance à partir du moment où il a reçu la troisième étoile [3]. »

Mais attention, quand on verse dans ce système prétendument vertueux, mieux vaut avoir les reins et les nerfs solides au moment où il s'agira d'encaisser les revers de fortune. Car postuler au firmament culinaire à une ou deux étoiles entraîne un surcroît automatique de frais de fonctionnement, une surenchère d'investissement et une hausse des prix pour assurer le « standing ». « Lors d'un rendez-vous avec *Michelin*, ils m'ont dit : "Vous allez être dégradé si vous ne faites pas un effort de décoration [4]." » note un restaurateur. Et le chef d'avouer être parti aussi sec souscrire un crédit pour remédier au manque de décorum afin de conserver sa précieuse distinction. C'est ce que Jacques Le Divellec, vétéran des étoilés parisiens, appelle « améliorer un peu la cage [5] ». Il faut dire que l'allure de la salle (voire

1. Association professionnelle des chroniqueurs et informateurs de la gastronomie et du vin.
2. Entretien avec l'auteur.
3. *Les Cuisiniers et les Étoiles*, Arte, 26 septembre 2010.
4. Entretien avec l'auteur.
5. Entretien avec l'auteur.

du reste) a toujours joué pour beaucoup dans l'attribution des étoiles. Les deux fondateurs du *Guide GaultMillau*, Henri Gault et Christian Millau, aimaient d'ailleurs raconter que Paul Bocuse lui-même devait sa troisième étoile à des travaux effectués dans ses toilettes à la suite des remontrances du *Michelin.* « Entre nous, on le surnommait le guide des toilettes, car plus les toilettes étaient design, plus tu avais d'étoiles [1] », ironise un chef. La plupart des restaurateurs assurent que le *Michelin* leur a demandé d'avoir deux toilettes, séparées, pour justifier une montée en gamme. Investissement sanitaire mais aussi surenchère dans l'argenterie, le nappage, la porcelaine, comme le confirmait implicitement feu Jean-Claude Vrinat, deus ex machina du mythique Taillevent à Paris : « Mon rôle n'est pas d'être sur le devant de la scène, mais d'agir pour nos clients. Dans ce domaine, personne ne peut dire que nous négligeons le moindre détail. Les investissements des dernières années au Taillevent sont là pour le prouver [2]. »

Le *Michelin* récompense rarement d'emblée les grands créatifs. La plupart du temps, ces messieurs de l'avenue de Breteuil brillent par manque d'audace et se contentent de reconnaître le brio lorsque confrères et collègues ont fait le boulot. Roellinger à Cancalle aura attendu plusieurs saisons (et de l'avis de certain, il n'avait déjà plus le même feu à l'instant de la troisième étoile) tandis qu'un monstre de virtuosité comme Jacques Décoret à Vichy se voit obligé de déménager, au cours de l'année 2010, dans un manoir impérieux pour espérer enfin sortir de l'ornière de la petite étoile dans laquelle le *Michelin* le confine depuis plus de douze ans. Pour un Pascal Barbot (l'Astrance à Paris) encensé de toute part et auréolé par un *Michelin*, visiblement paniqué, de une à trois étoiles en un court mais

1. Entretien avec l'auteur.
2. Entretien avec l'auteur.

glorieux septennat (entre 2000 et 2007), combien de lenteur chez Bibendum à récompenser (ou pas) quelques-uns des vrais premiers de la classe. Bien souvent, ses enquêteurs, timides, sont jugés timorés voire frileux par les observateurs. Longtemps chroniqueur à *Libération*, Vincent Noce est lui aussi sévère à l'égard de la bible des gastronomes français : « Juge suprême, le *Michelin* repose sur un système aussi opaque que tortueux. » Certaines années, il conseillait aux lecteurs de ne pas l'acheter : « Dans l'ensemble, le découvreur de curiosités et de nouveaux talents peut fort bien se passer de cette édition. Il lui suffit de crayonner une étoile au Cinq à Paris et au Louis XV de Monaco, deux établissements confortablement installés dans des palaces. » Tout est dit, ou presque, mais François Simon en rajoute une couche : « Grâce à nous, vous allez faire une économie cette année, celle de l'achat du *Guide Michelin*. On l'a dit ici, cela a été répété ailleurs, l'addition n'est franchement pas terrible ; mieux vaut garder votre bon guide de l'an dernier, la reliure est excellente, elle peut même traverser trois bonnes années. »

Les trois étoiles, médaille du travail de la cuisine française

« Trois étoiles, qu'est-ce que c'est ? s'interroge un restaurateur parisien réputé. Est-ce que ça récompense strictement la qualité de l'assiette, est-ce que c'est aussi le décor ? Ça récompense en fait plus une carrière. La différence entre les deux et, les trois étoiles, c'est qu'une fois qu'on a les trois étoiles, c'est à vie, on ne les perd presque jamais. » L'attribution des fameuses étoiles est au cœur de la nébuleuse *Michelin*. Le microcosme gastronomique français ne vit que pour la distinction, une fois l'an, de ces récompenses et depuis des années, chefs et journalistes cherchent à comprendre les critères qui rentrent dans l'attribution d'une, de deux ou de trois étoiles, mais l'interrogation demeure latente, le *Michelin* ayant toujours refusé de les divulguer. Personne ne connaît les règles de sélection ni d'attribution, ceux qui séparent, par exemple, les premières étoiles des deuxièmes, et celles-ci des troisièmes. Contrairement à l'École du ski français, où les compétences et techniques requises à chaque étape sont clairement assimilables par un bambin de 5 ans, impossible de s'y repérer dans le frichti *Michelin*, ni de faire la différence entre les promus et les recalés !

Mais si personne ne connaît vraiment les modes de jugement du *Michelin*, c'est pour une bonne raison : il n'en existe pas vraiment. Ainsi, certains chefs ont deux macarons alors qu'ils en méritent trois, selon la critique unanime, et d'autres qui en ont trois n'en méritent en réalité que laborieusement deux. Seulement, il est bien rare que des grands chefs soient déclassés, sauf en cas d'incident grave. Qui décide et comment ? Pendant longtemps, personne ne s'en est soucié, le *Michelin* refusant de commenter ses choix. Seulement voilà, après être longtemps demeuré intouchable, le côté aléatoire et jamais argumenté du classement est aujourd'hui très critiqué. Même la plupart des journalistes gastronomiques ignorent jusqu'aux méthodes employées par le *Michelin*. « Il y a une chose que je ne sais pas et que personne ne sait, explique Jean Miot, ancien directeur du *Figaro* et de l'AFP, chroniqueur gastronomique à ses heures, c'est quels sont les critères, et comment sont attribuées les étoiles. » Pour répondre à ses contradicteurs qui accusent le *Michelin* de favoriser des restaurants ayant réalisé de lourds investissements pour se moderniser ou proposer des décors attrayants, le *Michelin* affirme qu'il est capable de donner des étoiles à un restaurant qui a des nappes en papier sans jamais réussir à le prouver hors quelques tables relevant plus de la bonne conscience anecdotique que d'une réelle politique critique.

Pour les chefs, obtenir une deuxième et surtout une troisième étoile est plus qu'une consécration. C'est aussi la voie royale et salutaire vers la réussite [1] ou l'indépendance économique, comme le souligne André Daguin, ancien patron de l'UIMH et longtemps étoilé à l'Hôtel de France à Auch : « Les étoiles, c'est très bien, à partir de deux surtout, parce que ça vous permet de très bien gagner votre vie… Ailleurs ! Parce que la notoriété permet à ceux qui ne sont pas trop bêtes de bien exploiter le personnage. Mais ce n'est pas tellement normal. Un restaurant de qualité devrait pouvoir nourrir celui qui l'exploite et c'est loin d'être toujours le cas, ça reste exceptionnel. La plupart des chefs en région survivent car ils ont des revenus extérieurs. Guérard [les Prés d'Eugénie à Eugénie-les-Bains] est adossé à la chaîne thermale du soleil, donc il a un certain confort, mais c'est sans doute le premier de sa génération à l'avoir fait. » Seulement voilà, note François Simon, le problème c'est que « les chefs auraient voulu rester étoilés à vie comme l'on devient académicien ». Ceux qui les perdent ne comprennent pas, s'estiment trahis. Or il est rarissime qu'un trois étoilé soit dégradé. Lorsqu'un chef a les étoiles, c'est *presque* pour la vie. C'est d'ailleurs ce qu'ils demandent, à en croire Claude Darroze : « C'est notre Légion d'honneur. » Ce qui pose la question de l'intérêt de cette distinction et de son sens : est-elle un honneur, une étape, une consécration, que signifie-t-elle ? Car obtenir la troisième étoile, c'est presque se voir offrir un siège à vie à la Chambre des Lords britanniques. Une distinction honorifique à l'instar du César d'honneur qui récompense le travail d'une vie, le couronnement d'une carrière. André Daguin le reconnaît : « Dans

1. Voir chapitre 5.

les trois étoiles, c'est vrai que ça peut ressembler à des distinctions *ad vitam aeternam*. Mais dans les une et les deux étoiles, c'est moins vrai. Le *Michelin* a une force énorme, ce sont les Américains notamment qui viennent en France. Chaque année, il y en a une flopée qui vient faire le tour de France des trois étoiles et qui rendent au *Michelin* des rapports circonstanciés sur leurs repas, c'est presque mieux qu'un inspecteur. » Ceci est particulièrement vrai dans les régions touristiques. La clientèle étrangère se fie massivement au *Guide rouge*. Nombreux sont les deux macarons qui, devant l'afflux d'étrangers, ont investi plusieurs milliers d'euros pour construire des chambres d'hôtel, histoire de permettre à la clientèle internationale de dormir sur place plutôt que de retourner dans la ville la plus proche. À n'en pas douter, la chasse aux étoiles est un business. Quand Dominique Loiseau, ancienne journaliste au magazine professionnel *L'Hôtellerie*, a débarqué à Saulieu, la clientèle était composée en grande majorité de Français – près de 80 % –, pour seulement 20 % d'étrangers. Aujourd'hui, comme dans la plupart des grandes tables, la proportion est tombée en dessous de 60 %. Avant la crise, les Américains représentaient une part croissante de la clientèle des maisons étoilées. Actuellement, les Japonais sont de retour, les Chinois et les Brésiliens font leur arrivée.

Mais qu'est-ce qui justifie, par exemple que Paul Bocuse affiche ses trois étoiles à Collonges-au-Mont-d'Or depuis 1965 ? « Notre critère, c'est la qualité dans la continuité », réplique-t-on chez Michelin, où l'on oublie de dire qu'on apprécie surtout l'effort, et même les efforts des chefs. « Ce qui est génial quand on a trois étoiles [1], et là je pense à Bernard Loiseau qui les a gardées longtemps, explique Guy Martin, c'est que, dans des moments difficiles, il faut

1. Entretien avec l'auteur.

penser qu'on a déjà réussi ça, en partant de rien. Il faut se dire : par rapport à tous ceux qui font ce métier, je fais partie de l'exception. Comme lui, je suis parti de rien et c'est extraordinaire de se dire : je suis arrivé à cette distinction suprême. Mais c'est dur de rester au top. » Pas étonnant, donc, que Paul Bocuse n'ait rien à reprocher au *Michelin* après trente-huit ans aux trois étoiles et qu'il s'imagine d'ailleurs se voir attribuer une quatrième. Pourtant, nombreux sont les journalistes gastronomiques à considérer que Bocuse *himself* ne les mérite pas chaque soir, chaque année depuis trente ans, et même, ne les mérite plus du tout. Le *GaultMillau* a ainsi rétrogradé Bocuse de 19 à 17 au début des années 2000. Sa maison est un joli conservatoire des arts culinaires français, mais n'innove plus depuis vingt ans. À tel point que le *Michelin* hésite depuis quelques années à retirer une étoile à Paul Bocuse, qui vaut désormais « un bon deux étoiles » selon des critiques réputés. Philosophe, après plusieurs décennies dans la restauration, Jacques Le Divellec, lui, en est certain : « [Chez] *Michelin*, un jour, ils me baisseront à une étoile quand ils en auront marre de me voir [1]. » À voir.

La dictature Michelin

En dépit des questions qui se posent chaque année à la sortie du guide, oui, le *Michelin* a longtemps rempli les salles. Il fut un temps où il n'y avait qu'à essayer d'appeler les trois et les deux étoiles de Paris pour obtenir une table dans le mois à venir afin de s'en rendre compte. Avec un sourire ou un soupir, vous vous entendiez répondre qu'il y avait parfois plus de cinq semaines d'attente. Sur plus de

1. Entretien avec l'auteur.

cent mille restaurants en France, un peu moins de quatre mille figurent dans le *Michelin*. Être dans le guide ne peut donc pas faire de mal. Même s'il est aujourd'hui en très nette perte de vitesse. Il cristallise encore, à Paris, le paysage gastronomique des palaces parisiens. Ces paquebots d'hyperluxe se livrent une lutte sans merci dans laquelle le restaurant occupe une place stratégique. Fatalement, certains s'en tirent mieux que d'autres. Et, à ce petit jeu, le grand vainqueur du moment s'appelle Yannick Alléno, cador des casseroles au Meurice. Par-delà le talent, ses fraîches trois étoiles (2008) lui ont assuré un taux de remplissage idoine dans un très fébrile contexte économique vérolé par la crise financière. Du coup, chacun cravache à garder ou obtenir les étoiles. Mais Alléno fait aussi assault de créativité, serre les prix et a également relifté sa salle à l'automne 2010. « On est obligés de faire toujours plus, témoigne un grand chef breton, toujours mieux. Et pas nécessairement en cuisine [1]. » Mais si les chefs intègrent le système c'est qu'ils le veulent bien. Stephan Joly (l'Auberge des trois J, à Nocé) ne dit pas autre chose : « Tout fonctionne par non-dits avec les guides gastronomiques. Ils ne vous disent pas forcément "si tu veux garder ton étoile, il va falloir améliorer ça ou ça", mais tu sais que si tu ne le fais pas, ils pourront te le reprocher l'année suivante. » Ainsi, nombreux sont ceux qui considèrent qu'ils auront plus de chances d'obtenir une glorieuse récompense en investissant qu'en restant fidèles à leurs seuls niveaux d'exigence. C'est ce que certains appellent « cavaler derrière l'inutile ». Seulement voilà, l'impact de la première étoile est souvent décisif pour des maisons auxquelles il permet immédiatement de sortir de l'anonymat, comme ce fut le cas, en 2010, pour

1. Entretien avec l'auteur.

Gilles Goujon dans son Auberge du vieux puits à Fontjoncouse, fièrement bardé de trois macarons. Ainsi que le plaide l'historien culinaire Bénédict Beaugé à propos de Bernard Loiseau, c'est « la troisième étoile obtenue en 1991 qui lui a soudain ouvert toutes les portes : celles de l'édition, de la presse, des contrats à l'étranger ou avec l'industrie ». L'influence est en effet encore plus forte en province où l'éloignement rend la volatilité de la clientèle plus importante. Surtout, hors la simple fréquentation à un moment donné, perdre une étoile peut s'avérer très douloureux. « Notre activité a chuté de 10 % », expliquait Marc Meneau, chef de l'Espérance, à Vézelay, après la perte de la troisième étoile en 1999. Plus dramatique pour les finances du chef bourguignon, à la tête d'un superbe Relais&Châteaux perdu au milieu de la campagne, il s'est vu retirer deux de ses cinq contrats de consulting. Ceci alors qu'il conservait sa note de 19/20 au *GaultMillau*. Il faudra dès lors cinq ans à Meneau, la cinquantaine rugissante, cheveux argentés lissés en arrière, barbe poivre et sel, pour retrouver sa troisième étoile. Laquelle lui permettra de retrouver fissa des partenaires industriels pour créer bistrot, complexe de loisirs, golf et hôtel de luxe. Spirale de la réussite que viendra immédiatement enrayée une nouvelle gamelle en janvier 2007. La société de Meneau, alors âgé de 63 ans, est mise en redressement par le tribunal de commerce d'Auxerre. Michelin, qui devait avoir connaissance des difficultés du chef, s'empresse de le rayer de son édition 2007, bouclée avant le verdict du tribunal de première instance. Mauvais choix… En appel, la Cour d'appel de Paris infirme la décision du tribunal d'Auxerre et valide le plan de redressement présenté par les époux Meneau. La saison suivante, le *Michelin* redonne deux étoiles à l'Espérance, mais Meneau n'a toujours pas retrouvé le niveau de clientèle qu'il avait par le passé. Il a avoué qu'il avait, dans les pires moments, lui aussi pensé à se suicider. « C'est un peu comme si on vous enlevait un enfant [1]. » Depuis, ce sont les médicaments qui l'aident à dormir.

Dans la gastronomie, le *Guide rouge* est le plus redouté des censeurs. Ce que le *Michelin* fait, le *Michelin* peut le défaire. Et lorsque les chefs gagnent ou perdent une étoile, ils ne reçoivent jamais d'explication, ni dans un sens ni dans l'autre. Périco Légasse, le bouillonnant critique gastronomique de *Marianne*, confirme : « Le *Guide Michelin* ne daigne jamais fournir la moindre explication lorsqu'il retire une étoile à une maison, avec les conséquences que l'on sait. » Dans une moindre mesure, nombreux sont les chefs qui éprouvent du ressentiment à l'égard du *Michelin*, comme Henri Charvet (Aux comtes de Gascogne, Boulogne-Billancourt) : « Ce que je n'aime pas, c'est leur côté "il faut faire ses preuves". Quand je me suis installé à Boulogne, ils m'ont retiré une étoile, alors que j'en avais deux dans mon précédent [restaurant]. J'avais gardé la même équipe mais simplement changé de lieu. J'ai perdu 25 % de clientèle. Je ne trouve pas ça très élégant. » Que dire alors des deux étoiles attribuées à Jean Ducloux (Greuze, à Tournus) jusqu'à son départ annoncé en retraite à plus de 80 ans au début des années 2000, alors que tout le Landerneau gastronomique s'entendait à reconnaître qu'il ne les méritait plus depuis de nombreuses années déjà ?

Bruits de casserole

Lorsque Jean Bardet, qui a régné en maître sur la haute gastronomie de Tours pendant plus de vingt ans, a connu des déboires, il y a quelques années, sa sortie du *Michelin*

1. *L'Express*, 15 mai 2003.

pendant un an a eu l'effet d'un cataclysme sur sa clientèle étrangère. Les locaux qui le connaissaient ou en avaient entendu parler continuaient de s'y rendre, mais les touristes qui arrivaient en France avec le *Michelin* passaient à côté sans le voir. « La perte de la troisième étoile ne fait fuir que la clientèle étrangère », assure Michel Piot, longtemps chroniqueur star au *Figaro*. Marc Meneau confirme qu'avec la perte de l'étoile « notre table a perdu une partie de la clientèle étrangère pour laquelle le *Michelin* joue un vrai rôle de prescripteur ». Au départ du presque fait divers, un banal contrôle de la DGCCRF[1], chez Jean Bardet et des constatations : des asperges qui ne sont pas de Perthuis, comme indiqué à la carte, mais du Portugal, un vin bien intitulé « Vin de pays », mais proposé sur la carte des vins dans la colonne des AOC[2]... « Simple erreur d'imputation » ? Voilà des « détails », selon certains, mais surtout des aberrations qui dérangent dans un trois étoiles. Il n'empêche, cette année-là, sans l'attente du jugement, le *Michelin* choisit, compte tenu de la mauvaise publicité donnée à cette affaire, de sortir Bardet du guide. Pas de dégradation, pas d'étoile amputée mais une disparition pure et simple. Ce n'est que l'année suivante que Bardet réintégre sa place, comme si de rien n'était. D'une condamnation qui paraissait au départ évidente, l'affaire s'est en effet vite dégonflée : Bardet avait fini par écoper d'une mini-amende et d'un verdict publié dans une des éditions de *La Nouvelle République*. « L'affaire Bardet n'aurait jamais dû exister », finira par reconnaître le patron de la DGCCRF, évoquant un excès de zèle de ses troupes. Mais le problème est moins là que dans le préjudice causé au carré à Bardet par le zèle du *Guide rouge*.

1. Direction générale de la concurrence et de la répression des fraudes.

2. Appellation d'origine contrôlée.

À l'inverse, la position du guide Michelin au regard de Dominique Loiseau, veuve du chef Bernard Loiseau, n'est pas vraiment sereine depuis le suicide de son mari. Elle pourrait même apporter de l'eau au moulin des contempteurs du *Michelin* selon lesquels la collusion est ce qui se partage de mieux entre les chefs et l'institution. Pour la première fois en plus de cent ans, Michelin s'est trouvé face à une situation inédite. D'ordinaire, lorsqu'un chef quitte une maison, il part avec son second et tout ou partie de sa brigade. Dès lors, il est clair que sa note ne se justifie plus l'année suivante. Lors d'un décès, le *Guide rouge* respecte généralement une période de deux à trois mois sans enquête, histoire de laisser les équipes se remettre en place. De faire le deuil en quelque sorte. Dans le cas Loiseau, son second a repris les rênes de la maison. L'essentiel du personnel est resté sur place et les recettes servies au creux des assiettes étaient pour la plupart l'œuvre du chef défunt. « Rien n'a changé [1], assurait Dominique Loiseau un mois après la mort de son mari, la brigade est là au travail et les cadres ont vingt ans de maison. Le second, les maîtres d'hôtel, le directeur administratif et financier sont là depuis longtemps. Mais le *Michelin* va être obligé de prendre des décisions, je n'aimerais pas être à leur place ». Un aveu qui en dit long sur les mœurs de la profession : après avoir conservé pendant un an la troisième étoile de son mari, Dominique Loiseau semble mettre en garde le *Michelin* contre une rétrogradation, sur le ton : « Si on perd l'étoile alors que rien n'a changé ce serait une première en France. On sait faire du Bernard Loiseau, ça, ça ne va pas changer [2]. » Patrick, le second, a travaillé vingt ans aux côtés des Loiseau, ce qui fait dire à certaines mauvaises langues : « Il

1. Entretien avec l'auteur.
2. Entretien avec l'auteur.

fait mieux Loiseau que Loiseau, lui a la chance d'avoir un style. » Même si, officiellement, la Côte d'or demande au *Michelin* de faire son travail, sans favoritisme, parce que « cela ne nous rendrait pas service », l'ancienne équipe de Loiseau n'en pense pas moins. Ils ne comprendraient pas que le *Guide rouge* sanctionne un travail qui leur a valu trois étoiles depuis plus de quinze ans. Pour eux, c'est comme si rien n'avait changé, ou presque. « Bernard avait peur de perdre une étoile au *Guide Michelin* [1], explique Dominique Loiseau. On était prêt à faire tout ce qu'il fallait pour la conserver. Il suffisait qu'on baisse un peu les prix. » Que ne l'eussent-ils fait…

La loi d'airain Michelin

Dans ce contexte, il n'est donc guère étonnant que le comportement des chefs, leurs carrières, leurs changements de maison, soient entièrement dictés par le Michelin. En évoquant à l'été 2003 les rumeurs d'un possible transfert de Philippe Legendre, trois étoiles au George V à Paris, vers le Crillon, Michel del Burgo (ancien du Bristol et de chez Taillevent notamment) prévenait : « Il devrait se méfier, le *Michelin* ne va pas aimer. Ça ne fait pas deux ans qu'il a ses trois macarons. » Plaire ou ne pas plaire au Michelin, telle est la question existentielle pour les chefs. « La pression du *Michelin* est très forte, spécialement dans les restaurants de grand hôtel [2] », souligne une attachée de presse. Du coup, cela permet aux chefs d'aller voir le propriétaire et de lui signaler : « Regardez les moyens qu'ont les autres, il faudrait refaire la salle, investir… » Et les propriétaires d'y

1. Entretien avec l'auteur.
2. Entretien avec l'auteur.

prêter une oreille attentive tant ceux-là sont sensibles au palmarès du *Guide rouge* pour des raisons nettement plus financières que culinaire. Ces dernières années, c'est donc Yannick Alléno qui a décroché le pompon et obtenu plusieurs millions de la part des propriétaires pour rénover ses cuisines du Meurice. « Je l'ai bien mérité, souligne fièrement le chef[1]. J'ai multiplié par 2,5 le chiffre d'affaires de la restauration depuis mon arrivée. Je pèse aujourd'hui 18 millions d'euros de chiffre et j'ai progressé de 13 % en 2009, pendant la crise. » À l'inverse, véritable vitrine de la branche hôtelière du groupe Taittinger, le restaurant Les Ambassadeurs de l'hôtel Crillon, un temps cornaqué par le chef Dominique Bouchet a, lui, perdu sa deuxième étoile début 2003. Moins de quelques semaines après, la direction entamait des pourparlers avec plusieurs chefs en vue de le remplacer. Parmi les noms alors évoqués : Yannick Alléno (qui préférera le Meurice), Jean-Louis Nomicos (qui choisira le grand genre de chez Lasserra), Frédéric Anton (aujourd'hui au Pré Catelan) ou encore Michel del Burgo... En tout, une vingtaine de hautes toques ont été supputées ou approchées. « La perte des trois étoiles n'a pas été digérée par la direction du groupe[2], confie un des chefs consultés. Ils ont voulu sanctionner le chef. » Au final, le jeune Jean-François Piège, ancien chef d'Alain Ducasse au Plaza Athénée, sera l'heureux élu. Aux dernières nouvelles, le Crillon vient de s'adjoindre les services d'un tout jeune chef au curriculum doré sur tranche, Christopher Hache. À propos de cette nouvelle « élection », à l'été 2009, les langues bien pendues du petit milieu culinaro-médiatique parisien se plaisaient à raconter qu'elle aurait été précédée d'un mystérieux rendez-vous réunissant les pontes du Crillon, le boss du *Michelin* et un chef de haute influence.

1. Entretien avec l'auteur.
2. Entretien avec l'auteur.

Le pouvoir de Bibendum peut donc se révéler pesant, infusant la ligne d'une cuisine, le ton d'un décor, une ambiance ou même l'état psychologique du chef. En cela, il a sans doute largement dépassé les intentions des fondateurs. On murmure ainsi dans l'office que si le chef Alain Passard (l'Arpège, à Paris), qui avait choisi, fin 2000, de ne laisser que les légumes et les fruits à sa carte, est finalement revenu sur sa décision, c'est sous la pression du *Michelin*. « Une passade ? C'est ce que l'on pourrait croire en voyant ressurgir viandes blanches, crustacés et poissons sur le menu de l'Arpège [...]. Passard avait viré au vert et caressait l'ambition de nourrir ses contemporains de légumineuses exclusivement [...]. C'était compter sans le *Guide rouge* précisément qui, discrètement, a pesé dans la décision du Grand Radical de revenir à une variété plus conforme à nos habitudes alimentaires », a-t-on pu lire dans les journaux. Le guide demande des comptes aux restaurateurs et ne se contente pas de leur attribuer des récompenses ou de leur retirer des bons points : examen attentif des cuisines, parfois jusqu'aux frigos, questionnaire à remplir avec soin, fidélité jusque dans les déclarations de presse, les obligations des chefs envers le grand censeur de la cuisine française sont innombrables. Mais le summum est atteint par la fameuse visite annuelle que chaque chef se doit d'accomplir auprès du *Michelin* à Paris. Un secret de polichinelle pour les professionnels mais si bien gardé que la plupart des lecteurs du guide l'ignorent. Alors même que les caciques du *Michelin* niaient la pratique depuis des décennies, le nouveau directeur du guide a récemment levé le secret. À la télévision, en septembre 2010 [1], il a confirmé que cette tradition à laquelle sacrifiaient ses prédécesseurs perdurait encore aujourd'hui. Selon Jean-Luc Naret, les chefs

1. *Les Grands Chefs et les Étoiles*, Arte, 24 septembre 2010.

« viennent pour avoir la tendance, consulter le courrier qui les concerne et qui est important, car nous recevons de 30 000 à 50 000 lettres par an ». Un aveu qui résonne comme un mauvais écho aux très hypocrites propos tenus en son temps par un certain Bernard Loiseau. Lequel, lorsqu'on lui demandait pourquoi le *Michelin* l'avait convoqué, répondait : « Tout cela c'est du bidon ! Est-ce que tu as déjà vu le *Michelin* convoquer qui que ce soit ? On n'est pas à l'école. »

« Tous les ans [1], raconte ainsi un ancien inspecteur du guide reconverti aujourd'hui à la direction du développement d'un grand groupe hôtelier, le directeur convoque les chefs au siège parisien, au 46 de l'avenue de Breteuil, comme un ministre de l'Intérieur convie ses préfets, ou le Quai d'Orsay ses ambassadeurs. Un à un, ils viennent pour dresser le bilan de leur activité. » La plupart des restaurateurs minimisent ce rendez-vous, assurent qu'il s'agit d'une rencontre tout à fait anodine, que rien n'y est décidé. « Souvent, les entretiens sont tellement "langue de bois" qu'ils ne servent à rien », explique un aubergiste dont c'est la seule raison de venir à Paris. « Tout restaurateur doit rendre visite au *Michelin* chaque année [2], confirme Jacques Le Divellec. On amène les cartes, on parle. Mais je reconnais qu'il y a des années où je n'y suis pas allé. » En réalité, lors de ce très officieux rendez-vous, les chefs jouent des coudes, tentent de grappiller une étoile ou, *a minima*, justifient leur démarche. Ils essaient de se faire communiquer les éléments les concernant, d'infléchir telle ou telle décision, tentent de gagner du temps, en promettant plus de régularité, en jurant de nouveaux travaux.

Au fond, les chefs savent bien qu'il serait hasardeux et risqué de ne pas s'y rendre. Ils sont profondément humiliés

1. Entretien avec l'auteur.
2. Entretien avec l'auteur.

d'avoir à le faire, parce que ce système désuet les oblige à faire allégeance au directeur du guide comme jadis les serfs à leurs maîtres. Maigre consolation à la génuflexion, les chefs gagnent à connaître un peu mieux le directeur du guide. Parfois, celui-ci évoque avec eux un courrier de lecteur, un rapport alarmant. Interrogé en 2003 sur la fameuse visite estivale de Loiseau au *Michelin* quelques mois avant son suicide, le directeur de la communication du *Michelin* répondait évasivement : « Tous les restaurateurs qui en font la demande sont reçus par le patron du guide qui commente le courrier des lecteurs et le travail des inspecteurs du guide. En aucun cas, il n'est discuté du classement à venir. Ces rendez-vous sont confidentiels [1]. » Il est vrai que de nombreuses grandes toques en sortent sans avoir appris grand-chose. Ainsi, Loiseau se vit justifier sa troisième étoile par Bernard Naegellen, alors directeur du *Michelin*, d'une manière pour le moins sommaire. À sa légitime inquiétude quant à savoir si cela ne gênait pas Bidendum pas qu'il pratique la cuisine à l'eau, Naegellen lui aurait répondu : « Non puisque votre eau paraît bonne. » Au-delà de l'anecdote, peu nombreux sont ceux qui osent déroger à la règle car les restaurateurs se sentent bien obligés de demander un rendez-vous. On ne plaisante pas avec les rites chez *Michelin* et l'austérité y règne en maître mot : dans le bureau, une table, des chaises, une absence totale de décoration. « On parle, on lit ensemble des lettres de client, on en ressort avec une drôle d'impression, ni bonne ni mauvaise, juste ce sentiment d'avoir à rendre des comptes », évoque un restaurateur de la côte d'Azur étoilé depuis des années. Certains, comme Marc Meneau, envoient leur femme. Pour le reste, c'est l'omerta : les chefs n'osent pas trop se plaindre en public du *Michelin*, de peur que le

1. Entretien avec l'auteur.

Guide rouge en prenne ombrage. Mais la pression est bien réelle. Lorsqu'il ouvre la Ferme de mon père à Megève en 2000, Marc Veyrat reçoit la visite de Bernard Naegellen qui lui avoue trouver sa cuisine « trop semblable » à celle qu'il propose à l'Auberge de l'Éridan et conséquemment d'ajouter : « Nous nous donnons un peu de temps pour nous faire une opinion. » Jaloux d'Alain Ducasse, à l'époque déjà deux fois trois étoiles, Marc Veyrat, ne voulant pas être en reste, mis alors tous les moyens en œuvre pour satisfaire ses « censeurs » : menus vindicatifs et compositions ultra-créatives se voulant à l'avant-garde d'une nouvelle haute gastronomie des montagnes. Un changement radical mais sous influence qui lui vaudra quelques mois plus tard la reconnaissance du *Michelin*. L'arrogance et la puissance supposée du *Guide rouge* en agacent pourtant plus d'un, comme l'écrit justement l'ancien chroniqueur du *Monde* Jean-Pierre Quélin : « Jamais le Grand Inquisiteur ne fait autant tourner sa puissance que quand il châtie. N'oubliez pas, vous à qui la renommée a été offerte, n'oubliez pas que vous êtes devenus les vassaux. Pour toujours [1]. »

Michelin, *quand tu nous tiens !*

Il n'y a a priori rien à redire face à la réussite du *Guide rouge*. Mais le problème est que le classicisme et le conservatisme y règnent en maîtres. Sorte de conservatoire des arts culinaires, le *Guide* vante les mérites de la bonne vieille tradition hors laquelle il n'est pas toujours bien vu de travailler. Le trois étoiles, c'est l'aristocratie, le deux étoiles, la grande bourgeoisie et l'étoile, la petite bourgeoisie et les notables. C'est en tout cas le message formel que Bibendum a toujours

1. *Le Monde*, mercredi 10 mars 1999.

véhiculé. « La hiérarchie des étoiles ne reflétait pas la France réelle, mais une France officielle, conventionnelle et figée dans la mayonnaise », écrivirent Gault et Millau lorsqu'ils ruaient encore dans les brancards de l'intelligentsia culinaire. Certains parlent même aujourd'hui de « rails qui se rétrécissent de plus en plus » et « d'étoiles qui coûtent cher en raison des contraintes imposées. » « *Michelin* note mais ne nous guide pas, critique Christian Rouger (restaurant Maxime, à Poitiers). *Michelin* ne s'aventure pas et n'est pas forcément un découvreur de talents non plus. » François Simon évoque ainsi « un guide engoncé dans ses étranges certitudes ». Comme celle, par exemple, d'avoir tardé à sanctifier Olivier Roellinger à Cancale alors que, dans un même élan, public et critique le reconnaissait comme l'un des meilleurs chefs de sa génération. C'est que le *Michelin* fait peser depuis plusieurs décennies une chape de plomb sur la cuisine française. Comme nombre de ses confrères, Simon parle d'un guide, qui « n'a pas beaucoup de courage ». À la télévision, rares sont les chefs qui acceptent de témoigner sur les plateaux des émissions ou dans les reportages consacrés au *Michelin*. Une loi du silence qui rappelle certains procès corses où, curieusement, personne ne veut témoigner. L'expérience d'un Guy Martin, chef du Grand Véfour à Paris, trois étoiles quelques années durant, suffit à éclairer : « *Michelin*, ce sont des gens qui font honnêtement leur boulot [1]. Je ne vais pas me plaindre. Dans mon cas, je reprends le Château de Divonne, six mois après j'ai une étoile, cinq ans plus tard, une seconde sans n'avoir jamais fréquenté aucune grande maison puisque je suis à l'origine pizzaïolo. J'arrive à Paris, au prestigieux Véfour, en 2000, et je décroche la troisième… Il faut comprendre que c'est aussi très dur quand on est cuisinier, une fois installé

1. Entretien avec l'auteur.

aux cimes du *Michelin*, de redescendre et de ne plus avoir le premier rôle. Heureusement d'ailleurs, sinon, cela voudrait dire qu'on se fout de tout. Peut-être convient-il simplement de se dire : « C'est génial d'avoir pu accéder à ça. » Pouvoir s'avouer avec fierté qu'on fait partie des vingt ou trente meilleurs, c'est formidable ».

Malgré les ruades de la dernière décennie, les jeunes générations de cuisiniers suivent docilement le sentier tracé par leurs aînés qui vouent au *Guide rouge* un culte que beaucoup de religions envieraient. La force et aussi la contradiction du *Michelin* c'est que la cuisine française s'est construite autour de lui, avec « ces juges au-dessus de notre tête », comme le dit Marc Veyrat. Tous ceux qui cuisinent aujourd'hui ont appris à le faire avec ou sans le *Michelin* mais jamais contre lui. Difficile donc de l'ignorer. Il s'agit d'une sorte d'ordre, pour des chefs qui souhaitent une reconnaissance. « À notre corps défendant, nous servons de référence », s'est justifié par le passé un ancien directeur du *Michelin*. Comme de nombreux cultes, celui du *Michelin* est composé d'un dieu, le guide, d'un dogme, l'anonymat, d'un rite, la régularité et d'un culte, celui du secret. Peu à peu, lentement mais très sûrement, le *Michelin* est ainsi devenu un guide quasi sectaire, « à goût unique ». Une puissance quasi janséniste qui impose l'hégémonie aux fourneaux, ce qui appelle inévitablement l'appauvrissement du sens critique comme du spectre culinaire. Et que l'on pourrait résumer par une expression : le poids de l'influence et le choc des casseroles.

Mais l'assèchement du point de vue réside aussi, depuis l'origine, dans l'écriture du *Michelin*. En l'occurrence, une misère de grammaire essentiellement composée de pictogrammes. Lesquels « racontent » une adresse en quelques hiéroglyphes. Déchiffrable par le plus grand nombre mais totalement vide de verbe et de verve, cette critique typographique réduite aux caractères a longtemps castré l'esprit des maisons, les réduisant au seul verdict de leur performance annuelle. En faisant l'économie de quelques mots pour résumer l'esprit d'un chef, d'une cuisine, d'un établissement, Bibendum a coupé la parole à toute une profession. Impossible pour le lecteur de faire la différence entre une gentille table de province à deux doigts de la retraite et le bistrot volontariste d'un jeune chef branché sur le courant créatif. Révélatrice de cette incurie, l'apparition, décidée par les pontes de l'avenue de Breteuil, il y a quelques années, de petites formules « écrites » mais lapidaires qui n'ont pas changé grand-chose au mutisme critique de Bibendum.

Tant va la cruche à l'eau...

La réputation du *Michelin* serait-elle usurpée ? Avec l'arrivée du nouveau siècle et l'installation progressive d'une nouvelle génération de chefs, plus à l'écoute des contemporaines sociologies de gastronomes et des modernes manières de tables, nombreux sont les acteurs du milieu qui considèrent que le *Guide rouge* n'est plus en phase avec son temps. En témoigne la récente saga d'un des chefs les plus appréciés de la capitale, Yves Camdeborde, devenu aubergiste indépendant (la Régalade puis le Relais du Comptoir Saint-Germain) après être sorti des jupes de quelques grands palaces parisiens. Lui avoue « n'avoir jamais cherché à obtenir une étoile ». Ce serait même plutôt le contraire tant il trouve que Bibendum « fait marcher les chefs à la baguette ». Son néo-bistrot, le premier du genre, a non seulement inspiré quantité de jeunes talents mais surtout totalement échappé au *Michelin*. Parce qu'il s'autorise à ne pas sacrifier l'âme d'une salle au grand genre du luxe, parce qu'il s'interdit la pression inutile du *Michelin* sans pour autant renier une cuisine de belle volée, Camdeborde orchestre une table plébiscitée depuis bientôt quinze ans par un large public, capable de patienter plusieurs semaines avant de décrocher une table. La présence de Camdeborde aux côtés du trois étoiles Frédéric Anton (le Pré Catelan) dans le jury du hautement médiatique jury de *Masterchef* sur TF1 finirait presque par avaliser le nouvel équilibre des forces entre les tables *Michelin* et les maisons frondeuses. Fronde cristallisée par Bruno Oliver, chef trentenaire du Café gourmand à Bordeaux, qui s'est tenu volontairement à l'abri de Bibendum : « Un macaron modifie la personnalité du cuisinier. Il oblige au gastronomiquement correct. C'est le règne du formalisme et de l'obséquieux [1]. » Un sentiment désormais partagé par une jeune garde favorable à ne pas fatalement rejoindre le rang par envie d'indépendance, et par crainte de dépendre des banques, de cuisiner sous influence, essentiellement pour un public de grands patrons et d'étrangers fortunés, de se retrouver à la merci d'un guide dont ils ne reconnaissent pas ou plus l'autorité.

À ceux qui réduiraient ce vent de rébellion au souffle d'une certaine jeunesse, prière de relever que l'offense faite au *Michelin* ne s'incarne pourtant pas au seul prétexte d'une génération. Christian Constant, l'ancien chef double étoilé du Crillon propose, depuis dix ans bientôt, au Violon d'Ingres, à Paris, une cuisine néoclassique impeccable mais très éloigné des manières jusqu'ici très guindées des tables de genre. Certes, ce Violon d'Ingres affiche aujourd'hui son lot de macarons, mais, désireux de bien marquer ses distances et surtout d'inscrire son désir d'indépendance, Constant pilote également toute une série de bistrots et d'adresses délurées au regard des critères bibendumesques

1. *L'Express*, 15 mai 2003.

(Café Constant, les Cocottes...). C'est « le sens de l'histoire ». Ce n'est ni une mode ni une vogue mais un mouvement de fond, note le pourtant consensuel Gilles Pudlowski [1] : « Les jeunes chefs qui ont appris le métier chez les grands s'installent à leur compte en reprenant de braves bistroquets parisiens. Si bien que ces derniers, qui proposaient jadis à Paris, une aimable tambouille, deviennent de vraies grandes adresses. » Un succès qui met en lumière les failles du *Michelin* et son incapacité ou, pour le moins, sa lenteur, voire son suivisme à reconnaître les formes nouvelles de gastronomie et donc à désormais donner le ton. Tout ce qui sort des sentiers battus, qui ne respecte pas à la lettre les consignes obsolètes d'enquêteurs aigris est aujourd'hui tout juste récupéré en lorgnant sur les collègues critiques de la presse quand il n'est pas tout bonnement ignoré. À force de refuser l'évolution des mœurs, fût-elle culinaire, sous couvert de refus des modes, le *Michelin* a manqué et manque de manière chronique à révéler les esprits créatifs et les toques chercheuses.

Conséquence directe, le nombre de simple ou double étoilés Michelin lambda a fortement baissé ces dernières années, alors que les trois étoiles se sont multipliés notamment au sein de palaces aux mains de puissants actionnaires étrangers. Sur dix trois étoiles à Paris, sept sont la propriété de gros investisseurs, deux de chefs et un d'un propriétaire privé. André Trichot, l'un de ses anciens directeurs, le reconnaît : « On a peut-être multiplié un peu vite les trois étoiles, mais l'apport des palaces avec des capitaux importants n'est pas étranger à ce constat. » Ce faisant, le *Michelin* est passé à côté de la petite révolution de palais revisitant une certaine cuisine française. Cela n'a pas encore suffi à remettre en cause le diktat du guide omnipotent, mais le

1. *Le Point*, 30 avril 1999.

répit devrait être de courte durée, tant les brèches se multiplient. Ce qui le sauve pour le moment, c'est que tous les cuisiniers que le guide a consacrés le soutiennent contre les autres, les plus jeunes ou les plus révolutionnaires.

Le *Michelin*, contrairement aux apparences économiques, est en perte de vitesse. La preuve ? De nombreux quotidiens régionaux pour qui la sortie du *Michelin* était une aubaine, un sujet tout trouvé, n'en font plus désormais leurs choux gras. Raison invoquée ? « On n'y découvre plus rien et les lecteurs trouvent les guides injustes. Il faut se féliciter que d'autres guides ou médias dénichent les jeunes talents, *Michelin* n'est plus LA référence. » Et la presse se met à stigmatiser l'arbitraire qui règne en maître chez Michelin, contrairement à ce qui est communément admis. Plusieurs journaux ont ainsi testé, début 2003, la nouveauté du *Michelin* censée rompre avec la monotonie des étoiles : les Bib gourmands, désireux de récompenser les meilleurs rapports qualité-prix. « Sur les sept ou huit que j'ai essayés, peut-on lire dans *L'Éclaireur du Gâtinais*, deux ou trois sont mérités alors que d'autres sont oubliés. Et l'on ajoute ou l'on enlève une ou deux fourchettes au petit bonheur la (mal)chance. À défaut de me couper l'appétit, cet arbitraire me fait grimper au rideau. » Mais une fois de plus, pas un seul cuistot n'est parti à l'abordage du *Michelin*. Ce qui n'étonne pas vraiment Périco Légasse, qui fut l'un des premiers journalistes à contester le système : « La gamelle s'écrase tout mou devant Bibendum. »

Les fonctionnaires de la gastronomie française

Selon les chroniqueurs gastronomiques interrogés, le *Michelin* a la réputation d'être fait par des gens « sérieux et réfléchis et qui prennent leur temps », mais « qu'on accuse parfois d'être trop lents ou timorés ». La raison en est simple : la formation et l'esprit du bataillon des enquêteurs sont plus proches de l'administration de la sécurité sociale ou de la direction de la répression des fraudes que du journalisme, gastronomique ou pas. Véritables hommes de l'ombre, les enquêteurs du *Michelin* sèment l'angoisse en toute iniquité. « Ils viennent souvent à 2 ou 3 [1]. Leur attitude est typique, note une attachée de presse parisienne : ils n'ont pas de portable qui sonne, ils sont un peu VRP et ils sont tristes. Un jour, j'en ai rencontré un au Georges V, le profil c'était celui du représentant de commerce, tendance commercial chez France Télécom. Mais ils sont très courtois, très respectueux et surtout très honnêtes. » L'anonymat des inspecteurs du *Michelin* est une réalité comme en témoigne André Daguin : « Chaque fois que je croyais avoir débusqué un inspecteur du *Michelin*, ce n'était pas ça [2] ! En moyenne, ils passent tous les deux ans et ils changent tout le temps pour ne pas être reconnus. On dit toujours que l'inspecteur du Michelin est seul, mais c'est faux. Parfois, ce sont deux messieurs, parfois ils sont en couple. La consigne que j'avais donnée à mes gars c'était : si vous pensez que c'est quelqu'un du *Michelin*, la première règle, c'est "pas de conneries". Mais pas plus, parce que si on sur-sert et qu'on sur-cuisine, le coup d'après on se fait aligner. » Les mêmes arguments sont avancés par les grands chefs étoilés comme Guy Martin, qui assure n'avoir pas grand-chose à reprocher au *Guide gouge* : « En dehors des directeurs du *Michelin*, je n'ai jamais rencontré d'enquêteurs [3]. Déjà, je ne vais pas en salle, mais pour reconnaître les gens il faut être sacrément physionomiste ! Les gens de

1. Entretien avec l'auteur.
2. Entretien avec l'auteur.
3. Entretien avec l'auteur.

Michelin, après le repas, se sont présentés, ils nous ont dit qu'ils étaient du *Michelin*, qu'ils voulaient visiter un peu, mais sinon, on n'arrive pas à les reconnaître. On ne peut pas faire trois cuisines différentes, donc, pour nous, chaque table, c'est le *Michelin*. En général, il ne vaut mieux pas que le personnel le sache. Quand on le sait, c'est stressant. » Un chef raconte : « On reconnaît les inspecteurs du *Michelin* à ce qu'ils demandent d'abord les toilettes avant la carte, contrairement aux autres clients. Leurs manies, leurs envies sont toujours l'inverse de celles d'un client lambda. Et au fond, le contenu de l'assiette... » Un autre confirme : « Ils sont venus l'année dernière et se sont présentés après le repas. Ils ont demandé à voir la carte des vins, les toilettes. Ils m'ont d'ailleurs donné quelques conseils, sur tel ou tel point de la carte. Je me souviens qu'ils m'ont fait une remarque sur une sauce qui accompagnait un plat et qu'ils trouvaient trop proche d'une autre sauce, associée à une autre entrée. » Les inspecteurs jouent un rôle assez curieux, dans le sens où ils sont protégés par leur anonymat et qu'ils sont les seuls juges du goût des clients, qu'il s'agisse d'un gastronome averti ou d'un néophyte. Leur impartialité légendaire n'a d'égal que leurs méthodes tatillonnes d'un autre âge.

Les inspecteurs du *Michelin* sont tous salariés de la maison de pneumatiques. Chacun d'entre eux parcourt entre 25 000 et 30 000 kilomètres en moyenne par an et ferait environ 300 déjeuners et dîners au restaurant par an. Ils paient leurs additions, observent secrètement, scrutent le moindre détail tout en s'assurant de ne pas être remarqués. Un art de la dissimulation qui ne s'assortit pas toujours d'une fantastique culture culinaire ni d'un goût particulier. Pour être inspecteur au *Michelin*, il suffit bien souvent d'être passé à côté de sa carrière dans l'administration, de s'être reconverti dans la restauration, parfois collective, et de témoigner de bons et loyaux services à la

« cuisine ». La plupart des dix permanents revendiqués par Jean-Luc Naret, le directeur du guide, ont fait une école hôtelière, même si les profils, assure Michelin, se sont diversifiés depuis dix ans, avec notamment un diplômé de l'ESSEC et des femmes. Un certain nombre de règles déontologiques sont expliquées aux enquêteurs qui signent tous un document les engageant à les respecter, comme s'ils entraient dans une banque d'affaires ou un cabinet ministériel. Michelin assure que les inspecteurs qui faillent à leur tâche sont exclus. « On dirait une descente de flics », a dit un jour Bernard Pacaud, le chef du trois étoiles l'Ambroisie à Paris. Philippe, un restaurateur étoilé près d'Orléans, confirme : « Les gens de chez *Michelin* viennent en moyenne tous les deux ans [1]. Ils arrivent vers 11 heures, 11 h 30, juste avant le coup de feu, ce qui est très pratique, demandent si vous pouvez leur accorder quinze minutes, vous posent quelques questions, remplissent des fiches et demandent à visiter les cuisines. »

Selon Michelin, les inspecteurs visitent tous les types d'établissements, du plus petit au plus prestigieux. Chaque table goûtée ou visitée fait l'objet d'un rapport d'enquête, conservé d'année en année par l'administration Michelin. Les enquêteurs ne disposent d'aucune initiative. Ce ne sont pas eux qui rendent les jugements ni qui écrivent les lignes sibyllines qui servent de commentaires aux nouvelles adresses. Ils se contentent de remplir des rapports de plusieurs pages, de rédiger des notes. Ces fameux rapports sont ensuite remis à des responsables de zone qui harmonisent le tout. En interne, les chefs de zone sont régulièrement briefés par le directeur du guide qui lisse également le fond et la forme. Par la suite, les membres les plus importants

1. Entretien avec l'auteur.

de ce comité de rédaction passent en revue les établissements les plus prestigieux, ou ceux qui posent problème. Ils rediscutent alors le sort de chacun de façon parfois arbitraire, tous les membres du comité n'ayant pas récemment été dans chacun des établissements. Ce n'est qu'alors que se dessine la toque ou l'étoile remise collégialement à l'heureux élu. Se rajoute à cette cuisine interne la péréquation politique ou stratégique effectuée dans les notes pour promouvoir un jeune qui monte et qui pourra dire « je dois tout au *Michelin* », pour défendre le seul restaurant valable d'un département, d'une ville reculée, pour encourager Mme Loiseau, ou la famille Pic après la mort du chef. Autre travers : ces quarante-cinq dernières années, seuls cinq directeurs se sont succédé à la tête du *Guide rouge*, baptisé « l'Organisation » par le microcosme. Entré chez Michelin en 1946, André Trichot l'a dirigé de 1968 à 1985 : il y supervisait notamment les enquêtes de Bernard Naegellen (entré en 1968, il est resté directeur du guide de 1985 à 2000) et d'un Anglais, Derek Brown (de 2000 à 2004), puis Jean-Luc Naret, à la tête du *Michelin* depuis 2005, avec comme rédacteur en chef Jean-François Mesplède. Un faible *turnover* qui facilite la mainmise de celui qui est en place sur le contenu éditorial. Les goûts culinaires des directeurs du *Michelin* sont connus des restaurateurs et des enquêteurs. Ils impriment leur marque. Leur influence est comparable à celle de l'administration française qui se moque généralement de l'arrivée d'un nouveau ministre pour la raison qu'elle existait avant et qu'elle lui survivra. Moins informatif que les notations du *GaultMillau* ou d'autres guides, qui permettent des nuances et des paliers plus évidents, le classement du *Michelin* laisse donc passer beaucoup d'erreurs d'appréciation et d'arbitraire. Les notes les plus hautes sont décernées contre toute attente en petit comité et décidées en dernier ressort par le directeur du

Guide Michelin. « On retire ou on ajoute les étoiles après de nombreuses visites, une dizaine dans l'année pour les trois étoiles [1] », explique un porte-parole de Michelin éditions. « Nous ne rechignons pas à visiter une table quinze fois s'il le faut », avait coutume d'expliquer Derek Brown. Naret confirme : « Les deux et trois étoiles sont visités six, huit voire dix fois ou plus ». Dix, quinze visites pour une table ? L'ensemble des critiques gastronomiques interrogés jugent le nombre « puissamment fantaisiste ».

Le business Michelin

L'anonymat des enquêteurs et le halo de mystère qui entoure à la fois le fonctionnement « secret » du guide suscitent également de plus en plus de perplexité sur son impartialité. Ce qui ne serait pas très grave si le *Michelin* n'avait pas une telle influence sur la gastronomie au sens large. « On ne sait pas comment ils travaillent », s'inquiète Périco Légasse dont les critiques n'ont jamais molli contre le *Michelin.* Il a notamment violemment pris à parti, en son temps, Derek Brown, le directeur du guide, lors de la première conférence de presse historique du *Michelin* en 2002, le questionnant sur ses méthodes : « Qui sont vos inspecteurs, combien sont-ils, trente, quarante, cinquante ? Quels sont les critères de jugement ? ». Des interrogations relayées par l'ensemble de la presse qui dénonce l'opacité du guide, son refus de dire qui sont ses inspecteurs, combien ils sont, à quel tarif et comment sont-ils payés, quels sont leurs diplômes ou leurs formations. Derek Brown s'en était expliqué : « Chacun de nos cent inspecteurs anonymes visite près de neuf cents établissements une fois chaque année.

1. Entretien avec l'auteur.

Ce sont des hommes et des femmes de toutes nationalités. Ils tournent dans tous les pays d'Europe pour ne jamais être repérés. Ils sont triés sur le volet, issus d'une formation hôtelière et surtout Michelin leur demande d'être très cultivés, car ils doivent être capables de prendre un certain nombre de paramètres en compte comme le mobilier, les œuvres d'art, les équipements, l'environnement, le patrimoine, etc. Nous les formons pendant six mois avant de les envoyer sur le terrain [1]. » Personne n'ayant jamais pu ni vérifier, ni rencontrer des inspecteurs, ni lire des enquêtes du *Michelin*, ni accéder aux chiffres du *Guide rouge*, les critiques sont fondées. Beaucoup soupçonnent l'équipe *Michelin* d'être en fait très réduite, pour diminuer les coûts, et donc, de ne pas enquêter toutes les tables une fois l'an. « C'est tout simplement l'explication du fait qu'ils en oublient, ou que quelquefois injustement ils en enlèvent ou en rajoutent [2]. Ce n'est pas une science exacte. Ce n'est pas une bible », note un chroniqueur gastronomique d'un grand quotidien national. Tout cela soulève bien entendu la question des conditions économiques de publication du *Guide Michelin*. Quand on sait que pour réaliser chaque année plusieurs dizaines d'éditions du *Guide du Routard*, il n'y a qu'une grosse dizaine de permanents, il est légitime de se demander si Michelin ne ment pas sur la quantité d'inspecteurs qui sont réellement ses salariés et non des collaborateurs occasionnels ou des correspondants. Plus de neuf mille adresses (hôtels et restaurants) figurent dans le *Guide rouge France* : pour en faire deux par jour et par personne, cela nécessiterait déjà près de vingt permanents, sans compter l'administration. Or la direction du *Michelin* se targue d'effectuer plusieurs visites annuelles par établissement, c'est-à-dire jusqu'à plus de dix pour les trois étoiles.

1. *Hôtel restau Hebdo*, n° 113.
2. Entretien avec l'auteur.

Il faudrait donc, rien que pour la France, entre vingt et deux cents enquêteurs, soit un coût salarial compris au minimum minimorum entre 730 000 euros et 7 300 000 euros. Pour les frais, le calcul situe l'enveloppe entre 715 000 euros et 7 150 000 euros hors transports. Soit un coût juste pour les enquêtes compris entre 1, 5 et 14, 5 millions d'euros. Mais, si l'on en croit les déclarations de Michelin sur son nombre d'enquêteurs, plus proche de 10 millions d'euros. Ceci pour un chiffre d'affaires de 22,50 euros multipliés par cinq cent mille exemplaires, soit 11 250 000 euros, hors relecture, secrétariat de rédaction, cartographie, mailings, photogravure et impression. Une telle équation est tout bonnement impossible à résoudre. De deux choses l'une : ou bien le *Michelin* ne dit pas toute la vérité sur ses forces en présence sur le terrain, ou bien il perd chaque année de l'argent, ce qui serait de toute manière une goutte d'eau pour le géant du pneumatique. En réalité, pour réaliser des économies car le guide devenait trop coûteux, le nombre des enquêteurs a été réduit, ce qui diminue considérablement sa crédibilité. Et, en attendant, pour preuve d'une inspection rigoureuse et régulière, Michelin continue d'affirmer : « Tous les établissements visités font l'objet d'un rapport. » Des rapports qui n'ont pourtant jamais été rendus publics comme le regrette André Daguin. Autre secret bien gardé du *Michelin*, le courrier des lecteurs. Un courrier très important, plus de trente mille lettres par an, très sérieux, qui alimente le dossier des établissements, permet de découvrir les nouveautés sans fournir trop d'efforts. Des rapports bourrés de détails qui parviennent dans la boîte du *Guide rouge*, c'est bien entendu un atout majeur face à la concurrence.

Chaque année en tout cas, c'est le même scénario : comme le Goncourt et le prix de l'Académie française se disputent les lauréats, le *Michelin* et le *GaultMillau* se disputent la primeur de l'annonce de leur palmarès. Chaque année, les deux opérations de communication organisées concomitamment misent sur la surprise, l'effet d'annonce et l'engouement des médias pour lancer les ventes. La stratégie est connue : les rumeurs vont bon train et les fuites paraissent opportunément dans la presse. Même les restaurateurs sont miraculeusement – Dieu seul sait comment – au courant à l'avance du traitement qui leur est réservé. Michelin dément : « En aucun cas le chef n'est au courant du classement à venir concernant son établissement. » Sauf que généralement, à quelques semaines de la sortie annoncée du *Guide rouge*, bruissent des fuites savamment orchestrées directement par Michelin pour entretenir le suspense et créer l'événement. Pour prouver qu'elle est contre, la direction du guide précipite alors l'annonce officielle de son palmarès. C'est ce qu'elle fait régulièrement depuis le début des années 2000 en publiant son palmarès quelques jours avant la date butoir. Mais ça ne leurre personne : en coupant l'herbe sous le pied de ses concurrents, le *Michelin* tient un raisonnement d'entreprise. Car le *Guide rouge* n'est que l'emblème de la collection de livres touristiques publiés par Bibendum. Éditer des guides gastronomiques est avant tout une affaire de gros sous pour la multinationale du pneu où l'on sait comment dégraisser ses effectifs et tailler dans les coûts, fussent-ils humains. Pas de philanthropie donc chez les éditeurs du *Guide rouge* : chaque année il faut vendre, vendre et encore vendre. Et on y met les moyens : millésime de l'année imprimé en gros sur la couverture pour donner un coup de vieux aux anciennes éditions, envoi de dossiers de presse à plusieurs centaines de journalistes à Paris et surtout en province, organisation d'une grande soirée de lancement avec plusieurs milliers d'invités dans un grand palace parisien. C'est qu'économiquement les guides *Michelin* au sens large restent une très belle affaire. Le *Guide rouge*, lui, annonce officiellement 400 000 exemplaires vendus et 150 000 à l'étranger, ce qui en fait le premier guide gastronomique en nombre. Mais en réalité, il se tirerait autour de 300 000 exemplaires [1] du guide sur la France. Seulement, si l'on met bout à bout les différentes éditions en Français et en langues étrangères, on parvient aux 500 000 à 550 000 exemplaires effectivement revendiqués par Michelin pour toutes les éditions européennes du *Guide rouge*. La diffusion de la bible plus que centenaire est-elle surestimée par son éditeur à des fins de communication ? Si l'on en croit *Livres-Hebdo*, ses ventes sont presque moitié moins importantes qu'annoncées dans l'hexagone, moins de 200 000 exemplaires [2]. Mais, au fond, peu importe pour la multinationale du pneu : à partir de la base de donnée du guide rouge, une multitude de guides, rouge, vert et autres, sont publiés, en réutilisant tout ou partie de la base de donnée du *Guide rouge France* (les Coups de cœur, les Guides gourmands, les Bib hôtel...). Et le lancement du *Guide rouge* sert de locomotive à tous les autres titres du groupe. Alors, quand Michel Piot assure qu'« il y a un seul guide qui a une influence, c'est le guide rouge, tout le monde le sait. Au fond, le *Michelin* est bien étonné de tout ça, et aimerait bien s'en débarrasser, s'exonérer de cette responsabilité », il n'est pas interdit de penser le contraire.

La fin d'un système

Le 23 mai 2005 est à marquer d'une pierre rouge pour le guide du même nom. Au journal de 20 heures, Alain

1. Source distributeurs.
2. *Livres Hebdo*, mars 2010.

Senderens, chef trois étoiles d'un mythique restaurant parisien, Lucas Carton, provoque un branle-bas de combat chez Michelin en déclarant qu'il renonce à ses trois étoiles. « La rébellion de la haute cuisine française contre la pression du *Guide Michelin* », commente David Pujadas, aux manettes du 20 heures de France 2. À 65 ans, après vingt-huit ans à voir les étoiles dans les yeux, il rend son tablier : « Je ne crois plus à un système qui produit des additions à 400 euros. À partir de maintenant, je veux cuisinier simplement et sans bric-à-brac ». Quelques semaines auparavant, un chef étoilé en Alsace, Philippe Gaertner, avait lui aussi rendu son macaron. Du jamais vu. « Ce n'est jamais un cadeau d'avoir une étoile, disait le chef des Armes de France. C'est un honneur, mais c'est surtout beaucoup de contraintes. » Furieux d'avoir été mis devant le fait accompli, le *Guide Michelin*, insulte suprême, s'est vengé quelques mois plus tard en attribuant tout de même deux étoiles au Senderens nouvelle version, moins de six mois après son ouverture. Ironie de l'histoire, jamais auparavant une table n'avait obtenu les deux macarons en un temps aussi court. « On ne rend pas ses étoiles au *Michelin* », assure de son côté la direction du guide, c'est le *Michelin* qui les reprend. »

Le phénomène n'est pas isolé. Ces dernières années, d'autres grandes stars des fourneaux, sans pour autant raccrocher leur tablier, ont dit « basta » au *Guide rouge*, à ses méthodes, à sa tyrannie et à l'insupportable épée de Damoclès qu'ils tiennent au-dessus de la tête des restaurateurs, capables d'en rompre le fil quand bon leur semble. Le 8 novembre 2008, c'est Olivier Roellinger qui s'est auto-exclu de la galaxie *Michelin*. Mais pas pour raccrocher ses casseroles. Aujourd'hui, il propose une cuisine de la mer plus simple, dans son auberge qu'il tient avec sa femme dans la baie du Mont-Saint-Michel. Après avoir pris sa décision, le cuisinier-philosophe a demandé un rendez-vous au directeur du *Michelin.* « Vous avez fait une excellente année », s'entend-il dire. « Ça tombe bien parce que c'est la dernière », répond le chef. « Les chefs ne rendent pas leurs étoiles, déclare alors Jean-Luc Naret, péremptoire et agacé. Ils arrêtent la formule qui les a rendus célèbres. » Rien de tout cela chez Roellinger qui assure que ses clients ont un peu fait le tour de la gastronomie de papa version *Michelin.* « Une étoile ou pas, cela ne fait pas de différence », lance le cuisinier passionné d'épices et épris de mer. « Olivier Roellinger a mis douze ans pour avoir une troisième étoile. Il a fermé pour en finir avec la pression liée au système *Michelin* [1] », assure l'un de ses amis. Pour certains, c'est évident, Roellinger était « fatigué ». « Il a peut-être eu envie de s'asseoir dans son canapé et de regarder la télé comme tout le monde [2] », commente alors Yannick Alléno. Rien n'est moins sûr, y compris à l'étranger, à en croire Marco-Pierre White, dieu de la cuisine britannique, l'un des rares à avoir obtenu trois étoiles et à les avoir rendues : « Les étoiles vont toujours aux cuisiniers formés en France, de façon traditionnelle [3]. »

Michelin *gonflé au marketing*

En perte de vitesse en France, le *Michelin* n'a plus de discours, de vision. Il ne se sent pas trop en danger, parce que de nombreux lecteurs continuent de se rassurer avec sa vision datée de la gastronomie, et aussi parce que le guide

1. *Les Cuisiniers et les Étoiles*, Arte, 26 septembre 2010.
2. *Idem.*
3. *Les Étoiles* Michelin *: la folie de la perfection*, William Sitwell, 2010, BBC.

ne considère plus la France comme une priorité, mais comme un marché parmi d'autres sur l'échiquier international de ses intérêts industriels. Un sentiment partagé par de nombreux chefs tels Raymond Blanc (deux étoiles) : « *Michelin*, c'est un système. Il faut comprendre ce qu'ils veulent et le faire. C'est tout. *Michelin* ne voit plus rien. Et l'intégrité du guide ne vaut plus rien. C'est du marketing. Ils ne comprennent pas eux-mêmes ce qu'ils font [1]. »

Pour entretenir son image, Bibendum s'est singulièrement dopé au marketing ces dernières années : en 2000, il fête le centenaire du *Guide rouge* en grande pompe et publie avec le guide de cette année-là un fac-similé du premier guide de 1900 destiné aux amateurs et aux collectionneurs. Michelin multiplie les gadgets et les annonces pour continuer à intéresser. Comme en 2003, où, pour répondre en partie aux attaques menées contre lui et son incapacité à découvrir de nouveaux talents, il crée les Bib gourmands, destinés à récompenser les meilleurs rapports qualité-prix. Rebelote en 2007, lorsque l'édition du *Michelin*, surfant sans doute sur la vague « Ségolène Royal », comme des fuites de réunions internes le laissent entendre dans la presse, entreprend de féminiser son palmarès en offrant à Anne-Sophie Pic, à Valence, ses trois étoiles. À 37 ans, la jeune femme devient la première femme de l'Hexagone à avoir trois étoiles. Une aubaine pour le buzz du guide. Histoire d'accroître la polémique, il se trouve que le nouveau rédacteur en chef, Jean-François Mesplède, est une amie de la chef, avec laquelle il a cosigné en 2004 un livre, *Au nom du père* [2].

La pertinence du *Michelin* n'y est plus, alors on fait feu de tout bois pour s'en sortir, pour faire des coups médiatiques. On lance le célèbre *Guide rouge* à Macao et Hong

1. *Idem.*

2. *Au nom du père*, Anne-Sophie Pic et Jean-François Mesplède, Glénat, 2004.

Kong, à New York, puis au Japon en 2008. « J'ai une envie internationale de communication, faire bien les choses et bien le faire savoir [1] », assure Jean-Luc Naret. Des outils qui ont par exemple permis à Michelin de vendre trois cent mille exemplaires de son guide à Tokyo en cinq semaines, dont cent vingt mille dans les premières vingt-quatre heures. De quoi justifier de grands raouts, en France et à l'étranger, pour célébrer l'avènement de nouveaux étoilés. Et de répondre petit à petit aux critiques qui se sont multipliées contre Bibendum à travers le monde. Comme en attribuant à un modeste restaurant de *dimsum* à Hong Kong une étoile, faisant de l'établissement la grande table la moins chère du monde. « Un joli coup de relations publiques », pour William Sitwell, l'éditeur du respecté et craint magazine britannique *Foods Illustrated*.

Car, depuis cent dix ans, le système *Michelin* s'est enfermé dans un style gastronomique qui ne correspond plus à la grille de lecture de la haute cuisine aujourd'hui. L'internationale business ou bobo n'a plus du tout la lecture bourgeoise de la cuisine qui est celle du guide rouge. Le résultat, c'est que les trois étoilés à l'étranger sont rarement des découvertes et le plus souvent des confirmations : à New York, Tokyo, Macao ou Hong Kong, les tables ouvertes par les parrains français Ducasse, Robuchon, Gagnaire et les autres, raflent souvent la mise des trois macarons à la première édition. Comme à Londres où le restaurant Alain Ducasse at the Dorchester, qui a pourtant été massacré par la critique britannique, a reçu trois étoiles moins de vingt-quatre mois après son ouverture, suscitant l'incompréhension des Britanniques. Même chose pour toutes les tables orchestrées par les stars locales ou les anciens de chez Bocuse ou Ducasse. Dès lors, les étrangers

1. *L'Optimum*, mars 2010.

n'ont de cesse de critiquer le goût par trop classique et traditionnel du *Michelin*, jugé incapable, avec sa vision franco-centrée, d'appréhender la grande cuisine d'un pays asiatique aussi complexe que le Japon. « Il n'y a pas une seule façon de cuisiner le poisson, confie Alain Ducasse. En France, on l'aime rosé à l'arête, au Japon bleu, cru, et en Chine on le mange "juicy", gorgé de bouillon, juteux à souhait. Servez à un Chinois un poisson qui n'est pas comme ça, il vous renvoie l'assiette. Ils le savent ça, tous ceux qui mangent dans nos restaurants, avant d'écrire [1] ? » Même chose à New York où le guide est accusé de ne distribuer les étoiles qu'aux tables qui servent du homard, du pommard, des additions à dix-sept chiffres et des nappes amidonnées. Bref, le décalage entre la réalité autochtone et la vision néocolonialiste du *Michelin* ne cesse de s'accentuer.

Il ne faut jamais oublier que Michelin est une marque et même une multinationale qui ne peut négliger des marchés émergents pour ses activités. Faire des affaires pour une entreprise, c'est tout à fait louable, mais on est de plus en plus loin de la pertinence gastronomique. Ainsi, puisque la Scandinavie n'est pas considérée comme un débouché intéressant pour Michelin sur le plan stratégique, la maison n'a pas jugé bon d'y publier des guides alors même que ce Nord de l'Europe est aujourd'hui considéré, par la critique internationale, comme un nouvel eldorado culinaire créatif à la suite de l'Espagne des années 2000. Suède et Danemark développent notamment une belle génération de chefs, à l'épure toute bergmanienne dont le fer de lance se nomme René Redzepi (Noma, à Copenhague), ultime coqueluche du « melting popotte » planétaire. Seul hic pour le *Michelin*, des chefs de cet acabit, il n'y en a qu'une petite douzaine dans une zone peu dense en termes de restaurants,

1. Entretien avec l'auteur.

de population, de tourisme et d'affaires. Le marché est donc insuffisant. Et voilà comment le réalisme économique l'emporte sur le volontarisme critique. D'ailleurs, faute de débouchés porteurs pour les éditions Michelin, plusieurs projets de guides comme celui sur l'Autriche sont également morts dans l'œuf. « Peu importe les guides comme le *Michelin*, assure un grand chef allemand. Sans ses étoiles on travaillerait autant, avec la même exigence et la même fierté. » Ce qui laisse clairement entendre que la stratégie du *Michelin* semble bel et bien au point mort. La preuve ? À l'automne 2010, Jean-Luc Naret, le directeur du *Michelin*, a démissionné pour créer son cabinet de conseil, sans que son successeur soit annoncé. Une première dans l'histoire du guide, alors que l'Allemande Juliane Caspar, à la tête du *Michelin* France, n'a pas autorité sur *Étoile*, magazine coédité par Glénat et Michelin, censé véhiculer l'esprit de Bibendum. Curieux système en effet qui laisse la même Juliane Caspar décerner à son ancien employeur, Wissler, un chef moléculaire près de Cologne en Allemagne, trois macarons, un an à peine après son arrivée à la tête du guide.

8

Bides gastronomiques

> « Urgent – Mort de Bernard Loiseau, le chef étoilé de Saulieu. Saulieu (la Côte d'or), 24 février (AFP). Bernard Loiseau, 52 ans, le chef étoilé de l'hôtel-restaurant la Côte d'or, est mort en fin d'après-midi à son domicile de Saulieu (Côte-d'Or), a-t-on appris de source préfectorale [1]. »

---

1. Dépêche AFP, 24 février 2003, 21 h 44.

Certes, il y a le *Michelin* et ses travers. Mais il n'est pas le seul guide gastronomique, et s'il est le plus important, il n'est pas le pire. Après avoir connu des années de gloire, le *GaultMillau*, longtemps pourfendeur du *Guide rouge* et chevalier blanc de la critique gastronomique, s'étiole. Pourtant, ses fondateurs, les journalistes Henri Gault et son compère Christian Millau, furent parmi les plus brillants journalistes gastronomiques du siècle dernier. Tous deux nés en 1929, ils démarrent un parcours presque parallèle. Henri Gault a d'abord entamé une carrière de journaliste, notamment au *Parisien libéré*, puis à Europe 1. Il croise Christian Millau au début des années 60 à *Paris-Presse*. Critique littéraire dès 1950, Millau a fréquenté les hussards, la jeune garde de la littérature française. Ami de Roger Nimier, il a longtemps participé aux cercles parisiens et collaboré à l'hebdomadaire *Le Nouveau Candide*. À *Paris-Presse*, le poste de rédacteur en chef de Gault consiste seulement à légender chaque jour « la photo parlante », si bien qu'il s'ennuie. À son patron qui lui demande ce qu'il veut faire, il répond « me promener » et c'est ce qu'il fit. Tous les vendredis, il eut donc sa page que Millau, rédacteur en chef adjoint de la partie magazine, regardait avec envie. Le succès fut immédiatement au rendez-vous. À tel point que

Christian Bourgeois, des éditions Julliard, publie rapidement *À voir et à manger*, recueil des chroniques de Henri Gault. Résultat, après 15 000 exemplaires vendus, l'éditeur lui demande un second livre. Ce dernier en parle à Millau, à qui l'idée d'un guide gastronomique de Paris trottait en tête. L'éditeur est enthousiaste ; le premier guide réalisé par Gault et Millau allait naître. Ensemble, ils vont connaître une fulgurante ascension. Intelligents, madrés et intrigants, ils veulent changer les mœurs gastronomiques. Tous deux bons vivants, battants, Gault et Millau ont des personnalités très différentes : autant Millau est chaleureux, humain et progressiste de gauche, autant Gault a tendance à accentuer son côté traditionaliste et parfois provocant. Il n'hésitera pas ainsi à adhérer en 1986 au comité de soutien du Rassemblement national vendéen, organe électoral du mouvement de Jean-Marie Le Pen dans ce département. « Si on les compare aux mousquetaires, je dirais que Millau, c'est Aramis et Gault, Portos [1] », témoigne un de leurs anciens collaborateurs.

Dès les années 60, leur aventure est lancée. Par leurs écrits, les deux compères renouvellent le genre du journalisme gastronomique qui avait bien souffert de l'image de leurs prédécesseurs. Ils imposent un style critique nouveau. À l'époque, le seul guide important est le *Michelin*, qui ne fait aucun commentaire sur les adresses et se contente d'attribuer des étoiles. Gault et Millau se distinguent par leurs qualités d'écriture, leur franchise, leur humour et leur acidité. Et ça marche : ils éditent chaque année le *Guide Julliard*, multipliant les collaborations dans des journaux qui servent de relais à leur bonne parole. Puis, en 1969, ils fondent *Le Nouveau Guide*, ancêtre du magazine *Gault-Millau*. En 1970, les deux journalistes publient un *Guide*

1. Entretien avec l'auteur.

gourmand de la France. Trois ans plus tard, c'est au tour du célèbre guide éponyme de voir le jour. Sous la bannière *GaultMillau*, ils allaient régner sur la gastronomie française pendant plus de vingt ans. Leur guide est le seul qui parviendra à rivaliser un temps avec le *Michelin*. Mais il n'arrivera jamais à le détrôner.

Les Dupond et Dupont de la critique entrent avec force bruits de casseroles dans les cuisines. Tout repose sur les épaules mais surtout le ton et le style des deux journalistes. À l'opposé de la démarche froide et conservatrice du *Guide rouge*, ils se veulent aiguilleurs de tendances, distribuent des notes et des bonnets d'âne. Sous leurs plumes alertes, une égratignure sonne d'ailleurs presque comme un compliment. Leur guide est un guide d'humeurs. Il attribue des toques (de une à quatre) selon le niveau de confort, le luxe des restaurants, la note sur 20 portant, elle, directement sur la cuisine. Lorsqu'un établissement se distingue par sa créativité ou son originalité, les toques sont rouges. Le succès de leur entreprise se confirme très vite. Au départ exempt de publicité, le guide trouve sa place immédiatement, car la moralité des auteurs est au-dessus de tout soupçon. Avec un magazine mensuel donnant les bonnes adresses et un guide annuel, ils se montrent incontournables, arpentant jour après jour le terrain à la recherche du talent et de la nouveauté. Bêtes de somme de la gastronomie, ils se veulent intègres, honnêtes et loyaux envers leurs lecteurs qu'ils placent plus haut que tout. On peut ne pas être d'accord avec eux, mais tout le monde respecte leurs choix à l'époque.

GaultMillau, *l'étoile filante*

En 1973, Henri Gault et Christian Millau font passer la cuisine française du Neandertal à l'âge de pierre.

Comment ? En faisant émerger le concept de Nouvelle Cuisine française (NCF). Une véritable révolution concentrée dans dix commandements écrits par les deux amis qui pestaient souvent contre les sauces lourdes et les préparations empesées. S'inscrivant en porte-à-faux contre la cuisine classique et les recettes ampoulées des restaurants de palaces désertés par les gourmets, les deux gastronomes font l'éloge du poisson rosé à l'arête, de la simplicité, de la légèreté et de l'épure. Le tout avec une ferveur quasi-évangélique. « Ils ont contribué à faire émerger des chefs qui portaient en eux une volonté de régénération, d'allégement, de nouveauté [1], explique Luc Dubanchet, ancien rédacteur en chef de *GaultMillau*. Il faut se rappeler le contexte, car dans les années 60-70, tout était trop cuit, les plats étaient servis en sauce, avec de la crème et du beurre. Il y avait déjà à l'époque des combats d'arrière-garde, un conservatisme absolu. Gault et Millau ont clairement apporté la bonne parole et montré le chemin à un certain nombre de chefs. La Nouvelle Cuisine, c'était un espoir, un dépoussiérage pour une gastronomie qui était rétrograde et cependant leader dans le monde. » Cette révolution est le fruit d'un dialogue avec des chefs comme Michel Guérard, d'un va-et-vient au contact de talents forts comme Alain Chapel, Georges Blanc ou Alain Senderens, alors ardents défenseurs d'un nouveau credo contemporain. Lequel plaide le cru, les mélanges audacieux, les sucré-salé, les portions moins copieuses, de nouvelles textures comme les mousses, de nouveaux modes de préparation en cocotte ou timbale, une décoration moderne, mais aussi l'art du détournement et la réinterprétation de recettes ancestrales. Autre idée maîtresse de la Nouvelle Cuisine : le frais et le respect des saisons. La tendance est à l'authenticité, à l'exaltation du goût, à la

1. Entretien avec l'auteur.

mise en valeur des producteurs. Gault et Millau, en donnant un nom à ce phénomène quasi scientifique, ont été précurseurs. Ils ont surtout accompagné un mouvement sans jamais prétendre l'avoir inventé. S'il y avait une réelle volonté de changer les choses chez les chefs, Gault et Millau en ont été les vecteurs. Ils se sont fait l'écho d'une volonté de renouvellement. Dès 1969, d'ailleurs, Gault et Millau découvrent, rue de l'Exposition, à Paris, un certain Alain Senderens dont ils disent le plus grand bien, tandis qu'ils déclassent le célèbre Lucas Carton, jusque-là première table de Paris. C'est le début de la fin. On ne parle plus que de la Nouvelle Cuisine française. Tant et si bien que son retentissement a été colossal.

Par-delà la cuisine, c'est une nouvelle pratique du restaurant, une nouvelle sociologie de la table et des manières de table que Gault et Millau imposent. Ils ont fait évoluer le goût moderne. Autant dire que les deux compères qui s'intéressent à tout ne se sont pas cantonnés au restaurant. Ils ont exploré les habitudes de notre culture alimentaire, nos modes de vie et de consommation. Des chefs à leur entourage, de fil en aiguille, la Nouvelle Cuisine, portée par les médias, va tout faire exploser. De révolution, elle devient la norme. Un bouleversement mondial bien plus important qu'une simple évolution culinaire autorisant à se passer du poisson et de la viande à chaque repas. Car la Nouvelle Cuisine participe d'un mouvement d'ouverture de la société et de la libéralisation des mœurs qui prolonge mai 68 jusque dans les assiettes.

Copains mais pas coquins

Puisque la Nouvelle Cuisine a été un phénomène qui a permis aux chefs d'aller plus loin, de se dérider, d'oser, de s'affirmer, Gault et Millau en ont bien sûr profité en retour. « Ils avaient l'un et l'autre une haute idée d'eux-mêmes [1], note un critique. Il n'était pas question pour eux de rester sur le bord du chemin les bras croisés. » Il faut dire qu'aux débuts du binôme, l'époque n'était pas encore à la suspicion. Le chef offrait un verre de vin, le critique était un copain. Tout allait bien. La franche rigolade primait sur tout, l'argent n'avait pas encore envahi les fourneaux et les chefs les plateaux de télévision. Tout était plus simple, les rapports moins intéressés. Invités à la table personnelle des chefs, Gault et Millau en sont rapidement devenus des habitués, sans mauvaises pensées. On leur demandait leur avis, ils le donnaient. Millau, notamment, a eu un côté mentor auprès de chefs qu'il a de fait découverts. Mais, rapidement, le consumérisme a pris le dessus.

Lorsqu'on parle à des cuisiniers et qu'on prononce le nom d'Henri Gault et de Christian Millau, ils évoquent ainsi souvent les invitations, les fêtes données en leur honneur, les cadeaux. Tous les « anciens » n'en ont pas été témoins mais en ont entendu parler. « Millau, par exemple, avait une maison à Saint-Tropez où il recevait de nombreux chefs [2], note un ancien du *GaultMillau*. Il donnait des fêtes avec des grandes toques. Ils étaient madrés, rien n'était explicite. Mais imaginez un cuisinier qui se rend chez le critique le plus en vue… Qu'est-ce qu'il fait ? Il vient déposer ses offrandes. » Alain Ducasse confirme que les cuisiniers jouaient le jeu : « Tout le monde y allait, à Saint-Tropez. Je dois bien être le seul qu'on n'ait pas vu là-bas [3]. » Étaient-ils pour autant mal intentionnés ? Nous n'avons trouvé personne pour le dire. Et tous ceux qui les ont bien

1. Entretien avec l'auteur.
2. Entretien avec l'auteur.
3. Entretien avec l'auteur.

connus plaident plutôt pour l'inverse. Certes, Gault et Millau ont souvent tout confondu, le journalisme et la direction d'une entreprise, les amis et les chefs, mais il faut replacer cela dans le contexte de l'époque. Dans le milieu culinaire des années 70, tout s'achetait : les fournisseurs achetaient les cuisiniers – pratique qui a perduré jusqu'à la fin des années 90, même dans les plus grands palaces. « Il y avait un côté donnant donnant explique un ancien proche du *GaultMillau*. Il ne faut pas rêver : les cuisiniers mangent toujours dans leur restaurant et c'est la brigade qui fait la bouffe. De même, la brigade est là pour préparer à manger à madame et aux enfants [1]. » À partir du moment ou Gault et Millau faisaient partie de la famille, il était donc presque normal que tout le monde profite. Mais le contexte et la sympathie ne suffisent pas. Déjà, en 1965, le lancement du *Guide Julliard* avait eu lieu chez Marc Soustelle, le chef de Lucas Carton, qui servit un prodigieux dîner [2]. Et pour le mariage des enfants, pour les repas de Noël, pour une fête, des grands chefs proposent de participer, offrent telle ou telle contribution en nature. Paradoxalement, cela n'était pas, chez Gault et Millau, érigé en système. Tout s'est fait de manière naturelle. Ils avaient choyé des chefs qui leur renvoyaient l'ascenseur et le succès de la Nouvelle Cuisine n'a pas arrangé les choses. Si Henri Gault était intime avec Jacques Le Divellec, c'est tout simplement parce qu'il l'avait vu devenir un grand chef, après lui avoir remis la Clé d'or, puis une troisième toque rouge en 1979. Jacques Le Divellec s'honorait de cet ami qui lui prodiguait tant de bons conseils [3] : « Ils ne se sont pas fait acheter, éructe un ancien de la maison. Ils étaient trop indépendants pour cela. Il faut avoir une certaine rectitude

1. Entretien avec l'auteur.
2. Christian Millau, *Les Fous du palais*, Robert Laffont,1994.
3. Jacques Le Divellec, *Ma vie*, Grasset, 2003.

morale pour refuser et une grande dose de désintéressement, ce qui n'était pas le cas ni de l'un ni de l'autre. En même temps, Gault et Millau étaient des bohèmes, ils se sont fait avoir. Non, franchement, ils n'ont jamais été des escrocs, ils n'ont jamais joué le jeu, c'était simplement de la connivence [1] ! » Une nuance délicate à saisir.

Pour tous les conseils qu'on lui demandait, dans la restauration, dans l'industrie agroalimentaire ou l'hôtellerie, Henri Gault avait créé une structure parallèle baptisée « GaultMillau bis » dans laquelle deux de ses amis jouaient un rôle important. Son objet social était simple : profiter de la notoriété et de l'entregent du fondateur pour développer une activité rémunérée de conseil en gastronomie, en communication, en stratégie, en labellisation. Tout ce qui concernait l'utilisation du nom « GaultMillau » en dehors du guide et du magazine passait par là. C'est ainsi que les produits Monoprix estampillés « GaultMillau » trouvèrent plus tard leur place sans que personne ne se pose vraiment la question de savoir pourquoi ni comment un tel magazine décernait des labels.

Gault et Millau se prennent le chou

Malheureusement, le célèbre duo bat rapidement de l'aile. En 1986, leur divorce est consommé. Il sera fatal à leur entreprise. À la tête de la partie éditoriale, Millau se retire en 1987. Officiellement, alors, les deux fondateurs vendent leur groupe. La suite n'est qu'une succession de rachats plus catastrophiques les uns que les autres. On s'y perd. Peu de gens sont capables de retracer l'histoire économique du *GaultMillau* depuis quinze ans. Un nombre

1. Entretien avec l'auteur.

incroyable de propriétaires se sont repassés le bébé, cautionnés ou non par Henri Gault et Christian Millau selon leurs envies. Plusieurs directeurs vont se succéder, imposant leurs chefs préférés chez lesquels ils ont leurs habitudes. De cette mauvaise gestion résulte une déconfiture qui favorisera l'essor d'une pléiade d'autres guides, laissant le *Michelin* sans concurrence. Parachutée à la direction de la rédaction, Monique Pivot supprime même en 1996 la raison d'être du *GaultMillau*, la distinction qui était opérée entre les tables classiques et la cuisine créative. Ce qui fait dire à Périco Légasse, critique gastronomique de *Marianne* : « Privé du seul procédé permettant de faire la part des choses et donc d'informer son public objectivement, *Gault-Millau* y perdit sans doute son âme. » Petit à petit, de sanctions en décisions iniques prises par des gens moins légitimes que les fondateurs, et cachées derrière la notoriété du guide, les professionnels prennent leurs distances. *L'Express*, alors propriétaire du titre, le revend au groupe de presse Le Moniteur. Mais le *GaultMillau* n'est pas encore au bout de ses peines. Marc-Noël Vigier, le P-DG du Moniteur, revend ensuite le groupe pour environ 12,5 millions de francs (1,9 million d'euros) à Pierre Dauzier, ancien P-DG de Havas qui vient d'être viré par un certain Jean-Marie Messier, et à Philippe Faure, qui vient de revendre sa compagnie d'assurance à un groupe américain et de faire fortune. Dauzier et Faure s'offrent de luxueux bureaux, un sublime hôtel particulier square Pétrarque, dans le 16e arrondissement de Paris. Ceci alors que le produit phare du groupe, le guide, perd de l'argent. Avec la bénédiction d'Henri Gault, ils préparent néanmoins un guide du renouveau pour l'an 2000. Une tentative de sursaut qui fait penser au saut de la carpe juste pêchée qui tente d'échapper à son destin. Par sa pompe et son luxe, la soirée de lancement de l'édition du *GaultMillau* 2000 chez

Ledoyen a marqué les esprits : plusieurs centaines d'invités, des diplomates, des dignitaires et même un chef d'État africain avaient été conviés. Un gala précédé d'une importante campagne de relations publiques et de déjeuners sur les Champs-Élysées pour expliquer « à nos amis des médias » que le *GaultMillau* était reparti sur des chapeaux de roues.

Que nenni, quelques mois plus tard, c'est un certain Bernard Da Costa qui entre au capital de la société, avant de passer aussi sec la patate chaude en la revendant au groupe Ballande. Ce chevalier blanc appartient à une famille calédonienne originaire de Nouméa. Elle possède en Nouvelle-Calédonie des mines, du nickel, des affaires dans la distribution. Pourquoi alors racheter le *GaultMillau* ? Tout simplement parce que Louis Ballande, le P-DG du groupe familial, milliardaire, a des ambitions dans la gastronomie. L'exploitation des mines n'ayant pas bonne presse, Ballande s'est donc diversifié dans la distribution de vin. Et pas n'importe comment en rachetant l'une des plus grosses sociétés de négoce de bordeaux, ainsi que des vignobles et des propriétés. Pas plus que ses prédécesseurs il n'a de stratégie, de vision ou de compréhension du métier d'éditeur ni même de cuisinier. Et leurs changements managériaux n'y font rien. En décembre 2002, le magazine fait perdre au groupe Ballande plus de 500 000 francs par mois (80 000 euros). Cumulées, les pertes deviennent abyssales. À chaque fois, Ballande doit remettre au pot pour renflouer les caisses. Sans compter que, sur le fond, le magazine est de piètre qualité. Chez les cuisiniers comme chez les chroniqueurs gastronomiques, tout le monde est persuadé que l'on observe alors la queue d'une comète qui n'a que trop duré.

À cette époque, il ne reste plus dans la holding GaultMillau que quatre salariés et quelques pigistes. Largement insuffisant pour faire un guide. Qu'à cela ne tienne : pour relancer le guide

2003, la nouvelle direction confie les clés éditoriales à Marc Esquerré, ancien correspondant du *GaultMillau* pour la Normandie. Au fil des départs, ce professeur de mathématiques dans le civil est le plus ancien de la maison ; sa mémoire, en quelque sorte. Esquerré, devenu petit à petit « directeur délégué du *GaultMillau* » possède aussi une société, La Onzième Heure, qui fournit des articles à *GaultMillau magazine*, et rédige des pans entiers du guide. Esquerré dispose d'un contrat à l'année avec la société éditrice du guide, qui prévoit un nombre donné de tables à visiter, une enveloppe de frais et une rémunération annuelle pour l'actualisation du guide. Pour cela, La Onzième Heure s'appuie sur deux collaborateurs et les restes éparpillés de l'ancien réseau de correspondants locaux ou régionaux. Ballande sous-traite donc à Esquerré à qui ils signent un contrat annuel de 450 000 euros pour fournir le guide prêt à imprimer. Un montant qui ne suffit absolument pas à entretenir un réseau d'enquêteurs, leurs frais et tout le reste. Ceci, contrairement à ce que le *GaultMillau* affirme alors : « Notre équipe de quarante-quatre inspecteurs et notre réseau de deux cents correspondants ont été renforcés et renouvelés. » Un montant qui est aussi bien éloigné de ce que le *GaultMillau* promettait dans son numéro d'octobre 1999 : « 141 514, c'est le nombre de kilomètres parcourus cette année à travers toute la France, pour aller à la découverte des meilleures adresses [...] si l'on additionne tous les postes budgétaires, la campagne d'enquête 1999 aura sensiblement coûté quatre millions de francs (soit près de 700 000 euros) à *GaultMillau*. À cela, il faut évidemment ajouter le prix de la fabrication du guide (impression, coût du papier), les salaires des collaborateurs et des pigistes, les frais généraux : bref, une somme conséquente qui n'est jamais que le prix à payer pour offrir aux lecteurs un produit de qualité. » Dix ans après, ils sont loin du compte, puisque Esquerré et ses collaborateurs visitent moins de mille cinq cents tables par an, sur les quelque milliers que compte le guide. Les critiques des restaurateurs sont donc fondées : toutes les adresses du guide ne sont pas visitées. Si les enquêtes et les renseignements étaient plus rigoureux, celui-ci coûterait cinq à dix fois son prix. Néanmoins, les adresses sont mises à jour chaque année, c'est-à-dire que les textes sont réécrits sans pour autant qu'il y ait enquête. Ce qui permet, bien sûr, d'éviter les remarques des cuisiniers ou des lecteurs. Pour l'aider dans son travail, Esquerré dispose, comme l'ensemble des guides, du *Routard* au *Michelin*, d'un atout majeur : les questionnaires, envoyés chaque année par *GaultMillau* aux établissements figurant dans le guide et remplis par eux. Sans celui-ci, la rédaction du guide ne peut actualiser les prix, les plats et les informations des maisons qu'elle n'a pas visitées. Ce qui permet par exemple au guide 2003 d'écrire à propos des Crayères à Reims : « Boyer fait la cuisine comme l'on fit du vin au château Latour, loin des nectars de cornues et des cuvées de garage. En grand. Avec des grands moyens », alors qu'il est de notoriété publique que, depuis longtemps, c'est Thierry Voisin, son second, qui est aux manettes. « Ça, on ne peut pas dire que ce soit très à jour, s'exclame alors Gérard Boyer. Voilà bien trois ans que le guide parle de moi aux fourneaux alors que tout le monde sait que je n'y suis plus [1]. »

D'ailleurs, en février 2003, le *GaultMillau* trouvait l'occasion de se justifier : « Nous avons réorganisé nos équipes, nous reprenons tout à zéro, justifie-t-on. On se donne comme objectif de visiter toutes les tables dans les deux ans [2]. » Le courrier des lecteurs, toujours assez important, permet aussi quelques péréquations. Que les restaurateurs demandent non pas les fac-similés des rapports

1. Entretien avec l'auteur.
2. *Le Midi libre*, 22 février 2003.

d'enquêtes, falsifiables a posteriori, mais les notes acquittées par les enquêteurs et le menu à la date supposée, et il est très vraisemblable que, chez *GaultMillau* comme ailleurs, on ne leur réponde pas. Néanmoins, le guide continuer d'affirmer que ses chiffres de vente sont en progression, à près de cent mille ventes. En réalité, les chiffres de diffusion sont, comme chez beaucoup d'éditeurs, optimistes. La réalité est plus proche de cinquante mille à soixante mille exemplaires selon les millésimes. Pour le quotidien *La Provence*, qui a pris sa calculette, le guide coûterait même plutôt 1 400 000 euros par an, ce qui éloigne encore davantage toute perspective de rentabilité. Mais tout ceci n'est qu'un secret de polichinelle pour les professionnels, comme on a pu le lire sur un site Internet américain : « Le porte-parole du *GaultMillau* qui apparaît à la télévision pour commenter la situation n'est là que depuis quelques mois et n'a apparemment pas d'expérience [...]. Il n'y a plus de responsable éditorial en interne et la préparation du guide est externalisée à une petite entité. Les professionnels craignent qu'un jour des gens incapables exercent un réel pouvoir sur eux. » Du côté du magazine, ce n'est guère mieux, il va de nouvelle formule en nouvelle formule. Rien de très brillant donc, le *GaultMillau* n'étant plus que l'ombre de ce qu'il a été.

Splendeurs et misères des guides gastronomiques

Les chiffres de diffusion des autres guides l'attestent : la plupart n'ont jamais vraiment trouvé leur rythme de croisière. Certains sont même confidentiels et la majorité ne dépasse pas six mille à huit mille ventes réelles. Ils sont d'ailleurs souvent rédigés par une seule personne et quelques amis ou proches collaborateurs, fonctionnent davantage à l'affectif qu'à l'efficacité. Vincent Noce écrivait à cet égard dans *Libération* : « La plupart [des] concurrents [du *Michelin*] ne montrent pas un sérieux à la hauteur de leur ambition. Les auteurs qui vivent aux crochets des restaurateurs sont connus. Ceux qui utilisent leur pouvoir à des fins commerciales aussi. » La plupart, loin de participer du regain d'intérêt des Français pour la cuisine depuis dix ans, manifestent plutôt un odieux opportunisme en se présentant tous comme des fils spirituels de Gault et Millau. C'est surtout depuis que le *Guide jaune* décline que les chroniqueurs gastronomiques ont multiplié les publications concurrentes, pour tenter de s'imposer en héritiers putatifs.

À mesure que le *GaultMillau* déclinait en effet, l'appétit de la concurrence a cruellement grandi. Les petits cracks des chroniques ou se prétendant comme tels ont cherché (et parfois trouvé) à s'aguiser à la bonne meule de guides gastronomiques. Sans totalement dénier le volontarisme de certains à réinventer le genre, la plupart de ces faiseurs de bibles ne trouvent guère plus de légitimité que dans la course à la notoriété, la quête d'influence et l'espoir de reproduire peu ou prou le lucratif « business model » de leur ex-glorieux aîné, sans jamais véritablement parvenir à l'atteindre. Ainsi, depuis le mi-temps des années 80, s'est invitée une foultitude de pensums au banquet éditorial. *Bottin gourmand*, *Guide Lebey*, *Pudlo*, *Gantié*, *Champérard*, on en passe, on en oublie, sans omettre le fameux *Routard* propice depuis plusieurs saisons à troquer le sac à dos pour la fourchette.

Guide gastronomique, fais-moi peur

Si les guides prêtent ainsi le flanc à la critique, c'est parce qu'ils sont loin d'être irréprochables. La réalité force à constater qu'aucune charte de déontologie n'existe ou n'est respectée en France. Et ce n'est pas leur diffusion, en baisse depuis des années – elle a chuté de plus de 30 % en dix ans –, qui va modifier cette image. Le marché est saturé, la guerre entre les éditeurs fait rage. Les réactualisations sont onéreuses. Faute de moyens, la plupart des guides n'ont plus la possibilité de s'offrir un réseau de correspondants fiables et bien intentionnés. Sous la pression inflationniste des budgets d'enquête, les guides jugent souvent un restaurant avec des articles parus dans la presse locale ou les élucubrations plus ou moins fantasques de « correspondants » qui copinent. Dotés d'un nombre insuffisant d'inspecteurs, ils ne peuvent accomplir un travail vraiment fouillé. Les guides devraient renforcer leurs exigences sur leurs collaborateurs et leur éthique. « Beaucoup de correspondants de guides ont eu des attitudes malhonnêtes [1], explique l'ancien président d'une maison de champagne qui en a employé certains. Ils faisaient chanter les chefs pour des gains à la petite semaine et se faisaient rincer ». Chez *GaultMillau*, comme dans d'autres guides, les enquêteurs sont de véritables baronnets dans leur province. Il y en a eu jusqu'à quinze ou vingt qui géraient leur région comme un protectorat, réagissant par des crises incroyables si un autre collaborateur venait marcher sur leurs plates-bandes. Ce constat suscite pas mal de problèmes : lors des prises de décision, chacun fait peser son poids ou son ancienneté dans la balance. Chaque clan joue de son influence pour fournir des noms de chefs qui montent. Et, étant donné le peu de renouvellement des restaurants dans certaines régions, les enquêteurs tournent vite en rond et se font rapidement des inimitiés ou alors des amitiés très fortes. Cette décentralisation a été très préjudiciable à certains guides. Elle a instauré

1. Entretien avec l'auteur.

des petits potentats, chacun défendant son poulain ou la grande table institutionnelle de sa ville. De surcroît, contrairement aux inspecteurs du *Michelin*, les enquêteurs des autres guides ne sont pas salariés. Ils sont au mieux pigistes, au pire, payés en droits d'auteur au lance-pierres, au mépris des lois en vigueur. Résultat, témoigne un patron de maison de champagne : « Certains représentants en vin travaillent comme correspondants locaux pour des guides pour arrondir leurs fins de mois. Ils se servent de leur influence dans les notations pour dire aux restaurateurs qu'ils rencontrent : "Je te mets 12, mais ce serait bien que tu me commandes un peu du vin que je représente [1]." » Dans l'Ain, un représentant en vin d'une grande maison de champagne qui collaborait par ailleurs au *GaultMillau* s'est longtemps vanté de devoir une partie de ses ventes dans les grandes tables à ses deux casquettes. Pourtant usé jusqu'à la corde, le système perdure.

En effet, comme le fait remarquer le directeur d'un comité départemental du tourisme : « Les guides touristiques constituent l'une des principales sources de renseignements de la clientèle qui les utilise beaucoup pour préparer leurs séjours. Ils permettent de développer un réseau et de se faire connaître à travers toute la France. » Voilà pourquoi les comités départementaux et régionaux de tourisme aident et soutiennent même financièrement ces publications, en fournissant une voiture, des billets de train, des nuits d'hôtel, des avances, en nature ou en argent, parfois substantielles, jusqu'à 75 000 euros pour un guide consacré à une région. Ce qui ne va pas, bien sûr, sans contreparties. « Je me souviens, explique Philippe, restaurateur dans le Loir-et-Cher, que le représentant célèbre d'un modeste guide était venu lors d'un voyage concocté pour

1. Entretien avec l'auteur.

lui par l'office du tourisme. Il était invité partout et nous devions même envoyer nos recettes à l'avance pour qu'il ne mange pas plusieurs fois la même chose ! Moi, ils m'ont demandé de changer un ingrédient au motif qu'il allait déguster le même la veille au soir. » Évidemment, l'enquêteur en question n'a rien réglé, puisque tout était offert par l'office du tourisme.

Des méthodes peu ragoûtantes

Suivistes, pas toujours très inspirés, les guides ne sont pas des parangons de vertu. Pourquoi ? Parce que les guides se posent peu de questions. Leur portée, leur sens, est limitée : ils se contentent généralement d'énumérer une liste d'adresses sans fil conducteur, sans intention ni recul. Chacun a ses propres critères d'évaluation et se garde bien de justifier ses choix, ce qui rend leur lecture très complexe et leurs jugements parfois difficiles à comprendre même pour les professionnels. Pour créer l'événement, les guides ont multiplié les découvertes de jeunes chefs, disciples ou élèves de tel ou tel grand, ce qui est monté à la tête de beaucoup. Parallèlement, il y a eu une véritable inflation du nombre d'établissements cités dans les guides dans les années 2000 pour en offrir plus que les autres (jusqu'à six mille dans le *Bottin gourmand*, plus de cinq mille dans le *GaultMillau*), ce qui ne s'est pas fait sans un certain relâchement évident des critères de sélection. Lancé dans une course à l'échalote et pour compenser le fléchissement de ses ventes, le guide a cherché le sensationnel. De moins en moins, les équipes qui se succèdent à la vitesse de l'éclair ne connaissent de véritables critères de sélection. Faute de moyens, il n'y a pas d'harmonisation. D'une année sur l'autre, les critères changent avec la personnalité du patron.

Promotions, chutes et disparitions sont jouées presque à la loterie : une année modernisme, l'autre année terroir. Personne ne comprend la politique éditoriale. Il n'y a pas de raison rationnelle pour expliquer qui baisse, qui remonte ni pourquoi, hormis la volonté de générer de la nouveauté, de la surprise, et surtout de la frustration pour créer artificiellement de la nouveauté. D'erreurs de casting en problèmes de communication, c'est du pain béni pour leurs détracteurs, de plus en plus nombreux après le suicide de Bernard Loiseau. Comme dans la lessive, chacun assure pourtant qu'il lave plus blanc que l'autre. Tous les ans, par le biais d'annonces fracassantes (« chef de l'année », « chef du siècle », « chef régional »...) et de sanctions (perte d'une toque, d'une étoile, de plusieurs points, cœur cassé...), les guides assurent les retombées médiatiques de leur nouvelle édition, pourtant rarement de première fraîcheur. Par stratégie, intérêt ou marketing, ils font tourner les récompenses. D'où l'impression souvent que ces changements ne correspondent à rien.

Danse avec les chefs

Promouvoir une femme, un chef étranger, un petit bistrot, baisser Bernard Loiseau de deux points, passer Veyrat à 20/20 – meilleure note attribuée depuis trente ans –, voilà le genre de réajustement que peut imaginer l'équipe d'une nouvelle édition d'un guide comme le *GaultMillau* pour vendre du papier. C'est en tout cas ce qu'affirme *Le Figaro* : « Tous les guides gastronomiques sont obligés de faire un petit coup publicitaire dès leur sortie. C'est pour cela qu'il y a eu la note assez controversée d'un 20/20. Car un guide gastronomique est d'abord fait pour se vendre. Le *GaultMillau* a besoin de retrouver une crédibilité perdue. » En perte de crédibilité, les guides cherchent à frapper de grands coups pour tenter de se redresser. Pour se faire de la publicité, ils jouent aux faiseurs de rois et aux coupeurs de tête. Ils cherchent à compenser le fléchissement des ventes par le sensationnel. Cela ne contribue en réalité qu'à les enfoncer davantage. Autre curiosité, le fait que les guides n'arrivent jamais la même année avec les mêmes résultats ni les mêmes classements, ce qui est pour le moins curieux.

Il est par ailleurs fréquent que des patrons de guide sortent de leur réserve, offrent leurs services comme intermédiaire dans l'achat d'un restaurant, la recherche d'un financement ou d'un chef. On peut imaginer que les guides dont ils ont la charge peinent à ne pas être dénaturés par le fait que certains de leurs auteurs conseillent des restaurants ou sont en même temps attachés de presse des restaurants qu'ils sont amenés à critiquer. Gilles Pudlowski, par exemple, ne rédige pas son guide seul et se fait notamment aider depuis des années par un attaché de presse, Albert Nahmias, aujourd'hui proche de Marc de Champérard, auteur du guide du même nom. Ancien restaurateur, ancien mari de la cuisinière Dominique Versini, plus connue sous le nom d'Olympe, Nahmias s'est reconverti en conseil auprès de restaurateurs, attaché de presse de tables parisiennes, et consultant en restauration auprès d'investisseurs. Pour autant, une attachée de presse indépendante nuance la portée de Pudlo : « Il y a quelques années, Pudlowski avait mis dans son guide mon numéro de téléphone personnel à la place du numéro du restaurant dont je m'occupais [1]. En un an, je n'ai presque pas eu un coup de fil, c'est dire si son guide est utile ! »

1. Entretien avec l'auteur.

De là à concurrencer le Michelin…

On est bien loin du temps où Gault et Millau pouvaient écrire de leurs amis cuisiniers : « Ils y ont d'ailleurs bien du mérite car, précisément parce que ce sont des amis, nous mettons un point d'honneur à ne pas les rater. » Les plus grands restaurants étoilés marchent aussi dans la combine. Bernard Loiseau par exemple était à tu et à toi avec les critiques les plus connus, de Pudlowski à Petitrenaud, en passant par Champérard. Pour lui, pas besoin d'attachée de presse. Il faisait lui-même ses relations publiques, invitant chaque journaliste qui se présentait à la Côte d'or. Pas étonnant que le copinage soit la règle : « Quand un journaliste se voit proposer un week-end dans un Relais&Châteaux, la plupart acceptent [1], explique Dominique Loiseau qui insiste : Moi, les journalistes, je les invite tous. C'est une tradition française. C'est normal qu'on leur donne les moyens de se faire un avis, mais on n'a jamais rien demandé en échange. Les additions sont chères dans nos maisons, et les journalistes n'ont pas à payer. C'est comme un échantillon de produit de beauté. Je ne vois pas ce qu'il y a de répréhensible là-dedans. » Répréhensible, sans doute pas, mais déroutant, très certainement. Presque partout, les décideurs et visiteurs de prestige étaient également « rincés ». Pour les chefs, le faire savoir était au moins aussi important que le savoir-faire, quel qu'en soit le prix.

D'ailleurs, dans le même esprit, chaque année, ce sont les plus grands chefs qui, généreusement, offrent aux guides leurs fêtes, déjeuners ou dîners de lancement. Le tout pour plusieurs centaines de personnes, moyennant 80 euros par invité. Des opérations de relations publiques rondement menées, les hôteliers parisiens s'assurant ainsi une présence

1. Entretien avec l'auteur.

dans les éditions concernées. Le Bristol, le Georges V et les autres mettent à disposition le buffet et la salle, tandis que les boissons sont généralement offertes par une grande maison de champagne en contrepartie de pages de publicité, ce qu'on appelle un échange marchandises. Il est si facile d'appeler une table prestigieuse, sans risque de refus, pour leur dire : « Vous avez gagné le premier prix, est-ce qu'on peut faire le cocktail chez vous ? » Un chef parisien se souvient avoir ainsi été contacté pour le lancement du *Guide Pudlowski.* Dans un premier temps, on lui signifie qu'il est l'un des lauréats de l'année. Quelques jours plus tard, on le rappelle et on lui demande de venir cuisiner – à l'œil bien entendu : « Ce serait bien de venir à la cérémonie de remise des prix, il faudrait faire un plat pour quatre cents personnes. » Il y a quelques années, Jacques Decoret, chef à Vichy, avait ainsi refusé de marcher dans la combine et s'en était ouvert publiquement, mais il est l'un des rares à avoir osé. La plupart acceptent. Dans le microcosme, personne n'ignore que Claude Lebey a décidé un beau jour de décerner au bar du Plaza Athénée à Paris un prix sur mesure, celui du « meilleur club sandwich », et a demandé dans le même temps à Alain Ducasse d'être l'hôte de sa soirée de lancement. Le grand chef lui-même le reconnaît bien volontiers : « On a fait ça pour lui faire plaisir [1]. » Heureux hasard, l'opération était soutenue par le Bureau Interprofessionnel du Cognac, avec lequel Claude Lebey, dont le guide conseillait justement de déguster le susmentionné club sandwich accompagné d'un cognac en *long drink.*

Mais le tableau ne serait pas complet sans cette triste anecdote : aux obsèques d'Henri Gault en juillet 2000, seuls deux chefs, Bruno Oger et Jacques le Divellec étaient

1. Entretien avec l'auteur.

présents. Il n'y avait ni Bocuse, ni Troisgros, ni Guérard, ni tous les autres qui pourtant n'auraient pas été ce qu'ils sont sans Gault et Millau. Le surlendemain sur France Inter, Jean-Pierre Coffe, qui était, lui, présent aux obsèques, était très colère : « Honte à ceux qui n'étaient pas là, à ceux qui ont rempli leur salle avec *GaultMillau.* » Ne se sentant pas redevables, ni même soucieux de rendre hommage à quelqu'un qui fut central dans la cuisine française, les chefs ne montrent même pas la reconnaissance du ventre. Ils prouvent ainsi qu'ils se sont toujours plutôt souciés de leur classement dans un guide qu'ils ont adulé comme le veau d'or, pour mieux le haïr ensuite.

9

Déjeuners de presse

« Lorsque des ratés jugent des ratés, la chose est sûre, ils ne vous rateront pas. »

Georges Bernanos

Chefs et journalistes main dans la main

En moyenne, un journaliste gastronomique reçoit de 2 à 5 invitations par jour [1], soit pour déjeuner dans un nouveau restaurant, pour dîner « avec la personne de son choix » à une table étoilée qui vient de passer à la carte d'automne, gibier et truffes, ou encore pour déguster un nouveau champagne, avec son cortège de petits fours ou d'ateliers culinaires. C'est-à-dire plus de six cents sollicitations sur un an. Quand il ne s'agit pas purement et simplement d'un voyage d'un ou deux jours pour découvrir les spécialités gastronomiques d'une région française ou d'un pays lointain. S'il se débrouille bien, un journaliste peut économiser tous ses déjeuners. Avec les cocktails, les démonstrations de produits, les week-ends en Relais&Châteaux ou les séjours aux frais des collectives de vins et de produits alimentaires, certains vivent au crochet du système toute l'année. Depuis que la pratique s'est généralisée, des professionnels de la profession parviennent même à tourner dans le monde entier toute l'année, sans bourse délier. Les déjeuners de presse sont très courus des journalistes gastronomiques.

1. Calcul effectué en comptabilisant les invitations reçues de septembre à décembre 2010.

Ces habitudes ne concernent pas que les grandes maisons. Elles se sont au fil du temps généralisées à l'ensemble de la profession et ce, toute l'année. « C'est normal pour un petit restaurant ou un petit hôtel d'inviter [1], reconnaît une attachée de presse de restaurants parisiens. Sinon, il sait que personne ne va parler de lui. Cela ne me choque pas. Ce n'est rien par rapport au chiffre d'affaires d'un restaurant. Généralement les chefs le savent et nous laissent faire ». En offrant quelques repas, et en laissant table ouverte à son attachée de presse, un cuisinier s'assure d'être bien traité dans les articles suscités. Pas question en effet pour celui qui a été invité de ne pas renvoyer l'ascenseur. Sinon, la prochaine fois, il ne sera pas convié. D'ailleurs, aujourd'hui, la plupart des critiques ne pourraient, comme Gault et Millau en leur temps, affirmer sans crainte d'être contredits : « C'est faire preuve d'une singulière naïveté de croire qu'on peut "acheter" des journalistes avec un déjeuner, raté de surcroît. Ce ne sont ni un, ni dix, ni même cent repas qui pourraient jamais égaler un bon "papier"dont l'effet immédiat est, sauf rares exceptions, de remplir une salle ou de faire d'un inconnu une petite vedette. » En tout cas, hormis quelques très rares exceptions, les journalistes ou critiques gastronomiques ne paient pas leurs additions. Les convives ont donc pieds et poings liés aux invitations des chefs et des industriels du secteur. Une bien pauvre déontologie qui se rapproche de celle des guides.

Une communication intraitable

Le succès des cuisiniers et de leurs entreprises a multiplié le nombre de leurs collaborateurs chargés des relations avec

1. Entretien avec l'auteur.

la presse, de la communication et du marketing. En véritable rouleau compresseur, le secteur s'est structuré et professionnalisé. De grandes agences de publicité parmi les premières au monde, comme Havas ou Publicis, travaillent pour des grands chefs, des restaurants et leur image, comme s'il s'agissait d'entreprises du CAC 40 ou d'institutions internationales. Des attachées de presse sont chargées d'inviter des journalistes dans des établissements qui les paient pour cela 1 500 à 10 000 euros par mois. Elles réservent à la demande des tables pour leurs « amis » journalistes, organisent de grands raouts dénommés déjeuners de presse, individuels ou collectifs. Cette communication contribue à instaurer des pratiques qui biaisent encore davantage les rapports entre cuisiniers et critiques.

Au moment où une nouvelle adresse ouvre, elle est déjà prévendue dans la presse par des avant-papiers sur le décor, le chef, le designer. Les photos circulent, l'équipe du chef fait tout pour faire parler du restaurant avant qu'il ouvre et ainsi couper l'herbe sous le pied des critiques. Par exemple, lorsque Joël Robuchon, après quelques années d'absence, ouvre son premier Atelier à Paris, l'attachée de presse, Cristina Egal, alors épouse de Marc Veyrat, avoua qu'elle réservait l'exclusivité des premières photos à *Paris Match* pour se justifier de refuser les nombreuses sollicitations médiatiques. Puis, l'hebdomadaire s'en désintéressant, elle proposa à Maurice Beaudoin, du *Figaro Magazine*, de s'emparer de l'« événement », ce qu'il fit. Robuchon n'avait pas encore ouvert que *Libération* aussi avait eu droit à une visite guidée des lieux par le maître et à une dégustation gracieuse de l'ensemble des plats de la carte. Comme on pouvait s'y attendre, les comptes rendus furent aussi élogieux que possible. Monument du genre : l'ouverture de l'Atelier Maître Albert, à Paris, dans le 5e, par Guy Savoy. Huit jours avant l'inauguration, un journaliste du *Figaro* avait eu la primeur du chantier. Résultat ? « Le chœur de cette nouvelle église consacrée à la sainte cuisine se situe entre le feu dans la cheminée monumentale et le mur de rôtisserie, devant la table de découpe où chacun pourra venir choisir son morceau et préciser son degré de cuisson. » Ou encore : « Ici, la table se partage. On pose devant vous les grands pots du chariot de dessert d'antan, et chacun se sert à sa guise. » Ceci, alors que la photo illustrant l'article, montrait précisément Savoy tenant le plan du chantier, avec, derrière lui, un peintre, des seaux et des échelles ! Les exemples de ce genre sont légion. Plus récemment, en octobre 2010, Gilles Pudlowski sur son blog [1] a fait la promotion de son scoop du moment : la réouverture du Carpaccio, le restaurant italien du Royal Monceau à Paris, alors que la table n'était pas encore ouverte au public ! « Pudlo » avait eu les honneurs de la maison à l'invitation du chef, pour déguster des pâtes à la truffe, – dont il raffole, comme Nicolas Sarkozy –, en avant-première. Dans un tel contexte, la critique est bien souvent anesthésiée, ce qui, à terme, décrédibilise son discours. Pour autant, la plupart des médias et de leurs représentants s'en moquent car le système ronronne très bien tout seul.

Tous des Anton Ego

Nombre de critiques se comportent comme leurs caricatures dans *Ratatouille*, le film d'animation de Disney, où le ténébreux Anton Ego terrorise la brigade de Chez Auguste Gusteau, ou encore dans *L'Aile ou la Cuisse*, ce film de Claude Zidi où Louis de Funès incarnait Charles Duchemin, un influent critique délicieusement odieux, conscient

1. Lu sur son blog Les Pieds dans le plat, le 29 octobre 2010.

de son pouvoir de faire et défaire les réputations. « L'attitude type du critique, note une attachée de presse parisienne bien connue dans le domaine de la restauration, consiste à mettre à distance le personnel et le chef si ce n'est pas une star [1]. » Conscients de ce qu'ils représentent, les journalistes marquent le pas, s'attablant avec des grands vins et les mets les plus onéreux. Plus ils sont connus et plus c'est le cas. Surtout lorsqu'ils ont pris le soin de s'annoncer avec fracas. C'est alors le branle-bas de combat en salle et aux fourneaux pour les contenter. Les critiques ne terrorisent pas seulement les grands restaurants : le moindre petit bistrot est content d'en avoir un à sa table et beaucoup de cuisiniers sont mortifiés en leur présence. Car le pouvoir des critiques provient de la terreur qu'ils sèment. La conduite type du critique gastronomique confine à la tyrannie, comme le résume un fameux cuisinier : « Il réserve sur un ton dédaigneux sans parler au chef mais en prévenant l'attachée de presse pour pouvoir venir à plusieurs [2]. » « Ils sont très exigeants à table [3], renchérit une attachée de presse. Tel critique d'un célèbre hebdomadaire vient en couple, mais réserve toujours pour trois car il aime avoir de la place. Il n'est pas toujours très élégant avec le personnel. Et, avec les chefs, il passe son temps à donner des conseils. De temps en temps il paie, mais la plupart du temps non ». Tel autre, représentant de l'hebdomadaire concurrent, s'invite chez Guy Savoy avec quelques amis pour fêter l'anniversaire de son fils et fait comprendre au chef qu'il s'attend à un beau gâteau pour l'occasion. Et part évidemment sans payer.

---

1. Entretien avec l'auteur.
2. Entretien avec l'auteur.
3. Entretien avec l'auteur.

Au pays des pique-assiette

Même s'il existe des exceptions, il faut bien dire que journaliste gastronomique est la plupart du temps un métier pétri de petits vices. « Il n'y a pas que les repas, confirme une attachée de presse. Souvent, les journalistes demandent à être accompagnés pour dîner, viennent avec une fille avec laquelle ils flirtent. Mais cela, ils le font dans des tables à la mode qui ont besoin d'eux, pas chez les grands chefs. Et il faut rajouter les alcools, les cigares, le dédain pour le personnel. » Pour certains, cela passe par des voyages en classe palace. Des semaines entières en Relais& Châteaux, la première classe, les grandes bouteilles de la cave, les plus belles chambres. À ce petit jeu, les plus grands quotidiens, les meilleurs hebdomadaires et les plus éminents journalistes peuvent être pris la main dans le sac. Et il est assez étonnant d'entendre la direction de certains journaux invoquer la sacro-sainte indépendance journalistique ou se draper dans sa déontologie, quand leurs journalistes gastronomiques ne paient, la plupart du temps, aucune note. Sans compter ceux qui s'attablent avec des amis aux frais de la princesse.

Vieux de la vieille ou plus jeunes, qu'importent, les journalistes spécialisés mangent à tous les râteliers. Ce n'est pas tant une question d'âge que de mœurs. Mal payés pour beaucoup, ils ne peuvent bien souvent régler leurs notes et comme les journaux ou les éditeurs refusent de les régler, ils leur disent de se « débrouiller ». Un mélange des genres qui ne permet ni la transparence ni l'éthique. Les pique-assiette forment une confrérie particulièrement nombreuse. Certains de ses membres, assurément de fieffés gourmands, sont également de sacrés coquins, employés par d'obscurs magazines parfaitement inconnus. Ils n'hésitent pas à se présenter comme correspondants pour un éditeur chinois ou anglo-saxon jamais vu, pour une revue gastronomique à tirage confidentiel ou un guide dont le tirage est limité à un cercle infime. « C'est comme cet ancien journaliste au *Figaro*[1], note une autre attachée de presse. Quoique hors d'âge, une année, il a fait un tour de France des hôtels tout compris, pour un soi-disant guide qu'on ne connaît pas et qui ne verra peut-être jamais le jour. Il a été invité partout. Dans les soirées mondaines, on le croise toujours. » Un journaliste confirme : « Sa femme est charmante[2] mais on ne sait pas non plus où elle écrit. » Comme eux, d'anciennes plumes pour des titres prestigieux continuent de faire croire qu'ils exercent toujours.

Il y a bien pire : la confusion des genres qu'entretiennent les journalistes et les professionnels de la cuisine, chefs, sociétés de restauration, industriels et attachés de presse. Nombreuses sont les plumes qui œuvrent à conseiller les cartes de restaurants. Un métier parallèle où des cuisiniers font appel au service des critiques pour les aider à concevoir une carte, goûter des plats, donner un avis. On appelle ça « un ménage ». Une activité bien plus rémunératrice que d'écrire des articles, car très généreusement payée. Par exemple, une ancienne de *Elle à table* travaillait également pour *Danoe*, le magazine de marque de Danone. Moins connu des néophytes, un journaliste spécialiste du thé a conseillé Hédiard pour l'ouverture du salon de thé de l'enseigne, et fait bénéficier de son expérience l'hôtel Crillon, ou encore Debauve & Gallais. Ce n'est pas très étonnant : alors que le prix d'un article payé à un journaliste varie entre 50 et 500 euros, le montant facturé pour une prestation de communication s'élève plutôt entre 1 500 et 10 000 euros.

1. Entretien avec l'auteur.
2. Entretien avec l'auteur.

Les critiques allergiques aux reproches

Par peur d'être accusés de cracher dans la soupe, rares sont les critiques ou les journalistes qui évoquent ces bassesses du métier. Surtout que certains guides anonymes ou chroniqueurs cumulards se retranchent derrière leur pseudonyme pour éviter les conflits : Léo Fourneau, ou encore Elle et lui. Sorte de quatrième pouvoir, la critique gastronomique, censée à l'origine aiguiller les consommateurs, tyrannise depuis le XVIIIe siècle les restaurateurs et les producteurs. Le temps où la littérature gastronomique a pris ses lettres de noblesse et où les critiques cultivaient l'éloquence est aujourd'hui bien loin. Ils sont en effet nombreux ceux qui, dans ce métier, à l'instar de leurs aînés, ressemblent davantage à des gourmets truffés et dandys qu'à des journalistes d'investigation. Ils se plaisent à se faire péter la sous-ventrière comme au bon vieux temps du roi Louis ou des banquets de sous-préfecture.

L'une des instances où se réunissent les critiques et les journalistes gastronomiques est l'APCIG [1], une association qui regroupe actifs et plus généralement retraités. Elle fut présidée pendant vingt-trois ans par Michel Piot, ancien chroniqueur gastronomique au *Figaro*, aujourd'hui à la retraite. Pour le magazine professionnel *L'Hôtellerie*, l'APCIG, ce sont aussi « quelques journalistes, pas forcément ni plus ni moins véreux que d'autres, mais qui ont trouvé, à travers cette association, une occasion de plus de faire quelques bonnes bouffes… ». Le rapport annuel de l'association prête à sourire. Il fait d'ailleurs réagir Périco Légasse, le journaliste gastronomique de *Marianne*, pour qui l'utilité et l'objet de l'APCIG « valent bien celles du

1. Association professionnelle des chroniqueurs et informateurs de la gastronomie et du vin.

Comité moldave de défense des œufs mimosa ». L'association en elle-même n'est pas à proprement parler corrompue, mais elle ne sert pas à grand chose. Pas même à faire entendre la voix de ses membres dans les débats qui les opposent régulièrement aux chefs. Mais, après tout, la critique n'est-elle pas un simple rouage dans un mécanisme nettement plus large ?

Chefs et critiques, cuisiniers et journalistes, la relation est complexe, les rapports parfois ambigus. La mort de Bernard Loiseau a cristallisé ces oppositions. Presque dix ans après, on n'a toujours pas l'impression que cela ait vraiment conduit à plus d'humilité de part et d'autre et à davantage de compréhension et de dialogue entre chefs et critiques. Sans doute les antécédents sont-ils trop nombreux et les décennies de honteuse collusion, de complaisance et de copinage trop enfouies au plus profond des garde-manger.

Comme un secret de famille bien gardé, les chroniqueurs gastronomiques font mine d'ignorer le sulfureux passé de cette famille qui compte bien des moutons noirs. Il permet de mieux effleurer la controverse qui touche les critiques gastronomiques et leurs rapports avec les cuisiniers. « Ils sont des narrateurs engagés, écrit James de Coquet. Ils ne nous racontent pas comment on déjeune à tel endroit mais comment ils ont déjeuné eux-mêmes. On a eu pour eux les mêmes égards que s'ils étaient saint Paul à la veille d'écrire son *Épître aux Colossiens.* » Pour mieux comprendre le débat actuel, il convient de faire un petit voyage à travers le temps aux origines de la critique gastronomique. Et, de là, de tenter de comprendre d'où vient cet acharnement contre la discipline et quelles en sont les justifications.

Le complexe croisé

Souvent dénigrée, maltraitée même par ceux qui ne sont pas sanctifiés par elle, la critique gastronomique traîne en raison de son histoire trouble une odeur de soufre et une réputation parfois insupportable. Institution dont on ne sait vraiment si elle est vénérable ou vénéneuse, la critique demeure pourtant, en France, inébranlable. Assez mystérieuse, rarement anonyme, mais toujours assez secrète, elle joue un rôle très particulier dans la gastronomie française, qui lui vaut cette image de connivence avec les restaurateurs. Pourtant, les chefs en ont marre de ces sanctions sans appel qui tombent comme des couperets, comme le confie Dominique Loiseau : « Il y a une grande frustration chez les chefs depuis que la critique existe. Chaque fois qu'ils se font aligner, ils sont indignés, parce que, la plupart du temps, ils ne savent pas pourquoi [1]. » Bien souvent, une réelle incompréhension demeure entre chefs et journalistes, quand il ne s'agit pas de rancœurs. Beaucoup oublient un peu vite que le critique apporte la récompense, la médaille et que, par là même, bien souvent, il remplit la salle. Il en coûte à André Daguin de le reconnaître : « Je suis de ceux qui doivent tout aux critiques [2]. À Auch, au fin fond du Gers, on ne peut pas remplir son restaurant sans un article ou des bonnes critiques. C'est le côté schizophrène des cuisiniers : certains changent, ils prennent la grosse tête. Le malaise des chefs est plus important qu'ils ne veulent le laisser paraître ». Car, en réalité, les cuisiniers sont une profession en mal de reconnaissance : conditions de travail souvent difficiles, frais et charges importants, situation économique dégradée...

1. Entretien avec l'auteur.
2. Entretien avec l'auteur.

Mais, en dehors des épisodes comme celui de l'affaire du suicide de Loiseau, rares sont les moments où les chefs s'en prennent aux critiques. Sans doute par manque de courage. Aucun ne veut prendre le risque de désavouer un guide ou un critique, histoire de ne pas voir son établissement sanctionné. C'est dire les relations ambiguës et complexes, parfois très malsaines, qui lient les deux parties. Difficile en effet pour les chefs de cracher dans la soupe. Comme l'écrit Périco Légasse à propos du *Guide Michelin*, trop rarement contesté officiellement pour ne pas éveiller les soupçons : « La gamelle s'écrase tout mou devant Bibendum. » Tous le savent, un bon classement dans un guide, une colonne dans un quotidien influent ou la publication d'une recette dans un magazine à fort tirage permettent aux cuisiniers de se faire connaître, font venir du monde et contribuent à leur rayonnement. Mais beaucoup acceptent les éloges sans honorer les contreparties de la notoriété. La preuve, lorsqu'un article est défavorable, le restaurateur écrit souvent au journal ou au guide, demandant de ne plus être cité ou exigeant de faire corriger le texte le concernant. Tant qu'on ne les égratigne pas, les chefs cautionnent le système, l'encouragent, mais dès qu'un article s'avère fâcheux, les restaurateurs s'emportent. Le système est vicié. Tout dialogue s'annule au nom d'un intérêt suprême : le commerce.

Historique de la critique

À l'origine pas vraiment démocratique, la pratique gastronomique et l'éducation du goût se diffusent plus largement à partir du début du XXe siècle, comme l'écrit Jean-Pierre Poulain : « C'est la bourgeoisie qui institue le grand moment du restaurant [...]. Pour guider le bourgeois, apparaît la critique gastronomique. Le restaurateur éduque le client, lui apprend ce qui est bon. En même temps, les pratiques des élites se diffusent dans la société [1]. » C'est pourtant à la fin du siècle précédent que le premier critique moderne a exercé. Né en 1758, Alexandre Balthasar Grimod de La Reynière a manié la plume jusqu'en 1838, ce qui en fait le pionnier des journalistes gastronomiques. Entre 1803 et 1812 Grimod publie *L'Almanach des gourmands*, premier ouvrage à n'être ni technique ni scientifique et qui effectue la recension des meilleures tables, cafés et boutiques. À cette fin, La Reynière constitue un jury de gastronomes qui attribue des « légitimations » aux meilleurs plats goûtés. Sans le savoir, il venait d'établir la première classification des meilleurs cuisiniers, en donnant des appréciations à chacun de leurs plats. Évidemment, celles-ci ne sont pas du goût de tous, et Grimod de La Reynière se fait rapidement beaucoup d'ennemis. D'autant que, le succès aidant, le critique devient très populaire. Les restaurateurs mal notés en prennent ombrage et tentent de déstabiliser Grimod de La Reynière. Il est accusé de partialité et même menacé de procès. Non seulement ses écrits de table revêtent une importance historique, mais, par les controverses qu'il a suscitées, La Reynière incarne de façon paroxystique l'invention de la critique gastronomique. Et même plus, « jusqu'à ce que le goût du ragot l'emporte sur le goût du ragoût », comme il a été écrit. Parmi ses contemporains, Anthelme Brillat-Savarin, auteur en 1825 de *La Physiologie du goût*, ouvrage décisif et encore édité aujourd'hui. Avec ce livre, Brillat-Savarin est le théoricien de la gastronomie moderne, « l'intellectuel qui se met à

1. Jean-Pierre Poulain, co-auteur de *Penser l'alimentation, Manger aujourd'hui*, éditions Privat, 2002 et *Sociologies de l'alimentation*, PUF, 2002.

disserter sur l'art culinaire ». Suivront, quelques almanachs et guides gastronomiques publiés au cours du siècle, et même une revue, *Le Gourmet*, fondée par le chroniqueur de théâtre Charles Monselet en 1858. C'est la première du genre. L'étape suivante est franchie par Ildefonse-Léon Brisse, dit le baron Brisse, premier chroniqueur quotidien à partir de 1866. Dans le journal *La Liberté*, d'Émile de Girardin, Brisse signe tous les jours une page baptisée « Monde gastronomique » pour laquelle il teste un menu différent à chaque fois.

C'est en s'inspirant des publications de Grimod et de Brillat-Savarin que naissent les premiers guides touristiques qui conseillent des bonnes tables, comme l'Allemand Baedeker en 1827 ou le Suisse Joanne en 1841, qui deviendra plus tard le *Guide bleu*. Le *Guide Michelin*, lui, naît en 1900 [1] mais n'affirme réellement sa nature gastronomique que vingt ans plus tard. À cette époque sévit aussi Maurice Sailland, un gourmet d'Angers, plus connu sous le pseudonyme de Curnonsky. Nègre puis écrivain, apprécié pour son talent littéraire, il n'était pas avare de bons mots et menait grand train gastronomique. « C'est en chroniqueur sans prétention qu'il aborde la bonne chère, note non sans ironie Pascal Ory [...]. Il se construit ainsi une figure ventripotente de bon vivant universel, dans laquelle se reconnaîtront plusieurs générations de confrères et de lecteurs [2]. » Ses repas gargantuesques étaient aussi légendaires que ses amitiés avec les cuisiniers et les frais de bouche astronomiques que les chefs prenaient à leur charge. Surtout, sa littérature s'apparente souvent à des couronnes de louanges où « Tout le monde, il est beau, tout le monde, il est

1. Voir chapitre 3

2. *Le Discours gastronomique français des origines à nos jours*, collection « Archives », Gallimard, 1998.

gentil » et tout il est très bon. En 1927, le magazine *La Bonne Table et le Bon Gîte* consulte ses lecteurs en vue d'élire un « prince des gastronomes ». C'est Curnonsky qui fut élu, ce qui lui valut la reconnaissance de ses pairs et des professionnels dont il excellait à tresser le panégyrique, jusqu'à la fin de ses jours. En 1953 fut créée sous son égide la première Association des chroniqueurs gastronomiques français. Parmi les membres fondateurs, d'étonnantes et extravagantes figures de la chronique gastronomique d'après-guerre, Francis Amunategui, Robert Courtine et surtout Henry Clos-Jouve, auteur des célèbres « Carnets de croûte » en 1963 et instigateur de la « Coupe des meilleurs pots » à Lyon puis à Paris. Comme eux, Curnonsky aimait qu'on le reconnût et qu'on le traitât fort bien. « À la fin de sa carrière, écrit James de Coquet, Cur était devenu le dalaï-lama de la gastronomie française. On le révérait à l'égal d'un dieu. Certains restaurants parisiens ont d'ailleurs fait mettre une plaque sur le fauteuil qu'il occupait chez eux. Honneur tout à fait mérité car il était à la fois une robuste fourchette et un conteur délicieux. Il aimait les hommages, mais ils ne lui montaient pas plus à la tête que le bon vin. » Encore aujourd'hui, chez Lapérouse (Paris 6e), une photo le représente bien repu à la sortie du dîner de ses 80 ans.

L'entre-deux-guerres est propice à l'essor des restaurants. La presse n'est pas en reste avec le mondain James de Coquet qui livre ses chroniques gastronomiques au *Figaro*. Plume brillante, il demeure l'un des plus érudits stratèges de la table, et ses écrits, régulièrement réédités, charment la grande bourgeoisie. « Il est à la chronique culinaire ce que le champagne est au vin de table, écrivit Régis Bulot, ancien patron de la chaîne d'hôtellerie de luxe Relais&Châteaux. Il maîtrise avec brio le plus beau sujet du monde, parfois galvaudé par de petits mangeurs. » Avoir un gros appétit, s'en mettre plein la panse, c'est, il faut le noter, le gage de qualité qu'exigent alors les hôteliers et les restaurateurs. Chez Coquet comme chez d'autres, les mots « gourmets », « gourmands » et « gastronomies » riment le plus souvent avec « goinfres ». L'époque n'est pas en effet à l'analyse des mets et des plats, mais aux longues dissertations égocentriques sur les agapes des chroniqueurs. « Ce qu'on appelle la table, écrit James de Coquet, ce n'est pas seulement ce qu'on y sert, sa décoration, l'environnement, la qualité des convives. C'est aussi les propos qu'on tient autour de la nappe. Je suis persuadé que, s'ils sont uniquement axés sur la nourriture, cela vous coupe l'appétit. » S'y ajoute la gourmandise des femmes et du sexe, tout cela se mélangeant allègrement dans ses livres.

Voilà donc à quoi ressemble le critique gastronomique type, régnant sur le genre jusqu'à la fin des années 70. Depuis, rien n'a vraiment changé. Après la guerre, *La France gastronomique*, le guide de Curnonsky, fait référence avec sa sélection de bonnes tables et ses conseils. Le « prince » fonde également *Cuisine de France* en 1947, magazine classique s'il en est. Curnonsky est le premier critique gastronomique à avoir traîné une drôle de réputation, notamment sur le plan politique. Il était très proche de Léon Daudet, dont la femme a publié en 1913 *Les Bons Plats de France*, un livre-plaidoyer pour la bonne vieille cuisine française de chez nous. Journaliste polémiste, Daudet a lancé avec Maurras le quotidien *L'Action française*. Plus tard il se distinguera en qualifiant l'Allemagne hitlérienne de « seconde réforme allemande ». Le courant classico-traditionnaliste en cuisine est assez répandu dans la France conservatrice de l'entre-deux-guerres. Curnonsky en est l'archétype, soutenu par *L'Action française*. Ce qui fait dire à l'écrivain de la gastronomie Bénédict Beaugé : « Cet éloge de la tradition dans ce qu'elle a de plus rassis, quelquefois pour ne pas dire de plus rance, a d'étranges résonances et l'on sait comment, dans d'autres domaines, cette peur de l'extérieur, de l'étranger, du cosmopolite, fait des ravages. » Les « gastronomades » et autres associations régionalistes dédiées aux œuvres de bonne chère en sont le prolongement. Ces accents très barrésiens qui sont encore présents aujourd'hui sous la plume de quelques tenants du terroir et de la tradition, marquent une sorte de fil rouge dans l'histoire moderne de la critique gastronomique et justifient en partie l'anathème très tôt jeté sur elle. Les copinages et les compromissions en tous genres feront le reste. Mais l'essor de cuisiniers comme Fernand Point qui débarrasse la cuisine de ses artifices, et surtout les premiers frémissements de la Nouvelle Cuisine finissent par ringardiser Curnonsky. Il se suicidera en se jetant par la fenêtre de son appartement dans les années 60.

Les critiques ? D'excellents collaborateurs...

Comme *Combat*, le quotidien de référence après la guerre, la plupart des titres de presse jugent la gastronomie futile et n'en parlent même pas pendant la reconstruction. Il faudra attendre quelques années pour que *Le Monde*, nouveau quotidien calqué sur les bases de *Combat*, s'y intéresse. Petit écho, brève, puis chronique, article, portrait, pendant près de cinquante ans, c'est Robert-Julien Courtine, alias La Reynière, qui se voit confier cette mission. Le journalisme gastronomique sous sa forme actuelle n'existe pas à cette époque. Il n'est pas reconnu par la profession et ne nécessite alors pas vraiment de références particulières. Le poste n'exige pas non plus d'être détenteur d'une carte de presse professionnelle, ce qui a permis à d'anciens collaborateurs interdits dans la presse de se recaser. Courtine était de ceux-là. Non seulement il était à Paris pendant la durée de l'occupation, mais il a poursuivi son travail de journaliste en écrivant pour des journaux de collaboration. « Il n'était guère aimé dans la profession pour avoir fricoté pendant l'occupation avec les Allemands[1] », confirme François Simon. Mais il n'était pas le seul. Pas mal de journalistes, d'écrivains et d'hommes de lettres se rallièrent à la France de Vichy, et par le fait, à la milice et aux Allemands. À la fin de la guerre, certains échappèrent au sort de Robert Brasillach, sans doute pour avoir été moins virulents, mais ils eurent du mal à trouver une place dans les journaux de la Libération en raison de leurs troubles années de guerre. On les relégua donc à ce qui n'intéressait personne en ces temps de rationnements : la critique gastronomique.

Pendant des années, avant que la fonction s'anoblisse et qu'on la confie à des collaborateurs placardisés ou à des amis du directeur de la rédaction, les journalistes gastronomiques vont végéter, subissant moqueries et quolibets. Surtout, leurs articles intéressent peu et suscitent le plus souvent l'indifférence. « Étonnez-vous après que cette profession traîne casseroles et réputation sulfureuse, renchérit Simon. C'est congénital. » C'est donc par rage et par dépit que beaucoup sont arrivés au genre gastronomique. Installé au fond de la rédaction, Courtine a longtemps été au *Monde* réduit à la portion congrue. Charmant, pour ceux qui l'ont connu, grinçant sans amertume, il maniait la plume et les mots avec brio. Ses chroniques, incisives, souvent faisaient mouche. Elles demeurent un modèle du genre. Ce qui n'empêcha pas un jour Hubert Beuve-Méry, le fondateur du *Monde* qui l'avait lui-même recruté, de le moquer en l'affublant du titre de « meilleur collaborateur du journal », en référence à son passé peu glorieux. Pendant plus de vingt ans, La Reynière est de tous celui qui connaît

1. Entretien avec l'auteur.

le mieux la cuisine. Parmi ses confrères, Francis Amunategui est l'un des seuls à se distinguer jusqu'au début des années 60. Pour le reste, seul vivotait un type de presse gastronomique complaisante, qui, écrivent Gault et Millau, « dans un style dégoulinant de sauce à la crème, narrait avec un comique involontaire les agapes de gros messieurs apoplectiques ». Le copinage, les banquets gratis et l'autocongratulation réciproque était la norme entre chroniqueurs et cuisiniers. Il n'y avait pour ainsi dire pas de véritables journalistes gastronomiques et les arts de la table étaient bien encroûtés. L'idée même de « critique » semblait assez incongrue à de nombreux restaurateurs.

La notion prend toute sa force avec l'arrivée de Henri Gault et Christian Millau à partir de 1960 ([1]). Ils renouvellent le genre et mettent les pieds dans le plat en expliquant que, jusqu'alors, « la gastronomie a été inventée par des pédants qui rêvaient de se faire prendre au sérieux ». Gault et Millau écriront par exemple du style et de la cuisine de Curnonsky qu'ils sont « bardés d'à peu près et farcis aux truismes », et, « tant mieux, en train de mourir ». Pour le discréditer, il n'y a pas mieux. Ou plutôt si : « Curnonsky ne manquait pas d'esprit, son écriture ampoulée avait certaines grâces, et si ce prince élu fut nourri toute sa vie aux frais de la princesse, on le disait généreux, indifférent aux sollicitations de la publicité. » Opération qui vise indirectement Courtine, le chroniqueur du *Monde*, fervent défenseur de l'empereur des gastronomes. Au point qu'il parlera d'ailleurs de la Nouvelle Cuisine française du *GaultMillau* comme d'un « coup de bluff publicitaire », suscitant une polémique comme les Français les aiment tant. La NCF veut effacer des mémoires les chroniqueurs bons vivants, les chevaliers des confréries gastronomiques, les répugnants

1. Voir Chapitre 7.

qui « dégoulinent de fond de veau, de béchamel et de vol-au-vent » et « ne savaient pas manger ». « Avec l'arrivée de Christian Millau et Henri Gault, le journalisme est entré en cuisine, explique François Simon, tandis que les chefs sortaient pour prendre la vedette. C'était la fin d'une époque. Celle d'une cuisine heureuse, amicale et sans beaucoup d'argent. La critique était conviée, elle partageait les avis. La gastronomie a basculé dans la recherche légitime du gain avec son lot de stress. » Avec *Garçon, un brancard*, et d'autres brûlots, Gault et Millau jouent dans les années 60-70 le rôle des trouble-fêtes, interrompant une coterie ancestrale, qui retrouvait maqués journalistes et cuisiniers. Ils modernisent et anoblissent la critique gastronomique en donnant un grand coup de pied dans une fourmilière qui se reformera néanmoins assez vite. Depuis eux, les quotidiens, les magazines, la radio puis la télévision et les sites Internet se sont emparés d'un os qui n'en finit plus d'être rongé : l'appétit et la gourmandise des Français. De *L'Humanité* à *L'Express*, en passant par *Challenges*, il n'y a presque plus un titre, même spécialisé, qui n'ait pas son chroniqueur gastronomique attitré. Bénédict Beaugé confirme : « Depuis la fin de la guerre les relations entre cuisiniers et professionnels du discours gastronomique ont considérablement évolué. Lorsque Raymond Oliver s'installe au Grand Véfour, il le fait quasiment au milieu d'un désert médiatique. Aujourd'hui, chaque quotidien, chaque hebdomadaire a un ou plusieurs journalistes spécialisés, sans parler de la presse gastronomique ou culinaire, devenue pléthorique [1]. »

1. Bénédict Beaugé, *Aventures de la cuisine française*, Nil, 1999.

L'aile ou la cuisse ?

Le fondement même de la critique, quelle qu'elle soit, est basé sur cet aphorisme de Beaumarchais : « Sans liberté de blâmer, il n'est point d'éloge flatteur. » Être critique, ce n'est finalement rien de plus que d'exercer son sens critique. La plupart des gens qui exercent cette fonction, dans la critique gastronomique, par exemple, sont autoproclamés. Mais qu'importe. Comme dans le métier de cuisinier ou de restaurateur, il y a de tout. Les critiques apprennent et se forment sur le tas. Après tout, les chefs ne le deviennent-ils pas après avoir été apprentis ? Cultivé, d'un goût assuré, le critique a longtemps été un ancien restaurateur ou un ancien professionnel qui faisait profiter un journal et ses lecteurs de son expérience. Les critiques jouent un rôle d'information auprès du public. « Nous ne sommes pas des censeurs, écrivaient Gault et Millau en 1965, mais deux gourmands qui exprimons nos plaisirs et nos déceptions. À la différence de certains critiques, nous ne nous trompons jamais, car nous ne prétendons point, nous, avoir raison… » Les critiques retranscrivent, comme un miroir à un instant T, une situation d'un restaurant, un état des lieux de la cuisine. Une règle parfois difficile à comprendre, injuste, sans doute, mais on n'a pas encore trouvé mieux. « La gastronomie est un art et l'art se commente sans objectivité, avec passion », écrivaient encore Gault et Millau en 1963, tout en précisant que, cette année-là, aucun restaurant ne leur a paru mériter leur distinction de quatre étoiles symbolisant la perfection.

Sauf que le critique ne mange pas comme les autres. Il fait attention au moment, à l'ambiance, comme un critique de spectacle, à la mise en scène, comme un critique de cinéma ou de théâtre, à un plat, comme un critique d'art, à sa structure, sa composition, sa présentation. Le problème, comme l'explique Antoine Gerbelle, chroniqueur à *La Revue du vin de France*, c'est qu'« il y a un échange incessant entre ceux qui critiquent et ceux qui produisent, qui fausse la réalité au détriment des lecteurs et des consommateurs ». Leur excuse ? « Il faut pouvoir goûter tous les plats et donc se faire connaître [1]. Le savoir doit être transmis par les chefs, il faut beaucoup d'humilité quand on est critique. On apprend énormément avec eux : Robuchon m'a beaucoup donné, il m'a transmis ses secrets, ses mystères. » Ce qui permettrait donc d'effectuer un jugement en meilleure connaissance de cause. Dans la réalité, il n'en est pourtant rien : le plus souvent il s'agit d'une astuce qui permet de se présenter au chef, de faire en sorte qu'il n'oublie pas les petites attentions réservées aux critiques. Chacun croit ainsi qu'il est l'ami de l'autre ou veut le croire. Pour preuve, Jacques Gantié, ex-critique de *Nice-Matin* qui a longtemps eu colonne et table ouverte partout n'a-t-il pas écrit à propos de Bernard Loiseau : « On aurait aimé être le copain de ce cuistot qui en avait bavé et vous apostrophait sur le ton du bateleur. » Une amitié intéressée évidemment, qui permet au critique d'être bien informé et au chef d'être bien noté. Il n'est pas bon de refuser un système qui a beaucoup d'adeptes.

Barbiches et postiches

Comme de Funès grimé en inspecteur Duchemin dans le film resté célèbre de Claude Zidi, il est arrivé à Henri Gault et à Christian Millau, du temps de leur splendeur et de leur toute-puissance, de se déguiser, comme ça, juste pour rire, histoire de voir s'ils étaient traités de la même

1. Entretien avec l'auteur.

façon que lorsqu'on les reconnaissait. Millau réserve sous un faux nom et arrive avec une perruque. Gault réserve sous son propre nom, à quelques tables de son compère. À la sortie, Gault avait excessivement mal mangé car le chef en avait trop fait, alors que Millau avait apprécié la qualité du repas. En dehors de quelques gags, Gault et Millau ne croyaient pas du tout à l'anonymat, cheval de bataille du *Guide Michelin* et de critiques contemporains. André Daguin témoigne : « Au *Michelin* je ne les ai jamais connus, jamais [1]. Gault et Millau, oui, bien sûr. Il ne faut pas se raconter d'histoires. Millau il est venu plusieurs fois chez moi. Pourtant, je ne voyais pas que lui et, chaque année, on avait une note, donc c'est qu'il y avait d'autres mecs qui travaillaient avec lui. » Les enquêteurs du *GaultMillau* sont anonymes, mais clandestinité ne veut pas dire méconnaissance, contrairement à ce que prétendent certains critiques trop heureux de se faire inviter partout sans payer. Est-il nécessaire de passer inaperçu, quitte à se déguiser ? « C'est fondamental, explique le journaliste François Simon. Il vous met dans une position que vous n'auriez jamais dû quitter sans les artifices de la gloriole. L'anonymat vous délivre la vérité d'un restaurant, sa véritable nature, son genre et non ses artifices, son maquillage [2]. » L'anonymat est justifié par ceux qui le préconisent pour l'indépendance qu'il permet de garder : pas de petites attentions ni de cadeaux, bref le prix à payer pour assurer sa tranquillité. Il est clair qu'un critique réputé ou influent qui est reconnu, bénéficie d'égards à nul autre pareil. François Simon confirme : « Logiquement, un critique gastronomique ne doit pas parler à un chef [3]. » Pour autant, se met-il dans la

1. Entretien avec l'auteur.
2. Entretien avec l'auteur.
3. Entretien avec l'auteur.

situation embarrassante de ne pas pouvoir juger le restaurant dans de bonnes conditions ? Rester anonyme serait la meilleure façon de déjouer les pièges, de vérifier l'authenticité ou la chaleur de l'accueil, le placement en salle, le service, jusque dans l'assiette, ses portions, ses cuissons. Pour préserver son identité, Simon a poussé le vice de la mise en scène à apparaître « flouté » à la télévision, prétendant que personne ne le connaissait. Il considère que, pour le grand public, comme bien souvent pour les professionnels, le critique gastronomique est un mystère, comme l'est sa façon de travailler, et qu'il doit le rester. Impartial, le critique ne doit pas se dévoiler, doit payer son addition tout en restant caché pour ne pas se faire repérer à la prochaine visite.

Un véritable art de la dissimulation qui masque en réalité un faux débat. Car la question n'est pas tant celle de l'anonymat que celle de l'honnêteté. Un journaliste qui travaille pour un guide ou un magazine doit pouvoir conserver une position de réserve évidente, un recul journalistique certain. L'indépendance et l'honnêteté sont d'ailleurs un véritable argument de vente tant pour les guides que pour la presse. *Michelin* ou le *Figaroscope* ne font pas de publicité pour vanter le sérieux de leurs enquêtes, mais elles sont pourtant considérées comme telles par le public et par les professionnels.

Peut-on rester indépendant quand on ne paye pas son addition ? Pour Alain Ducasse, « le fait de payer ou pas ne veut rien dire [1]. Il faut arrêter de jouer. La plupart des critiques, on les connaît. Nous, on préfère leur faire goûter des choses, plusieurs plats de la carte, plutôt que de les voir repartir par exemple avec une mauvaise impression d'un plat qui ne leur correspond pas. Et franchement, est-ce que

1. Entretien avec l'auteur.

les critiques de livres, de cinéma ou de théâtre paient toujours leur place ? Pour autant, ça ne les empêche pas de faire leur travail. On a besoin d'eux ».

Le bon critique et le mauvais critique

Pour André Daguin, cette tension entre chefs et critiques est bien plus profonde : « Il y a des rapports de fascination-répulsion entre les journalistes et les chefs, entre le fixe et le mobile, le fixe étant le chef, et le journaliste le mobile, qui est toujours plus noble que l'autre [1]. C'est pour ça que les officiers allaient à cheval et les autres à pied. Deuxièmement, l'opposition assis-debout. Un journaliste, c'est quelqu'un qui est à table, qui est assis et qui est servi par le chef. Ça conditionne les choses. Bien sûr, l'assis-debout, ça peut être aussi l'inverse, chez le médecin ou le professeur. Il y a des fois où on exerce un rapport de domination quand on est assis, d'autres fois, c'est l'excès inverse. » Mais le fait que le cuisinier doive endosser le poids de la critique sans pouvoir jamais y répondre l'exonère-t-il de la refuser lorsqu'elle ne lui plaît pas ? C'est ce que semble penser Jacques Pourcel lorsqu'il dit : « Je n'ai rien contre les journalistes gastronomiques, mais il faut mettre fin à une sorte d'omerta. » Les cuisiniers sont des gens susceptibles : perfectionnistes, ils apportent un grand soin à un nombre infini de choses, mais si un détail heurte un client, ils le trouvent trop tatillon. S'il s'agit d'un journaliste, son affaire est faite : « On ne juge pas sur un repas [2], assure le patron d'un trois étoiles de province, c'est scandaleux. Et pour peu que la couleur de la nappe ou la musique d'attente du

1. Entretien avec l'auteur.
2. Entretien avec l'auteur.

répondeur n'ait pas plu au journaliste, ça se retrouve dans un guide pour un an ou dans un article de journal, alors que ça ne dérange guère la plupart des clients. Il ne faut pas chercher la petite bête, c'est mesquin. Les journalistes, ce qu'on leur demande, c'est un descriptif d'une maison. C'est leur choix. On ne leur demande pas d'être dithyrambiques. » Le complexe critiques-chefs est tellement prégnant que de nombreux aubergistes, plutôt que de refuser la critique, la décrédibilisent, arguant qu'untel n'est pas venu ou n'a pas vérifié ses informations. On a ainsi entendu Paul Bocuse dire un jour : « Les critiques sont comme des eunuques : ils savent lire, mais ils ne peuvent pas. »

L'idée que la critique est aisée et l'art – surtout culinaire – est difficile est largement partagé par les cuisiniers. C'est sur ce principe que se base la contestation des critiques. On a même vu des restaurateurs expliquer que les journalistes n'étaient pas indispensables, pour la bonne raison que « ceux-ci n'existeraient pas sans les restaurants ». Pourtant, à en croire le chef britannique Marco Pierre White, « les cuisiniers doivent se faire à l'idée que les gens qui les jugent sont moins bon techniciens qu'eux [1] ».

Contrairement à la profession de journaliste ou de critique, censé être de tout repos, les cuisiniers mettent dans la balance les difficultés de la création et de la gestion d'entreprise : horaires monstrueux, vacances impossibles, travail physique, personnel mal formé, charges trop lourdes, approvisionnement de plus en plus délicat en produits de qualité... N'en jetez plus la cour est pleine, et la liste des difficultés du métier de chef est longue. « La critique existe, il faut qu'elle existe, fait mine de reconnaître Daguin. Seulement il y a les bons et il y a les autres. Nous, on est que

1. *Étoiles Michelin, la folie de la perfection*, William Sitwell, BBC, 2010.

cuisiniers, on n'est pas énarques », se justifie-t-il, comme si cela dédouanait sa corporation de toute responsabilité. Mais surtout les hommes de l'art prennent un malin plaisir à souligner l'incompétence en cuisine de ceux qui font métier d'en parler. « Jamais je n'ai vu de suicide de critique », rajoute-t-il comme preuve de son absolue mauvaise foi : « Neuf critiques sur dix aiment leur métier et font notre promotion... pour les autres... Il y a des critiques qui viennent d'office pour nous attaquer. » Or, drapés dans leurs tabliers blancs, symboles d'une virginité trompeuse, d'une fausse innocence bafouée, les cuisiniers s'arc-boutent sur une position corporatiste, préférant jouer la carte de la solidarité professionnelle et jeter l'opprobre sur un bouc émissaire tout trouvé. Ceci pour faire l'économie d'une remise en question d'un système pervers, où la notoriété, la gloire, l'argent et les médias ont chacun une responsabilité. Il est si facile pour quelqu'un comme Paul Bocuse de monnayer avec *Paris Match* une photo de groupe à la sortie de la messe d'enterrement de son ami Loiseau, tout en accusant les médias de l'avoir tué...

Je t'aime, moi non plus

Il est entendu que les cuisiniers qui disent du mal des guides sont ceux qui sont mal notés, alors que les autres se considèrent comme bien servis et donc satisfaits. On peut d'ailleurs lire dans la préface du *Guide Julliard 1965* sous la plume de Gault et Millau : « Demandez par exemple aux propriétaires de Lapérouse ou de la Rôtisserie périgourdine ce qu'ils pensent de la publicité que nous leur avons faite. » Dans les années soixante, Gault et Millau écrivaient aussi en réponse à des questions de lecteurs : « Il y a quelques restaurants qui ne nous en veulent pas trop de leur avoir envoyé nos lecteurs. Il leur arrive même parfois de nous remercier (moins souvent que vous ne l'imaginez) et plusieurs sont devenus de véritables amis. » Lorsqu'ils sont au firmament dans les guides jaune, rouge et partout ailleurs, les chefs ont un regard distancié sur les récompenses, ils commentent les palmarès des voisins et des amis en expliquant qu'il faut garder la tête sur les épaules, que ce ne sont que des points, des étoiles, que tout est relatif. C'est d'ailleurs ce qu'affirmait Loiseau en 1992 dans une émission de télévision : « Il faut accepter la sanction. Si je perds la troisième étoile, c'est que c'était moins bien, c'est tout. » En théorie, les chefs sont tous d'accord pour accepter une dégradation, puisqu'ils acceptent les honneurs, comme l'explique Alain Llorca (ex-chef du restaurant de l'hôtel Negresco à Nice) : « Les cuisiniers jouent le jeu, ils sont contents lorsqu'ils obtiennent des bonnes notes ou des étoiles. Ils savent accepter la sanction. » En réalité, « tous ces guides, tous ces articles influencent les cuisiniers eux-mêmes quand ceux-ci s'aperçoivent de leurs vertus (surtout commerciales : la capacité de remplir ou de vider un restaurant) [1] ». Oui, les guides flattent l'ego car ils font des réputations, mais, le problème, c'est qu'ils peuvent également les défaire et que dans ce sens, la réplique est plus violente.

Être le meilleur un jour puis le lendemain ne plus l'être s'avère pour les chefs insupportable. Et la plupart ne trouvent pas à se consoler dans une cuisine définie partout comme art de l'éphémère. À chaque service, à chaque couvert, le chef doit considérer qu'il remet son titre en jeu. Certes, soumis à une pression forte et quotidienne, il accuse aux premiers griefs ces « pseudo-spécialistes » de l'exécuter pour une façade mal refaite, une réflexion d'un client exigeant. Dans un de ses livres, François Simon évoque le

1. *Aventures de la cuisine française, op. cit.*

souvenir d'un soir où Guy Martin, du Grand Véfour, lui « tomba dessus pour un papier vaguement rosse » : « Ce chef si délicieux, doux, exquis, charmant, me lâcha en 120 secondes toutes les horreurs qu'un cerveau puisse imaginer. Mes proches étaient voués à la mort (je n'exagère pas, j'ai la tirade en tête pour l'éternité) et logiquement, si le malheur s'abattait sur ma maisonnée, je l'aurais bien cherché [1]. »

À l'inverse, les cuisiniers remercient rarement. Il ne faut pas s'en inquiéter, juste le remarquer. Ainsi, Gault et Millau disaient avoir connu « le calvaire de l'ingratitude », tant les chefs disparaissaient sans même dire au revoir et merci lorsqu'ils vendaient leur affaire un bon prix grâce à leurs critiques. Une chose est sûre, la race des contempteurs ès critiques est en pleine expansion. Dominique Bouchet, ancien chef du Crillon, en sait quelque chose, puisqu'il multiplie lettres recommandées et assignations dès que quelque chose ne lui plaît pas dans un article. Principal argument dans le courrier de chefs que reçoit la presse : « Pourquoi je baisse, ma cuisine n'a pas changé ? » Mais la raison véritable est qu'une critique pourrait enrayer le succès et les affaires. On ne les tolère pas car elles touchent au grisbi, au chiffre d'affaires. Marc Veyrat nuance : « Le problème des guides, c'est que la gastronomie a été confectionnée de cette manière [...]. On a des juges au-dessus de nos têtes [2]. »

Pendant des années, un bon article sur un restaurant, une notule favorable dans un guide, et, aussi sec, il affichait complet. Aujourd'hui, le constat est moins avéré et, avec Pierre Gagnaire, nombreux sont ceux qui nuancent : « J'avais des critiques dithyrambiques et cela ne m'a pas empêché de couler à Saint-Étienne. À l'inverse, je suis reconnaissant aux

1. *Comment se faire passer pour un critique gastronomique sans rien y connaître*, Albin Michel, 2001.

2. Entretien avec l'auteur.

guides d'avoir "boosté" ma renaissance à Paris. Je crois qu'il faut relativiser l'influence des classements. » Maintenant, avec les journalistes, les chefs jouent à « je t'aime, moi non plus ». Il est désormais de bon ton chez les cuisiniers de dénoncer les critiques. « Ces gens ont droit de vie ou de mort sur une entreprise », stigmatise Alain Dutournier, double étoilé *Michelin* à Paris, pourtant bien content lorsque le *Figaroscope* ou *GaultMillau* parmi d'autres, traitent en termes élogieux de Pinxo, son annexe à la mode.

Il faut être deux pour danser la valse

En leur accordant de l'importance et en les courtisant, les chefs refusent de reconnaître qu'ils jouent le jeu des critiques et des guides. Mais, en réalité, les cuisiniers ne sont pas les otages d'un système ; plutôt les acteurs. « On ne peut à la fois se plaindre des pressions que l'on subit de toutes parts, dans un système de concurrence effrénée, et puis s'en prendre à ceux-là mêmes qui, en tâchant de faire honnêtement leur métier dans l'information culinaire comparée, sont aussi des « faiseurs de gloire ». Que ne dirait-on s'ils ne trouvaient que des merveilles de génie dans leur assiette [1] ? », a écrit Jules Clauwaert. Car les cuisiniers sont souvent les premiers à solliciter les représentants des guides ou de la presse.

Trop souvent, on semble oublier qu'il y a une règle du jeu et qu'à partir du moment où un cuisinier recherche l'attention des clients et des guides il fait le choix d'une existence sous leur surveillance. Atteindre les sommets de l'art, tutoyer la gloire, ne va jamais sans un certain nombre de contreparties. Celles offertes aux critiques gastronomiques en sont une. Marc Veyrat l'a parfaitement compris :

---

1. Éditorial de *Nord éclair.*

« Les guides font partie du système. Or ce système, nous l'avons tous accepté. » Et le monde de la gastronomie, à en croire François Simon, « n'a jamais vraiment brillé par sa perspicacité, ce qui vaut la fortune et la bizarre importance de quelques coquins. Aussi, nul n'est besoin de beaucoup de stratagèmes ». Il faut savoir, par exemple, qu'afficher les panneaux émaillés des guides à la devanture des restaurants influence le prix de revente d'un fonds de commerce. Le chiffre communément admis est une hausse de 15 % pour un établissement référencé dans les principaux guides. Car, même après la cession, les lecteurs des guides viennent encore pendant un ou deux ans dans l'établissement.

Les familles de la critique gastronomique

Par essence, les chefs acceptent toujours de marcher dans la combine car ce sont des grands anxieux. Ils ont peur que quelque chose leur passe sous la toque, et ils savent que, s'ils n'invitent pas un critique ou ne participent pas à un guide, le voisin le fera. « On ne doit rien attendre des chefs eux-mêmes, sauf peut-être de la jeune génération [1], note un critique en vue. Les chefs continuent d'être toujours de tous les coups. C'est le dernier qui a parlé qui a raison. » François Simon appelle d'ailleurs de ses vœux une nouvelle ère : « Finies les saucissonnades, les mains dans le dos et les bécots échangistes. Car à un moment on ne savait plus si c'était le chef qui faisait l'article ou le critique qui tournait la louche. » La preuve que les grands chefs ont moins peur des journalistes ? Ils ont des intérêts mutuels bien compris. Pas question de les dénoncer, de douter de leurs méthodes, mais plutôt de les caresser dans le sens du poil. De les

1. Entretien avec l'auteur.

acheter par exemple. Même ceux qui en ont le moins besoin, les plus talentueux, les plus connus, utilisent ces leviers faciles à actionner. « Quand on est invité, il y a corruption, tonne Périco Légasse qui reconnaît ne pas être un incorruptible. Et ce sont, bien sûr, les plus riches qui invitent. » Pierre Gagnaire, Alain Ducasse, Michel Troisgros ou Joël Robuchon se complaisent à faire écrire tout ou partie de leurs livres par des journalistes gastronomiques qu'ils connaissent. Tout le monde connaît ce système de complicités et de connivences. Mais personne n'est dupe. Les chefs le font parce qu'ils le veulent bien. Ce qui permet à Périco Légasse d'affirmer : « Quant à ce besoin obsessionnel de plaire aux guides, de séduire la critique [...], il ne peut qu'aggraver la crise structurelle où s'enlise la cuisine française. » Certains cuisiniers n'hésitent pas non plus à oublier la cuisine qui est vraiment la leur pour lui préférer une version moins personnelle mais dont ils imaginent qu'elle plaira au plus grand nombre. Quitte à décevoir.

Petitrenaud se fait petit

Ils ne sont pas les seuls. Les critiques aussi, à force de se démultiplier, de cumuler, finissent même par lasser un public qui leur était pourtant acquis. Et ce malgré leur popularité ou leur notoriété. Comme Jean-Luc Petitrenaud, longtemps le critique de *L'Express*, aujourd'hui remplacé par François-Régis Gaudry. Radio (Europe 1), télévision (France 5), livres, guides, Petitrenaud se démultiplie à l'envie. Il est l'archétype du faux gentil devenu quelqu'un. Au début de sa carrière, il parle sincèrement d'un sujet qu'il connaît assez bien, la France bistrotière, avant d'en faire une philosophie récupérée par l'industrie. La Journée du goût dans les écoles, c'est lui. Cette manifestation, créée en

1990, en cheville avec les industriels du sucre, est devenue depuis la Semaine du goût. Et cet événement marketing est devenu un écran de fumée à l'industrie sucrière. Jean-Luc Petitrenaud est le grand représentant de cette France cadenassée du saucisson et de la nappe à carreau. Petitrenaud s'enferme dans une stature qui dessert également la cuisine. Mais tout laisse à croire que sa position intellectuelle ne dupe plus les chefs : « Je ne veux plus mentir à son micro, nous a confié un chef adepte de la cuisine évolutive. Avec lui, il faut parler de sa grand-mère. Son style, c'est Bernard Loiseau. Petitrenaud a détechnicisé la cuisine, il a fait du cuisinier le portrait-robot d'une sorte d'artisan à l'ancienne, de Lou Ravi de la crèche, qui sifflote en faisant la cuisine. » Le carcan qu'il a créé empêche toute possibilité d'inventer, de vivre et d'évoluer, ce qui est terrible pour les cuisiniers qui ont peur de lui déplaire. Petitrenaud joue de surcroît un rôle insupportable de donneur de leçons notamment envers la critique. Il excelle dans ce poujadisme populaire et dénonce ainsi tous ses petits camarades à qui il nie le droit de critiquer : « Comment ? Il ose exercer un jugement, son libre arbitre de critique ? Mais qui êtes-vous pour juger ? », ceci alors qu'après avoir confié la gestion de ses droits Internet à une agence de communication, Jean-Luc Petitrenaud passe son temps à critiquer en imposant sa façon de penser dans tous les médias où il exerce.

Sans peur et sans reproche

Quant à Périco Légasse, le journaliste gastronomique de *Marianne*, vieil ami indigné de Bernard Loiseau, il est à la fois Maurras et Barrès, la France en col roulé et en velours côtelé. Périco Légasse, c'est l'hymne à la terre, aux bons produits, au terrain comme élément. Sa vision de la

« bouffe » remonte à la IIIe République et n'en sort pas. Intellectuellement, Périco Légasse se refuse à voir autre chose. Il est un nationaliste aux fourneaux, pour lui ne compte que l'étendard, l'exception culturelle et... mourir pour le ris de veau ou le cassoulet. Il faut reconnaître que son positionnement a des côtés attachants. Au moins, l'homme a le mérite de ne pas varier d'un iota à longueur d'interviews cathodiques et de colonnes dans *Marianne*. Son lien est très fort avec Jean-François Kahn, le fondateur et ex-directeur de *Marianne* dont il a été le chauffeur. Il le suit depuis l'aventure de *L'Événement du jeudi*. Périco Légasse est également passé par le *GaultMillau* et a conçu une fascination étonnante pour Christian Millau. Pourtant, pendant des années, il a tapé sur le *Guide jaune* parce qu'il n'y avait pas son resto préféré, en Bourgogne, à deux cents mètres de la maison de campagne de Kahn, Le Pot d'étain. C'est une espèce d'obsessionnel compulsif qui, depuis quelques années, brocarde le *Michelin* qu'il accuse de tous les maux.

Dans le genre maniéré, il faut aussi compter sur Philippe Couderc, l'inamovible critique du *Nouvel Observateur*, de *Challenges* et de l'empire Claude Perdriel dont il est à la fois le protégé et l'ami. Dans la tradition des critiques gastronomiques, Couderc, lui, est passé de *Minute*, organe de presse proche du Front national, à un hebdomadaire de gauche. Insaisissable, Couderc est un critique isolé, il ne représente rien que lui-même. Son attitude et son comportement difficile à saisir tant il est versatile. Philippe Couderc est un maniaque des détails et notamment de l'éclairage. Il considère qu'il y a deux catégories de gens, ceux qui cassent leur tirelire pour se payer les grandes tables et ceux qui règlent avec leurs notes de frais, et qu'il ne faut s'occuper que de la première catégorie alors même que lui-même ne débourse que très rarement. Il est de ces critiques à l'ancienne, à la fois respectés et craints par les restaurateurs.

Au *Monde*, où il officie, Jean-Claude Ribaut, architecte de métier, est un homme cultivé un peu égaré du côté des casseroles. Il est sans doute le dernier critique à tenir une plume. Ses contemporains le sentent « assez perdu ». Mais quoi de plus normal pour un suppôt de la cuisine immuable ? « Il sent que le vent tourne, note un journaliste qui le connaît bien. Il est parfois en retard et ne sait pas toujours où se positionner. Ses papiers sont bien minces. » Où est la prospective ? Ribaut dit souvent que la cuisine française périt de son manque de curiosité et d'imagination. Qu'en est-il de la critique française ? Lui ne va pas où d'autres ne vont pas, où d'autres ne sont pas. S'interroger sur la cuisine, sur ce qu'elle veut dire, ce qu'elle engendre, c'est cela, être un spectateur engagé et non plus un simple passager.

Le syndrome Coffe

À l'opposé de Jean-Luc Petitrenaud, Jean-Pierre Coffe, lui, ne parle pas de restaurants. Il faut dire qu'il a déjà donné. Ancien restaurateur (la Ciboulette) à Paris, puis aux Antilles, « ses affaires ont connu des échecs retentissants » selon un journaliste parisien. À l'époque de la Nouvelle Cuisine française, Coffe se lie d'amitié avec Gault et Millau. Il a ensuite longtemps officié sur Canal+, dans *La Grande Famille*, ce qui a sensiblement dopé sa notoriété. Ce provocateur-né s'est rendu célèbre par son bagout, son allure bonhomme et ses colères contre les produits industriels. Un véritable combat pour les bons produits de nos campagnes, relayé par ses marchés cathodiques, des livres, des chroniques, des guides et une émission de Radio hebdomadaire sur RTL, sur France Inter et à la télévision. Contrairement à Petitrenaud, Jean-Pierre Coffe invitait des chefs non pour parler cuisine, mais produits et pour débattre des grands enjeux de l'agroalimentaire. Il s'est battu pour la qualité en dénonçant les choses, en montrant du doigt l'industrie, le nivellement de la qualité, des produits : « Envahis par le sous vide, les produits allégés sous film plastique, il ne nous reste plus qu'à crier "Au secours" avant qu'il ne soit trop tard » écrivait-il en 1992 dans *Au secours le goût*[1]. Pendant ce temps, Petitrenaud, lui, continue sa mascarade et assure : « Tout va bien, dormez bonnes gens, ayez confiance. » Il est difficile de trouver personnages plus antinomiques. Lors d'un débat qui les oppose, Coffe est dans le combat, Petitrenaud, lui, fait saliver. Mais on ne peut pas enlever à Coffe son intérêt pour le retour et la vigueur des marchés et des petits producteurs. Son discours a eu le mérite d'élargir le champ gastronomique à l'alimentation et pas seulement au restaurant. Certaines de ses prises de position sont insupportables, mais au moins il a un avis. En ce sens, il est très proche d'Henri Gault.

La rhétorique de Jean-Pierre Coffe est plus subtile que celle de Petitrenaud. Sur le plateau de *La Grande Famille*, il montrait les produits, les courgettes, les viandes. Visuellement, c'était argumenté, étayé. Petitrenaud a remplacé ces démonstrations-là par des bruits de bouche, il a totalement évacué le côté information journalistique que revendique au contraire Coffe. Car c'est sans doute la même grande gueule qui rapportait à Jean-Pierre Coffe 150 000 francs par mois (22 800 euros) sur Canal+ qui lui vaut aujourd'hui de devoir faire la réclame pour Yoplait ou Weight Watchers. Étrange décalage quand on voit le bateleur défendre les produits Leader Price et incarner l'image

1. *Au secours le goût*, Jean-Pierre Coffe, Le Pré aux Clercs, 1992.

d'un des distributeurs les plus éloignés de toute gastronomie. Non content de traîner ses coups de gueule chez Michel Drucker dans *Vivement dimanche*, Coffe concocte les menus de fête mais aussi des yaourts, des confitures pour ce hard-discounter, filiale de Franprix. « Des recettes innovantes pour élaborer des plats surgelés dignes des recettes de nos grands-mères [1] », assure-t-on chez Leader Price. Comme ces 500 grammes de poulet rôti aux morilles sauce au bloc de foie gras « authentique [2] », dixit Coffe, pour… 4,99 euros ! Ben voyons ! Pour s'assurer des retombées médiatiques, une agence de conseil en communication leur organise même des déjeuners de presse chez Drouant à Paris, le restaurant d'Antoine Westermann où est remis chaque année le prix Goncourt. Qui dit mieux ?

1. Dossier de presse Leader Price spécial fêtes 2010.
2. *Idem.*

Dessert

« Le phénomène de la décadence est inséparable de la gastronomie. »

Cioran, *De la France*, rééd. de 1941, 2009

Novembre 2010, le repas des Français, autant dire une certaine idée de la gastronomie tricolore, se voit donc classé au patrimoine mondial immatériel de l'UNESCO. Par-delà les péripéties politiques ayant accompagné cet épisode inédit dans le petit monde du goût, que penser de pareille reconnaissance ?

Les plus sceptiques clament ici le risque de voir cette fameuse gastronomie « muséifiée » quand ce n'est pas « panthéonisée ». La classer ainsi au rang de monument reviendrait à l'enfermer un peu plus du côté des chefs-d'œuvre en péril. Lui rendre un dernier hommage comme parfois les derniers sacrements. Une de ces civilités pompeuses, proches du tocsin dont on sait qu'elles préludent souvent aux enterrements. Fussent-ils de première classe.

À l'inverse, les optimistes plaident, eux, une reconnaissance internationale unique en son genre, offrant des opportunités promptes à éclairer d'une lumière neuve ce qui apparaît désormais très officiellement comme l'un des éléments constitutifs majeurs de la culture française.

Comme souvent, la vérité de ce classement se situe sûrement à mi-pente des deux positions. S'il est trop tôt pour juger de son bien-fondé et des espoirs qu'elle peut susciter, cette « récompense » a au moins le mérite des symboles.

Lesquels symboles se nourrissent souvent, en France, de paradoxes. Notre très emblématique coq ne se plaît-il pas à régulièrement chanter les pattes dans le fumier ?

Histoire de poursuivre dans l'imagerie animalière, c'est peu dire qu'en un demi-siècle notre gastronomie n'a eu de cesse de mijoter l'improbable recette de la chèvre et du chou. Préserver le bon sens du terroir près de chez nous tout en soignant les contingences pas toujours très savoureuses d'une industrie agroalimentaire, propice à faire pencher du bon côté la nationale et très commerciale balance. Élever nos grands chefs au rang de VRP mondial prêchant, aux quatre coins de la planète, la bonne et haute parole de la popote cocardière tout en les espérant, encore et toujours, droits sous leurs toques, la main sur la couture du tablier, sagement cloîtrés derrière l'intimité de leurs fourneaux. Œuvrer à une restauration démocratisée, moins onéreuse, assouplie tout en continuant de fantasmer sur les tables d'en-haut, manière d'aristocratie culinaire, de plus en plus perchée dans les étoiles et les cimes d'additions homard, caviar, pétrodollars. Enfin, comme le clamait le fameux slogan de Moulinex au temps béni des Trente Glorieuses, libérer la ménagère d'une cuisine devenue symbole de contrainte et d'aliénation tout en regrettant, cinquante ans plus tard, l'hégémonie des repas surgelés, tout préparés et « micro-ondés ».

À cet égard, international pour international, de l'UNESCO à l'ONU, il n'y a souvent l'espace que d'un discours. Et cette élévation du repas des Français au firmament de l'immatériel planétaire n'est peut-être pas sans rappeler un certain discours prononcé, en février 2003, par Dominique de Villepin à la tribune des Nations Unies. Au cœur de la crise irakienne, dans un lyrisme aux accents mieux que gaullien, le Premier ministre de Jacques Chirac se fait alors, une fois encore, le porte-parole d'un Hexagone quasi unanime à inscrire son exception stratégique à la face du nouvel ordre diplomatique international. Depuis les années 60, dans la cruauté des mimétismes, la gastronomie française procède du même élan. Désireuse, parfois contrainte, d'opérer sa révolution culturelle sans se départir de sa sacro-sainte exception. En clair, entrer dans la modernité tout en préservant un glorieux passé qui la nourrit aussi bien qu'il l'indispose. Maîtresse d'elle-même et rayonnante des siècles durant, la gastronomie française d'après-guerre a dû avaler les évolutions économiques, sociologiques, technologiques voire politiques d'une nouvelle ère sans toujours parvenir à les digérer. Voilà sans doute pourquoi, sans lui dénier de belles réussites et une place toujours très enviable au banquet mondial, la gastronomie française n'est pas toujours exempte de fautes de goût, de recettes approximatives et de repas ratés. Scandales, contradictions, petits arrangements l'alimentent plus que de raison. Plutôt que de les dénoncer, la présente enquête se sera efforcée de les éclairer afin de raconter un monde qui ne peut plus vraiment, à l'aune du nouveau millénaire, se cacher derrière la salière de sa superbe.

Et dans ce frais XXIe siècle justement, où en est notre gastronomie ? Dix ans après le passage à l'an 2000 et sans oser un bilan trop précoce pour être complètement honnête, avouons que notre très contemporaine assiette figure encore comme un parfait petit miroir sociétal. Dis-moi comment tu manges, je te dirai qui tu es ! Bienvenue dans l'hypergastronomie française où, depuis une décennie, la chose culinaire, désormais régulièrement anglicisée en « food », essaie d'entrer, bon gré, mal gré, dans un univers définitivement mondialisé, méchamment financiarisé et où l'impératif ultra-médiatique se dispute au diktat hypertechnologique.

Nouvelle saison de chefs, nouvelle race de journalistes, nouvelles manières de table, nouvelles mœurs alimentaires ont ajouté une strate supplémentaire à la petite planète « bouffe » dans l'espoir de créer un mouvement tectonique entre anciennes valeurs et modernes aspirations. Pour l'heure, cette nouvelle génération semble n'avoir réussi qu'à offrir un sursaut de visibilité à la gastronomie, la rendre plus attractive, la reconnecter vers un public plus jeune, plus actif. Lequel l'avait déserté au cours des années 90. Une dynamique qui ne manque pas de panache mais ne garantit pour l'heure pas plus de postérité que celle de la superficialité. Passons la séquence de ces chefs dits « moléculaires » prodigues à transformer leur cuisine en labo de savants fous et qui, passé l'engouement de surface, semblent aujourd'hui déjà essoufflés. Ce syndrome très superficiel du « petit tour et puis s'en va » qui fait d'ailleurs craindre le pire et parfois douter de la sincérité du nouveau hochet agité par des chefs désormais pressés de vanter les mérites du tout-bio, du retour à la nature, du brut de décoffre et du crudivorisme. Comme si, à l'instar d'une société directement passée du bonheur à la panique technologique et à présent tout entière dévouée à l'urgence écologique, la cuisine n'allait trouver de salut et de lendemains qui chantent que dans l'idéal d'un retour à la nature. Posture simpliste qui risque de tourner à la singulière imposture. Oublions encore la schizophrénie croissante des grands chefs plus prompts à sauver l'ego et l'écho de leur petite entreprise qu'à se fédérer véritablement afin de fortifier la place d'une haute gastronomie française, pour quelque temps encore, pourvoyeuse d'image et de royalties. Lorsque les uns n'envoient pas valser leurs étoiles à grand renfort médiatique pour mieux les reconquérir deux guides plus loin, les autres clament le beau geste, le produit noble et la haute définition de leur talent tout en copinant, au nom de la grosse galette, avec les ténors de l'agroalimentaire. À pareil rythme, comment justifier une telle contradiction ? Comment surtout soutenir la péréquation entre, d'une part, l'existence de tables uniques et hors de prix orchestrées par de hautes toques et, d'autre part, légitimer le rapprochement plus ou moins suspect de ces mêmes toques, soudain un peu plus basses, avec les parrains de la mal bouffe ? Faut-il alors saluer l'aventure « bistronomique » ? Oui, mais... Cette séquence émergeante depuis une petite décennie voit de jeunes chefs d'abord parisiens et désormais provinciaux, formés aux jupes des grandes maisons, se lancer dans de petites adresses décomplexées soucieuses d'offrir un rapport créativité-prix à l'adresse d'un public contemporain désireux, lui, d'échapper aux codes empesés d'une grande cuisine emperlousée dans les décorums d'un autre âge. Pour autant, même médiatisée, la geste culinaire de ces toques hussardes ne semble aujourd'hui pas peser bien lourd au regard de la montée en puissance des restaurants de chaînes et autres tables préformatées par l'industrie. Sans réel volontarisme politique, à commencer par un programme novateur d'éducation au goût, voire sans une réflexion autour d'un soutien économique, la « bistronomie » risque très vite d'incarner ce village gaulois résistant à coups de fourchette devant l'irrésistible armada de l'empire « food business ».

Le savoir-faire, on le voit, a ces limites. À l'heure des nouveaux médias, du triomphe de la société du Net, des proliférations de chaînes télévisés et des technologies nomades et digitales, la médiatisation gastronomique a, bien évidemment, su faire sa sauce de l'aubaine. Plus une semaine sans que la cuisine n'investisse la lucarne, la blogosphère ou la dernière appli iPhone ou iPad. Par l'odeur alléchées, la presse écrite et l'édition n'en finissent plus de se ruer au buffet dans une surenchère qui pourrait à terme friser l'indigestion. Par-delà les supports, la « nouvelle nouvelle » critique « food », ou présentée comme telle, tente l'émergence d'un discours fatalement voulu comme différent. Contre le règne individualiste et forcené de ses aînés, le journalisme gastronomique *new look* avance groupé. Deux mouvements cristallisent le genre. Le Fooding ® et le Slow Food. Le premier lancé en 2000 par deux journalismes gastronomiques (dont l'un des auteurs du présent ouvrage) prône, à travers la presse, l'édition, le Net et autres jamborées mondains ou populaires, l'idée de raconter « le goût de l'époque » en croisant la cuisine à d'autres univers créatifs (design, musique, mode) et en militant une cuisine d'auteur. Le second a été créé en Italie par Carlo Petrini, journaliste et sociologue, en réaction aux pouvoirs croissants et aux dégâts concomitants de l'industrie agroalimentaire. Né en 1986, ce mouvement a trouvé une caisse de résonance internationale au cours des années 2000, là encore, au travers de l'édition, de la presse et de festivals. D'un côté, le Fooding ®, agite-popote arguant les bienfaits du multipisme, du collectif, du métissage et de l'internationale culinaire. De l'autre, le Slow Food, accélérateur de particules alimentaires prônant une certaine idée de la décroissance au profit de l'impératif écologique, des identités culturelles, des sauvegardes de terroirs et autres « locavorismes ». Plus complémentaires que contradictoires, ces deux initiatives, sincères et volontaristes, se retrouvent aujourd'hui à la croisée des chemins. Comment influer – infuser ? – concrètement la société du goût ? Là encore, passé l'écho médiatique savamment ordonné par ces faiseurs d'opinion gourmande, quel effet durable, hors la mise en scène ? Comment prolonger et donc financer un combat proclamé indépendant sans fricoter et recourir aux ressources autres que celles d'une industrie dédiée, prodigue à la récupération ? Aujourd'hui, derrière le fumet des shows et des bonnes intentions, ces mouvements semblent, en vérité, marquer le pas et, de plus en plus difficilement, justifier les liaisons (dangereuses ?) qui les unissent à des sponsors pas toujours synonymes des hautes qualités revendiquées par ces corpus.

Au final, il est à craindre que cette médiacratie gastronomique, celle de *Masterchef* comme celle du Fooding ®, n'ait confondu le sens et le spectaculaire, la mode plutôt que la modernité, l'immédiat contre l'instant. Bienvenue dans la gastronomie 2.0, manière d'« eatertainment » où, selon une dialectique toute bourdieusienne, les esprits s'échauffent plus qu'ils ne phosphorent et les idées s'agitent plus qu'elles n'avancent. Bienvenue dans une gastronomie oxymore systématique d'une saison où le bourgeois vire bohême, le néo... réac et le porno... chic. Bienvenue dans une hypermoderne gastronomie gavée de paradoxes ! Une gastronomie où l'on « loisirise » la cuisine en prenant son petit cours hebdomadaire tout en désertant ses fourneaux au quotidien, où l'on zappe du McDo au grand gastro, où l'on rêve de réenchanter carrière et existence en passant un CAP pâtisserie à 50 ans, où la dernière collection de macarons Hermé est commentée comme un Picasso.

S'en plaindre, le regretter ? Encore une fois, trop tôt pour en juger. Ou peut-être trop tard. En attendant la suite du menu, peut-être conviendrait-il d'estimer honnêtement le futur de notre gastronomie. Ses vices, ses vertus. Ses forces, ses faiblesses. Au risque d'avoir à cruellement méditer plus loin, plus tard, ce commentaire de Cioran : « L'arrachement aux valeurs et le nihilisme instinctif contraignent l'individu au culte de la sensation. Quand on ne croit à rien, les sens deviennent religion. Et l'estomac finalité. Le phénomène de la décadence est inséparable de la gastronomie. [...] Du dernier paysan à l'intellectuel le plus raffiné, l'heure du repas est la liturgie quotidienne du vide spirituel. La transformation d'un besoin immédiat en phénomène de civilisation est un pas dangereux et un grave symptôme. Le ventre a été le tombeau de l'Empire romain, il sera inéluctablement celui de l'intelligence française [1]. »

1. *De la France*, Cahiers de l'Herne, réédition de 1941, 2009.

Remerciements

Parce qu'il serait fastidieux de les lister ici et qu'ils se reconnaîtront, sont ici remerciés tous les gens qui nous ont reçus, accordé un peu de leur temps, ceux qui nous ont renseignés ou soutenus. Ils se reconnaîtront. Grâce à eux, nous avons pu mener ce travail à bien.

Merci également à notre éditeur Flammarion et à toutes ses équipes, plus particulièrement à Thierry Billard, Sophie Charnavel, Laurent Léger et Virginie Plantard, ainsi qu'à la très efficace et souriante Sandie Rigolt, sans lesquels rien n'aurait été possible.

Bibliographie sélective

Livres

Guide Julliard de Paris, Henri Gault, Christian Millau, Julliard, 1964

Gault et Millau de mettent à table, Stock, 1976

La Sale Bouffe, Jean-Claude Marcel, Barrault, 1990

Gastronomie française, Histoire et géographie d'une passion, Jean-Robert Pitte , Fayard, 1991

Au secours le goût, Jean-Pierre Coffe, Le Pré aux Clercs, 1992

Les Fous du palais, Christian Millau, Robert Laffont, 1994

Les Français à table, sous la direction d'Anthony Rowley, Hachette, 1997

Alexandre Lazareff, l'exception culinaire française, Albin Michel, 1998

Le Discours gastronomique français des origines à nos jours, de Pascal Ory, Archives/Gallimard, 1998

Trois étoiles au Michelin, Jean-François Mesplède, Gründ, 1998

Aventures de la cuisine française, Bénédict Beaugé, Nil Éditions, 1999

Portraits toqués, Olivier Nanteau, L'Archipel, 1999

À la table d'Edgar, Paul Benmussa, Jean-Luc Petitrenaud, Minerva, 2000

Comment se faire passer pour un critique gastronomique sans rien y connaître, François Simon, Albin Michel, 2001

L'Homnivore, de Claude Fischler, Odile Jacob, 1983, rééd. 2001

Les Frères invisibles, Ghislaine Ottenheimer et Renaud Lecadre, Albin Michel, 2001

À table avec les politiques, Étienne de Montpezat et Kathleen Evin, Gallimard/GaultMillau, 2002

La Grande Casserole, Jean-Claude Renard, Fayard, 2002

Ma vie, Jacques Le Divellec, Grasset, 2002

Penser l'alimentation et *Manger aujourd'hui*, Jean-Pierre Poulain, Éditions Privat, 2002

Au nom du père, Anne-Sophie Pic et Jean-François Mesplède, Glénat, 2004

Food Business, La face cachée de la gastronomie française, Olivier Morteau, First Éditions, 2004

L'inspecteur se met à table, Pascal Rémy, Éditions des Équateurs, 2004

Sociologies de l'alimentation, Jean-Pierre Poulain, PUF, 2005

Une histoire mondiale de la table, Stratégies de bouche, Anthony Rowley, Odile Jacob, 2006

Dictionnaire amoureux de la cuisine, Alain Ducasse, Plon, 2007

Dictionnaire amoureux de la gastronomie, Christian Millau, Plon, 2008

La Vie en blanc, Georges Blanc, préface de Bernard Pivot, GSL éditions, 2008

Manger aujourd'hui, Jean-Pierre Poulain, Éditions Privat, 2008

Pique-assiette, François Simon, Grasset, 2008

Aux tables du pouvoir, Jean-Marc Albert, éditions Armand Colin, 2009

Le Magicien d'El Bulli, une biographie de Ferran Adria, de Manfred Weber-Lamberdière, Payot, 2009

Les Cuisines de la critique gastronomique, Bénédict Beaugé et Sébastien Demorand, Seuil, 2009

Les Dessous peu appétissants de la cuisine moléculaire, Jörg Zipprick, Favre, 2009

Physologie du goût, Jean Anthelme Brillat-Savarin, Champs-Flammarion, 2009 (réédition)

Dans les cuisines de la République, Pascale Tourneau, Stéphane Reynaud, Flammarion, 2010

Bibliographie sélective

Le Cuisinier, Martin Sutter, Christian Bourgeois, 2010
Le Manger vrai, Marc de Champérard, PUF, octobre 2010 ; *Guide Champérard 2011*, *La grande cuisine pour tous*, PUF, 2010
Mes chemins de table, Jean-Paul Géné, Hoëbeke, 2010

Revues

« L'avenir archaïque de la gastronomie », *in Le Mangeur*, Autrement, 1993
« Qu'est-ce qu'on déguste, Enquête dans les cuisines des restaurants, petits et grands », *Les Dossiers du Canard enchaîné*, juillet 2003
« Manger bien pour vivre mieux », *Cahiers de la fondation Nestlé France*, 2008

Blogs

Et toque !, blogs.lexpress.fr/restaurant
cuit-cuit.fr
foodintelligence.blogspot.com
francoissimon.typepad.fr
gillespudlowsky.com
ribaut.blogs.lemonde.fr
marianne2.fr/pericolegasse/mon_blog

Sites Internet

Omnivore.fr
lefooding.com
cuisinerenligne.com

Table

Mise en page par Meta-systems
59100 Roubaix

Cet ouvrage a été imprimé
en février 2011 par

FIRMIN-DIDOT

27650 Mesnil-sur-l'Estrée
N° d'édition : L.01ELKN000340.N001
N° d'impression : 103661
Dépôt légal : février 2011

Imprimé en France